特色学校聚焦丛书　丛书主编　杨四耕

人格教育的四个关键点

瞿新忠 ◎ 著

华东师范大学出版社
·上海·

图书在版编目(CIP)数据

人格教育的四个关键点/瞿新忠著. —上海:华东师范大学出版社,2024. —(特色学校聚焦丛书).
ISBN 978-7-5760-5378-4

Ⅰ.G631

中国国家版本馆 CIP 数据核字第 20247G43C8 号

特色学校聚焦丛书
人格教育的四个关键点

丛书主编	杨四耕
著　者	瞿新忠
责任编辑	刘　佳
项目编辑	林青荻
特约审读	王莲华
责任校对	樊　慧　时东明
装帧设计	卢晓红

出版发行	华东师范大学出版社
社　　址	上海市中山北路 3663 号　邮编 200062
网　　址	www.ecnupress.com.cn
电　　话	021-60821666　行政传真 021-62572105
客服电话	021-62865377　门市(邮购)电话 021-62869887
地　　址	上海市中山北路 3663 号华东师范大学校内先锋路口
网　　店	http://hdsdcbs.tmall.com/

印　刷　者	上海展强印刷有限公司
开　　本	787 毫米×1092 毫米　1/16
印　　张	16.5
字　　数	173 千字
版　　次	2025 年 1 月第 1 版
印　　次	2025 年 1 月第 1 次
书　　号	ISBN 978-7-5760-5378-4
定　　价	54.00 元

出版人　王　焰

（如发现本版图书有印订质量问题,请寄回本社客服中心调换或电话 021-62865537 联系）

丛 书 总 序

好学校的性格色彩

这些年,我与中小学、幼儿园有许多"亲密接触"。从这些学校中,我发现了一个"秘密":好学校总有自己的性格色彩,总有自己的精神属性。

好学校有丰富的颜色

好学校一年四季都有风景。春天,你走进它,有各色花儿,红的像火,粉的像霞,白的像雪。夏天,你置身其中,绿草茵茵,就算骄阳似火,也有阴凉。孩子们可以踢球、打滚,可以任性。秋天,你老远就可以看到,枫叶红了,橘子黄了,婀娜多姿。冬天,你靠近它,香樟绿环绕着你,垂柳枝笼罩着你,你不会觉得单调。当然,环境的价值不在于"装扮",而在于让心灵沉静,让生命多彩。它是生命哲学的演化,是内心深处的讴歌与赞美。法国思想家卢梭说教育的核心是"归于自然"——回归"自然状态",回归人之原始倾向。善良总存在于纯洁的自然之中。好学校总是拥有自然的纯净与原始美,它努力让孩子们与美好相遇。静谧,美好——好学校是温润的。

好学校有足够的成色

成色是衡量一所学校教育境界的一个指标，是一所学校的"育人"含金量。如果一所学校的含金量定位为考试成绩，它的成色就是混浊的；如果一所学校的含金量定位为立德树人，它的成色就是清纯的。黎巴嫩诗人纪伯伦说过："我们已经走得太远，以至于忘记了为什么而出发。"教育是为着我们不曾拥有的过去，为着我们不曾经历的当下，为着我们不曾想到的未来。教育之原点在激发想象，而不仅仅是学习知识；教育之原点在发展理性，而不仅仅是讲授道理；教育之原点在鼓励崇高，而不仅仅是理解规范；教育之原点在丰富经历，而不仅仅是掌握技艺；教育之原点在温暖心灵，而不仅仅是强化记忆；教育之原点在强健身心，而不仅仅是发展智能；教育之原点在点亮人生，而不仅仅是预知未来。回归原点，是好学校的立场。不功利——好学校是纯粹的。

好学校有优雅的行色

优雅是让人向往的，有来源于生命本身的气质。倘若每一个人都行色匆匆，孩子们被课业压得喘不过气来，教师因成绩比较而形成优劣阵营，这样的学校就不会是一所好学校。什么是好学校？孩子们表情舒展，教师们精神敞亮——每到一所学校，我总喜欢以这样的眼光去观察师生的生命状态。我发现，在好学校，孩子们的脸总是明晃晃的，有美好期待；教师的行色总是从容优雅，有专业自信。女孩子清新可人，男孩子风度翩翩，生命在人性层面焕发出动人光彩。一句话，每一个生命都自然而然地生长,这里有一种难以言说的气息在校园里弥漫开来、传播出去。面对此,我只能说:好学校是舒展的。

好学校有鲜明的特色

办学特色是一所学校整体呈现出来的系统性特征,集中表现在基于学校文化的课程体系。学校办得好不好,不在于规模有多大,而在于特色是否鲜明,是否有足以体现自己文化的课程架构。好学校行走在有逻辑的课程变革之路上,努力让学校课程富有倾听感,关注学生的学习需求;拥有逻辑感,建构严密的而非拼盘的课程体系;嵌入统整感,更多地以整合的方式实施而非简单地做加减法;饱含见识感,以丰富学生的学习经历为取向;提升质地感,课程建设触及课堂教学变革,课堂教学呈现出新的文化样态。一句话,好学校课程目标凸显内在生长,课程内容突出学习需求,课程结构强调系统思维,课程实施张扬生命活性,课程评价与管理彰显主体向度。好学校关注学习方式的多变性和场景性、学习时间的灵活性和可支配性、学习空间的多元性与舒适性、学习资源的丰富性和易得性,让所有的时空都成为课程场景,让孩子们学习作品的形成、展示、发布、分享成为校园里最美的景观,让时空展现出生命成长的气息和灵动。是啊,好学校有生命里最美好的记忆。

好学校有厚重的底色

厚重的底色不在于办学时间有多长,而在于拥有强烈的文化自信。进入学校,我喜欢看墙上的"文字"。多年经验告诉我,文化不在墙上,很多时候,墙上的文字越多,学校的文化含量越低。道理很简单,大量文字堆放在墙上,说明这种文化还没有被老师们普遍认同,更谈不上内化于心、外化于行;说明这种文化还缺乏影响力,还没有被大众广泛接受,需要宣示和传播。一所学校是否拥有自己的教育哲学,是否拥有自己的教育信仰,是它"底色"如何的重要侧面。毫无疑问,好学校应该有自己的教育信仰。但是,教育信仰不是文字游戏,不是专家赐予的东西。信仰是从内心深处生长出来的,是从脚底下走出来的,是从指尖流淌出来的,是慢慢地生长、慢慢地走出来、慢慢地流淌出来的东西。唯有"慢慢地"才能"深深地","深深地"才能"牢牢地",扎下根来,进入我们的灵魂,融入我们的血液,成为我们生命的构成,成为我们前行的力量。文化总是无言或少言,但让人作出判断和选择。好学校,你一走进去,一种向往感、追慕感、浸润感便油然而生。因此,好学校是柔软而有力的。

美国思想家梭罗在《种子的信仰》一书中把好学校比喻为"一方池塘",每一个孩子在其中如鱼得水,自由自在,这就是"回归自然"的状态。不是吗?好学校总是这样的——温润,纯粹,舒展,美好,柔软而有力——这也是本套丛书聚焦的一批学校的性格色彩。

杨四耕

2023 年 2 月 21 日于上海市教育科学研究院

目 录

序 / 1

第一章 人格教育的时代呼唤 / 1

在当前我国教育事业迈向高质量发展的关键时期,健全人格教育已成为基础教育领域广泛关注和深入探讨的重要议题。为此,我们紧紧抓住"自律""自信""自立""自强"四个关键点,结合学校实际与学生成长需求,致力于培育学生健全的人格特质,构建健全人格教育实践框架,提升育人品质。

第一节 人格教育是德育的根本 / 2
第二节 人格教育的四重内涵 / 5
第三节 健全人格教育的特色凝练 / 11
第四节 "四自"教育的整体架构 / 34

第二章　人格教育的"四自"课程构建 / 45

　　人格教育的推进与发展，必须建立在全面而系统的课程体系之上。为此，学校从文化建设、主题活动、评价机制等多个维度出发，通过优秀班集体创建活动，全面推进"四自"教育课程的建设与实施，使每个学生都能在实现自我价值的过程中不断成长，进而形成更加健全的人格。

第一节　文化认同，聚焦"四自"自觉 / 46
第二节　依托课程，提高"四自"认知 / 52
第三节　活动主导，践行"四自"人格 / 58
第四节　特色创新，探索"四自"教育 / 62

第三章　人格教育的学科落实 / 83

　　学科教学不仅仅承载着传递学科知识的重任，还肩负着健全人格教育的任务。每一位学科教师都应重视学生的学习经历，注重挖掘学科育人价值，在学科教学中紧紧抓住"自律""自信""自立""自强"四个关键点，为学生的健全人格奠定坚实的基础。

第一节　整合学科资源，提升教育品质 / 84
第二节　丰富课堂形式，注重学生学力 / 94

第三节　转变育人理念,开启激励评价 / 105

第四章　人格教育的年级推进 / 115

年级作为学校管理体系中的基层组织单位,承载着人格教育的重要使命。针对如何有效激活这一育人基地,推动人格教育的深入发展,我们进行了深入的探索。学校决定实施扁平化管理策略,将管理重心逐步下移至年级组层面。旨在激发年级组挖掘教育潜力的积极性,并主动开展多样化、富有创意的实践活动,为学生们的未来发展奠定坚实的基础。

第一节　科学计划,有效推进 / 116
第二节　评价跟进,持续强化 / 130
第三节　活动创新,重在体验 / 137
第四节　建班育人,夯实基础 / 145

第五章　人格教育的支持体系 / 155

人格教育离不开家校社三方之间的有效合作。在这个信息化、多元化的时代,家庭、学校和社会各自扮演着不可或缺的角色,共同塑造着学生的人格。完善的家校沟通机制、快捷的家校联系渠道,让学生真切感受时代脉搏,让他们在广阔的社会实践中长见识、增本领,锤炼"四自"品质,不断健全自我人格。

第一节 建立良好家校关系,共建"四自"教育共同体 / 156

第二节 家校合作,培养学生"四自"品质 / 166

第三节 社校合作,培养社会情感和责任 / 179

第六章 人格教育的个别关注 / 189

个别教育是促进全体学生形成健全人格的重要途径。"四自"教育通过集体教育、家庭教育、社会教育等多种外部因素作用于学生个体,进而激发其内在因素的变革。唯有当各种外力协同作用,学生的内心世界方能逐渐明澈,其行为举止得以逐步规范,知识得以慢慢积累,从而学业不断进步,"四自"品质得以逐步培养,人格也因此不断健全。

第一节 个别教育的内在旨趣 / 190

第二节 个别教育的实施路径 / 196

第三节 个别教育与集体教育融合 / 222

第四节 全员导师制助推个别教育 / 231

后记 / 248

序

很高兴为您介绍我校瞿新忠老师撰写的《人格教育的四个关键点》这本专著。

瞿新忠老师自 1989 年大学毕业后，守望乡村教育，一直在浦江第三中学工作。他坚守初心，牢记使命，躬耕教坛，教书育人，培养出了一批又一批优秀的三中学子，曾获得全国优秀教师、上海市先进生产者、上海市园丁奖、上海市教书育人楷模提名奖、上海市优秀乡村教师、上海市中小学班主任带头人等荣誉。

瞿新忠老师自参加工作以来，始终坚守在教育一线，担任班主任工作 30 多年。在长时间与学生打交道的过程中，他认为健全人格教育对于学生的成长至关重要，并为之付出了艰巨的努力，先后开展了"农村学校'问题学生'教育转化的实践研究""在初中'困难生'家访中，与家长沟通、交流艺术的探索""农村初中学校实施'四自'教育的实践研究"等研究活动，撰写了《让"问题学生"在自我教育中成长》《"乱"是表象 "导"是目的》《积淀 沉淀 提升》等十几篇教育论文，对上海市远郊农村学校的健全人格教育进行了较为全面的总结和梳理。在此基础上，经过历时多年的整理，最终完成了这本专著的撰写，以期为教育工作者，特别是中学教师提供有关健全人格教育的宝贵经验和深度思考。可以毫不夸张地说，这本专著凝聚了瞿新忠老师 30 多年的教育智慧和辛勤汗水，凝结了他对三中学子的无限关爱和精心呵护。

瞿新忠老师这本专著的主题是"人格教育的四个关键点"。这四个关键点包括以下内容。

一是自律教育：引导学生认识行为规范、规章制度、法律法规的作用，通过他律,逐渐养成自律并不断提升自律的水平,培养责任感、积极性和坚持性的特质,形成健康的自律模式。

二是自信教育:引导学生从自卑、不自信走向自信,对自己的兴趣和能力、对遇到的暂时落后、困难甚至失败形成正确认知,从而正确认识自我,悦纳自己,不断增强自信,走向成功。

三是自立教育:引导学生独立解决问题,做出决策,并逐渐减少对外部支持的依赖,既注重在处理学习和生活事务时自立能力的培养,更注重灵活应变能力、心理承受能力、独立思考和创新实践能力等生存竞争能力的培养。

四是自强教育:探索建立学生发展指导制度,引导学生自我激励、自我教育、自我矫正,根据社会发展需要和个人发展志趣与能力,规划和设计自己人生发展的目标,教会学生如何认识和处理自己的情绪,以促进身心健康和个人发展。

在这本专著中,瞿新忠老师以六个章节,分别为我们详细阐述了人格教育的重要性、课程构建、学科保障、推进策略、支持网络和个别教育等,并辅之以大量生动、具体的教育案例,以帮助教师和其他教育工作者更好地理解、实施健全人格教育。

此外,瞿新忠老师还希望通过这部专著唤起社会对健全人格教育的关注和支持,让更多的人意识到人格教育对于培养未来公民的重要作用。

让我们携手共进,为培养具有健全人格的新一代而努力!

上海市闵行区浦江第三中学校长　向小成

2024 年 6 月 10 日

第一章 人格教育的时代呼唤

在当前我国教育事业迈向高质量发展的关键时期,健全人格教育已成为基础教育领域广泛关注和深入探讨的重要议题。为此,我们紧紧抓住"自律""自信""自立""自强"四个关键点,结合学校实际与学生成长需求,致力于培育学生健全的人格特质,构建健全人格教育实践框架,提升育人品质。

第一节　人格教育是德育的根本

目前，我国青少年在人格发展方面遭遇了一系列挑战，特别是在心理健康领域表现得尤为明显。这些问题已经对青少年的健全人格形成造成了不容忽视的负面影响，凸显出健全人格教育的紧迫性。为了促进学生的全面发展，中小学德育工作的核心应当聚焦人格教育的深入实施，不断健全学生的人格。

中学生的人格发展存在若干亟待解决的问题，这些问题主要表现在以下几个方面。一是在价值观上突出个人价值取向。在一项价值观的调查中，有40%的学生认为，实现自己的价值最重要。二是只关心自己，对他人缺少关爱。在调查中，父母年年给孩子过生日的达到90%。但是只有56%的学生知道母亲的生日，65%的学生知道父亲的生日。三是不善于与人合作，人际交往与沟通能力普遍较差。调查显示，57%的中学生在选择与人合作还是独立完成一项工作时，选择的是"宁愿独立完成"，而选择"能与人合作很好"的仅占9%。87%的学生认为人际交往需要技巧，分别有28%和7%的中学生对自己处理人际问题的能力不满意和非常不满意，还有一部分学生则对人际交往抱着无所谓的态度。四是审美能力缺乏，对美的认识不深。调查显示，47%的同学在听了贝多芬的《命运》乐曲之后没感觉有什么特别，还有24%的学生根本没听过。对美术作品的欣赏则更加如入荒原，63%的被调查者回答"不太能感受美术作品的意境"和"领略不到作品的美"；28%

的学生能够经常从学科教学中受到美的熏陶,26%的学生感受不到。[①] 从以上对学生价值观的调查可以发现,学生群体中"以自我为中心"的倾向日益显著,对外部世界的关注度普遍降低,这包括但不限于对家人、同伴以及艺术作品的关注。学生们普遍倾向于过分关注自身的利益与情绪,这种关注范围相对狭窄,认知存在显著局限,这已成为导致学生人格缺陷的一个重要因素。

而一项"以2010年智能手机产生作为学生心理健康问题关键影响因素"的研究结果表明:初中生心理健康问题检出率由高到低依次为焦虑(27%)、抑郁(24%)、自我伤害(22%)、睡眠问题(17%)、自杀意念(17%)、自杀计划(7%)、自杀企图(未遂)(4%)。总体而言,我国中学生抑郁、焦虑、睡眠问题和自我伤害检出率偏高,其整体心理健康状况堪忧,需要引起全社会的高度警觉。存在心理健康问题的青少年人数逐年增加,学生存在人格缺陷的现象逐年上升,究其原因,在于受个人、家庭、学校及社会环境等多因素共同影响,其中,"智能手机的普及"起到了至关重要的作用。[②] 这一现代科技产品的出现,使得部分学生原本以群体活动为主要生活方式逐渐转变为以个体"沉浸于手机屏幕"为主要生活模式。他们日益沉迷于个人世界的狭小空间,深陷于个人中心的氛围之中,这无疑加剧了心理健康问题。因此,我们必须高度重视这一现象,并采取相应的措施来应对和解决学生心理健康问题。

综上所述,学生在心理、情绪、理想信念以及人格方面所呈现出的种种问题,往往源于其"自律、自信、自立、自强"等精神品质的严重不足或缺失。进一步剖析发现,这些问题与当前学校、家庭以及社会在青少年健全人格教育方面的普遍淡

[①] 王立英.当前中学生人格教育中存在的问题与解决途径初探[J].上海师范大学学报(哲学社会科学·教育版),2002,31(2):63—65.
[②] 俞国良.中国学生心理健康问题的检出率及其教育启示[J].清华大学教育研究,2022,43(4):20—32.

化与忽视有着密切关联。针对新时代青少年所面临的人格问题,中共中央、国务院及教育部在近年发布的一系列教育改革文件和方案中,已对"重视健全人格培育"提出了明确且重要的要求。

《中国教育现代化2035》提出:"遵循教育规律,坚持改革创新,以凝聚人心、完善人格、开发人力、培育人才、造福人民为工作目标,培养德智体美劳全面发展的社会主义建设者和接班人,加快推进教育现代化、建设教育强国、办好人民满意的教育。"[1]教育部《中小学德育工作指南》提出,中小学德育要"始终坚持育人为本、德育为先,大力培育和践行社会主义核心价值观,以培养学生良好思想品德和健全人格为根本,以促进学生形成良好行为习惯为重点"。《义务教育课程方案(2022年版)》明确"义务教育要在坚定理想信念、厚植爱国主义情怀、加强品德修养、增长知识见识、培养奋斗精神、增强综合素质上下功夫,使学生有理想、有本领、有担当,培养德智体美劳全面发展的社会主义建设者和接班人"。[2] 上述所提及的文件及方案均详尽地论述了健全人格的重要性,并以前瞻性的视角深入探讨了未来学生发展的趋势,同时针对当前中小学生德育领域存在的问题,提出了切实可行的教育对策。诸多分析均指向一个核心观点,即在基础教育阶段,应着重加强对健全人格的培养工作。

然而,反观我校德育实践的现状,不难发现,在健全人格培养方面,我们尚显不足。为此,我校经过深思熟虑,决定以"五育并举,'四自'推进"为指导,全面深化健全人格教育工作,以期实现学生全面发展的目标。这一决策旨在通过全方位、多角度的教育手段,促进学生身心的健康发展,培养他们具备健全的人格特质,为未来成为社会的栋梁之材奠定坚实基础。

---

[1] 中共中央、国务院印发《中国教育现代化2035》[J].人民教育,2019(5):7—10.
[2] 义务教育课程方案(2022年版)[J].基础教育课程,2022(9):72—80.

第二节 人格教育的四重内涵

人格一词所蕴含的内涵及其心理构成要素有哪些？对于人格教育与健全人格教育的理解又应如何深化？下面通过系统地整理与分析国内外学者在此领域的研究成果，我们有望获得更为深刻与全面的认识。

一、关于人格

我国自20世纪初至80年代以来，持续探究儿童个性教育之道，力求为健全儿童人格提供有益支持。

（一）人格的含义及其属性

"人格"一词在学术界普遍具有多重含义，现由我们一同探讨国内外学者对其进行的深入剖析与定义。在国外，《新牛津英语词典》现代英语对人格的定义是"个人所具有的与众不同的道德品质与心理素养"；① 美国杰里·伯格教授把人格定义为"源于个体身上的稳定行为方式和内部过程"；② 奥尔波特认为人格是一个人内部决定其特有的行为和思想的身心系统的动力组织。③

---

① [英]皮尔素. 新牛津英语词典[M]. 上海：上海外语教育出版社，2001.
② [美]伯格. 人格心理学[M]. 陈会昌，译. 北京：中国轻工业出版社，2010.
③ [美]奥尔波特. 人格模式和发展[M]. 纽约：霍尔特、莱因哈特和温斯顿出版社，1961.

辽宁师范大学心理学院教授杨丽珠认为:"人格是指个体在生物基础上受社会生活条件制约而形成的独特而稳定的具有调控能力的、具有倾向性和动力性的各种心理特征的综合系统。"[①]黄希庭将人格理解为"个体在思想、情感及行为上所表现出的独特模式,影响着个体与环境的交互作用及个体的行事风格"。[②] 对于人格的定义,国内外学者们的研究为我们提供了丰富而深入的见解。从某种程度上讲,人格与个性之间存在着一定的相通性。个性这一概念,根据不同的理解,可以分为广义和狭义两种解释。例如,《新牛津英语词典》对个性的定义包括了道德品质和心理素养这两个方面,这是广义上的解释。而狭义上的个性,主要指的是个体的心理素养。例如,《中小学德育工作指南》中将中小学德育的根本任务确定为"培养学生良好思想品德和健全人格",这里的健全人格并不包括良好思想品德的要素。这些学术上的定义和区分,有助于我们更全面地理解人格和个性的内涵。

一些相关的概念如"个性""性格""品格"与"人格"的区别与联系。在心理学和社会学领域,"个性""性格""品格"与"人格"是常被提及且相互关联的概念。它们之间的区别与联系,对于我们理解个体的心理特征和行为模式至关重要。"个性"通常指的是个体独特的心理特征和行为倾向的总和,它涵盖了气质、兴趣、爱好、价值观等多个方面。个性是构成个体独特性的重要组成部分,它影响着个体对环境的适应和对生活的态度。"性格"则更多地侧重于个体在面对特定情境时所表现出来的行为反应和应对方式。性格通常与个体的习惯、态度、情绪管理以及应对压力的能力相关。一个人的性格可以反映其在不同情境下的稳定性和适应性。"品格"则更强调个体的道德品质和行为规范。它涵盖了诸如诚实、善良、公正、勇敢等价值观和行为准则。品格是个体道德发展的体现,也是评价一个人

---

① 杨丽珠,许文.浅析幼儿个性的成因[J].教育科学,1994,10(3):9—13.
② 黄希庭.人格研究中的一些辩证关系[J].西南大学学报(社会科学版),2011,37(1):1—7+189.

品质的重要标准。"人格"则是一个更为综合的概念,它涵盖了个性、性格和品格等多个方面。人格是个体心理和行为特征的总和,它决定了个体如何与世界互动,如何应对挑战和压力,以及如何展现自己的价值观和行为准则。综上所述,"个性""性格""品格"与"人格"是相互关联且各有侧重的概念。它们共同构成了个体心理和行为特征的完整画卷,为我们理解和评价一个人的内心世界和行为模式提供了重要的参考。华东师范大学陈桂生教授通过对语言学等多领域的研究,认为"个性"和"人格"在本质上具有相同的含义。在日常语境中,"个性"与"性格"通常被视作相近的概念。而在日常生活中,我们往往将"品格"等同于"人格"或"性格",将其视为个体基本素质的体现,并在人格教育中广泛运用。这些概念虽在表述上略有差异,但实质上均指向个体在心理、行为及道德品质上的综合体现。

经过综合考量与分析,我们得出结论:人格是个体在生物学基础之上,受到社会环境因素的制约和影响,所形成的一种独特的心理特质。这种特质具有相对的稳定性和持久性,是个体在认知、情感和行为等方面所表现出来的独特模式和特征。这种特质既体现了自然属性,也展现了社会属性,对个体与环境、他人的互动方式及行为风格产生深远影响。

(二) 人格的结构

人格有特定的结构。对于人格的结构,人们也提出了许多不同的观点。《辞海》首先把人格规定为"个人的尊严、价值和道德品质的总和,是人在一定的社会中的地位和作用的统一";其次也明确人格"在心理学上,即'个性'"。而个性即"个人稳定的心理品质,包括两个方面,即个性倾向性和个性心理特征。前者包括人的需要、动机、兴趣和信念等,决定着人对现实的态度、趋向和选择;后者包括人的能力、气质和性格,决定着人的行为方式上的个人特征"。[①]

人格的倾向性承载着社会意义,这不仅是人格研究和教育的核心焦点,也是人格评价的主要内容。人格的社会意义揭示了其社会化过程,此过程受到环境、文化、教育等多重因素的影响。同时,人格在人际交往中得以展现并获得评价,通过人格教育可以促使其发展或转变,进而使人的个性呈现出道德伦理和价值观的多样性。人格既拥有自然属性,又兼具社会属性,这表明了其在个体和社会中所具有的重要作用。

人格的心理特征主要由遗传基因决定,并在个体早期受到环境因素的塑造。作为一个中性概念,人格涵盖了能力、气质和性格等多个方面,对于心理障碍和心理疾病等问题,通常不作出道德上的评价。同样,正常的心理状态也不应受到褒贬。在教育实践中,我们强调尊重学生的人格,这主要是指尊重其心理特征的独特性。然而,当学生的性格特征妨碍其人际交往时,教育工作者也有责任进行适当的疏导和规劝,以促进学生的全面发展。

经过审慎分析,我们认为人格之构成涵盖了个性倾向性与社会性两大层面。当学生的个性倾向性对其个人成长和社会融入构成制约与影响时,学校与教师肩负重要使命,须致力于健全人格教育,有效进行疏导与规劝,以激励学生自我创造机遇,进而实现自我价值。

二、健全人格教育

我国教育的先驱者蔡元培先生在 20 世纪初所编著的《中学修身教科书》一

[①] 夏征农.辞海(缩印本)[M].上海:上海辞书出版社,1989:344—352.

书,明晰了人性、人格和品格的相互关系,及人格发展的路径。他说:"人性何由而完成?曰:在发展人格。发展人格者,举智、情、意而统一之光明之谓也。……发展人格,不外乎改良其品格而已。"他还结合中国传统文化,阐述了人格的一些重要属性,如"人格价值即为人之价值","保全人格之道……当不以富贵而淫,不以贫贱而移,不以威武而屈","人格无亏,则死而不朽","人格以盖棺论定","人格之寿命无限量",等等。他还提出,发展人格要致力本务,人格发展必与社会相适等重要观点。① 蔡元培先生所强调的人格发展,就是我们在本书中所提出的健全人格教育,其目的就是让人格得到更好的发展,在学校中实施健全人格教育目的就是培养德智体美劳全面发展的有用于社会的人才。

西北师范大学副教授李虎林认为,人格教育作为生成人的良好行为模式、精神魅力、气质和心理品质的教育基本功能的体现,也是教育超越功利价值取向的高层次追求。对于每个学生来说,人格具有疏通人的精神能量的作用,一个人的人格主要体现在他与他人、与外界交往和互动的境界和方式上。培养良好的人格教育,就是使人以恰当、正确、成熟的态度和方式对待自己、他人和各种事务。② 华东师范大学陈桂生教授提出,学校在学生个性教育中,不仅要尊重学生而不压抑学生的"个性",还要培养学生的"社会性"。学校应当、也可能给学生创设宽松的环境与必要条件,使个人得以表现和发展其个性。③ 我们认为:实施人格教育有助于学生养成良好的心理品质、发展良好人际关系、成为"社会性"的人。学生个性的发展,有助于培养学生的独立思考能力、创新精神和自我实现的能力。而对于学生社会性的培养,有助于提高学生的团队协作能力、沟通能力和解决问题的能

---

① 蔡元培.中学修身教科书[M].南京:译林出版社,2013.
② 李虎林.当代人格教育论[M].北京:中国社会科学出版社,2015.
③ 陈桂生.略论"培养个性"问题[J].班主任之友(中学版),2019(C1):12—14.

力,使学生拥有更加健康的心理和良好的品质,为他们未来的社会生活奠定坚实的基础。

关于健全人格的特点。一个世纪前,奥地利著名的心理学家阿尔弗雷德·阿德勒在《儿童人格心理学》中提出,儿童的人格教育要注意四个方面。发展积极的自我观:发展自信,促进自立,鼓励自我要求、自我创造;发展积极的困难观:塑造勇气和自信,支持创新尝试,倡导和展示坚韧;发展积极的他人观:鼓励培养关爱感,鼓励合作与共享,教会理解和体察他人,鼓励帮助他人和乐于奉献;发展积极的异性观:认可和理解异性,促进热情、信任和友善。① 阿尔弗雷德·阿德勒提到四个方面的内容包含了我们提出的健全人格教育需要培养学生的自律、自信、自立和自强的"四自"品质。

对此,项兴娟老师在其《谈谈中学生的健全人格教育问题》一文中将健全人格归纳为"个人的内部心理和谐发展;具有坚强的自信心;人格健全者能够正确处理人际关系,发展友谊;人格健全者能把自己的智慧和能力有效地运用到能获得成功的工作、事业和活动上"等。她对"中学生进行健全人格教育的内容和方法"进行了明确:培养学生独立自主精神;提高学生的自我意识水平;培养学生广泛的兴趣爱好和创新能力;培养学生的自信心;培养学生艰苦奋斗的精神等等。② 从项兴娟老师所归纳的人格教育的内容和方法,我们可以进一步深入探讨如何在实际教育工作中进行落实。培养学生的独立自主精神、自我意识水平、广泛的兴趣爱好和创新能力,以及勇敢面对困难和挑战的信心。

综上所述,古今中外人士提出的人格教育与我校倡导的"四自"教育都强调了对学生的自律、自信、自立、自强品质的培养。无论是独立自主、自我意识,还是培

---

① [奥]阿尔弗雷德·阿德勒.儿童人格心理学[M].马鸣风,译.银川:阳光出版社,2018.
② 项兴娟.谈谈中学生的健全人格教育问题[J].徐州教育学院学报,2005(3):146—147.

养学生的兴趣爱好和创新能力,以及艰苦奋斗的精神,这些都需要自律的支撑,学生在追求进步和个人成长的过程中,必须依靠自律来克服各种困难和诱惑,保持专注和毅力。一个自律的人,能够严格要求自己,做到言行一致,自觉遵守规则。自信是内部心理和谐发展的必然产物,内心处于和谐状态时,便能自信地应对生活中的种种挑战,一个自信的人,能够勇敢地追求自己的梦想,不畏艰难困苦,坚定地走向成功。一个内心和谐的人,能够尊重他人、理解他人,善于倾听和表达自己的想法。他们懂得在与人交往中保持真诚与善良,从而赢得他人的尊重和信任。此外,我们还应该注重培养学生的创新精神,鼓励学生勇于尝试新事物,敢于挑战自我,不断追求进步,形成自立自强的品质。

总之,我们所倡导的健全人格教育包含了学生的自律、自信、自立、自强"四自"品质的养成。初中阶段是青少年人格形成的关键时期。学校和教师不但要着力培育彰显学生的健康个性,发展积极的自我观、困难观,完善其性格,由自律走向自信,更要培养学生健康的社会性,发展积极的他人观和社会观,由自立走向自强,实现人格发展与未来社会发展相适应。自律、自信、自立、自强是学生由人格教育转变为人格学习的关键,它既显现人格教育的成效,也是学生人格学习的内在素质,是健全人格中最重要的品质。

第三节 健全人格教育的特色凝练

人的自我意识,作为以自身为主体的意识形态,构成了人格的核心要素,充当着人格深层次的调控机制。它确保人格发展的完整性、统一性和和谐性,并主导着人格发展的方向,对人的形象塑造和行为模式产生深远影响。因此,在人格教育的实施过程中,培养学生健康、全面且积极的自我意识成为了重中之重。为此,我们采取了一种系统性的教育方法,即以"自律"为起点,逐步引导学生培养"自信",进而实现"自立",最终达成"自强"的教育目标(简称"四自"教育)。这四个关键要素相互关联,共同构成了学校健全人格教育实践探索的核心框架。通过这一框架的实施,我们可以更好地引导学生塑造健康的人格,为其未来的成长和发展奠定坚实的基础。

一、"四自"教育

"四自",即自律、自信、自立、自强,作为塑造初中学生健全人格的关键要素,已逐步成为学校德育工作的鲜明特色。这一教育理念的提出,是基于对学校实际情况、学生学习状况以及社会发展需求的深刻认识。学校致力于落实立德树人的根本任务,以"让每一个孩子健康快乐成长"为崇高愿景。德育工作中的人格教育,不仅关注学生所接受的教育内容,更注重培养他们积极的心理品质。通过"四自"教育,让"四自"成为学生个体发展中重要的品质。从而能够以积极的学习和生活态度,勇敢面对生活中的各种困难和挑战。

"四自"教育是自律教育、自信教育、自立教育和自强教育的合称,是上海市闵行区浦江第三中学(以下简称浦江三中)以学校"诚信文化"为核心,通过在初中阶段六年级至九年级前后延续循环递进、聚焦重点、相对独立实施自律教育、自信教育、自立教育和自强教育的德育实践,旨在培养学生具备健全的人格特质。"四自"教育在各年级阶段的实施各有侧重,但又相互衔接,形成完整的教育体系。具体而言,自律教育着重培养学生的自我约束能力,使其在日常生活中能够自觉遵守规则、严于律己；自信教育着重提升学生的自我认同感，鼓励他们勇于面对挑战、积极展现自我；自立教育致力于培养学生的独立生活能力，使其能够适应各种环境、自主解决问题；自强教育着重锤炼学生的意志品质，使他们在面对困难时能够坚韧不拔、自强不息。经过精心设计的教育实践，我们致力于培养具备健全人格，能够自主、健康、和谐发展的少年，让他们在德、智、体、美、劳各方面均能实现全面发展。

下面分别对自律与自律教育、自信与自信教育、自立与自立教育、自强与自强教育的内涵进行相应讨论、分析和界定，与广大同行进行探索，以期在教育实践中更好地推动健全人格教育，促进学生全面发展。

（一）自律与自律教育

自律一词，出自《左传·哀公十六年》："呜呼哀哉！尼父，无自律。"自律即人作为主体主动地约束、限制、控制自己。自律在古书中也多有记载，足见自律在人格发展中具有基础性作用。宋苏辙《栾城集》卷二十八"朕方以恭俭自居，以法度自律。宜得慎静之吏，以督缮治之功"和明李东阳《石公墓志铭》"虽居官久，家无赢赀，亦以俭自律，不少变"则分别为我们明确了自律的标准"法度""俭"。"法度"即法律规章制度、规则规矩规范等，它由外而内促成自律；"俭"所代表者，即为节俭勤劳等传统美德以及个人的高尚品质，它由内而外自觉养成自律。

在西方，首先对自律概念进行系统阐述的是古典哲学家康德。他认为：自律就是道德主体自主地为自己的意志设定道德法则，这种自主的设定排除了"异己意志"、感性世界等外在因素的影响，意味着意志只接受先天的、无条件的"绝对命令"，即实践理性这种纯形式的规定。[①] 马克思主义在批判吸收康德自律概念的基

---

① [德]康德.康德著作全集[M].北京：中国人民大学出版社，2005.

础上,建立起了一种新的自律观,认为自律是人作为主体在其社会关系中自由自觉地活动的条件,人的活动总具有自律性。人的自律是指个体的人从自身的社会关系、社会地位出发,以对于社会存在和发展的必然性、规律性认识为基础,主动地对客观规律和道德规范等认同、内化于遵循,自主、自觉、自动地自己限制自己、自己约束自己。①

综上所述,自律是指人作为社会主体主动、自觉地自己限制自己、自己控制自己、自己约束自己。自律具有社会制约性、发展性、自由性等特征。

学生自律,即学生能够自主地规范和约束自身行为,学生自律表现为具备强烈的时间管理能力、良好的学习习惯、坚韧不拔实现目标的毅力。因此自律不仅仅是遵守规章制度,更是一种内在的驱动力,推动学生不断自我提升,追求卓越。自律,在我们所讨论的语境中,指的是浦江三中学生在其初中阶段的学习与生活过程中,能具备自我提醒、自我约束和自我管理的能力。尤其重要的是,在缺乏现场监督的情况下,学生能通过自我要求,化被动为主动,自觉遵守各项法度,以此规范自己的言行举止。具体表现如下:在学习层面,独立性的培养至关重要。独立思考,独立解题,独立完成作业,是每个学生应当具备的基本素质。同时,自觉性也不可忽视。自觉做好自己应尽的学业职责,包括预习复习、专心听讲和按时完成作业等。在行为规范方面,以《中学生日常行为守则》为准则,时刻约束自己的言行举止,展现出文明礼貌、爱护公物的良好品质。在仪表方面,追求简单大方的着装风格,保持干净整洁的形象,以彰显学生朴素的本质。同时,举止应当文明有礼,以树立良好的个人形象。在其他方面,学生自觉履行劳动职责,积极维护环境卫生整洁。在集体活动中,以集体利益为重,发挥个人特长,积极参与,为集体

---

① 张相乐.论自律教育[J].高等教育研究学报,2004,27(1):22—24.

荣誉而努力。

对于自律的深入解读,有助于我们更清晰地把握自律教育的核心意义。在我们的认知框架内,自律教育是根据社会发展的实际需求,有针对性地开展的一种教育活动,其宗旨在于培养个体具备自我约束、自我监督、自我评价以及自我调整行为的能力。这一过程旨在帮助个体构建稳固的自律机制,并逐渐形成自律的品格特质。不容忽视的是,自律教育对于个人与社会的持续进步均具有深远而重要的价值。

我们高度重视自律教育,强调学生自律机制的形成和自律品质的培养。但这并不意味着我们忽视他律的重要性。儿童品德的发展过程往往是从自我中心逐渐发展为他律,进而再从他律向自律过渡。考虑到学生在知识经验、智力水平和个性上存在的差异,他们在道德发展上也表现出不同的水平。同时,由于学生处于复杂多变的社会环境中,他们不可避免地会受到各种腐朽没落思想的影响,这使得自律机制的建立过程可能会出现反复。因此,我们在进行自律教育时,应坚持他律与自律相结合的原则,辩证地处理这两者之间的关系。

他律与自律虽各自独立,却又相互依存、互为条件,二者之间的关系紧密而微妙。在进行自律教育时,我们应当充分考虑到他律的指导作用。在他律的实施过程中,我们需要遵循青少年身心发展的客观规律,针对每个学生的个体差异进行因材施教,以促进其自律能力和行为的培养。随着学生年龄的增长和自身素质的不断提升,他律的影响力会逐渐减弱,而自律的能力则会逐渐增强。这一变化过程反映了学生由他律向自律的过渡,是教育过程中的重要阶段。因此,我们应当在教育中注重平衡他律与自律的关系,以促进学生的全面发展。

总之,自律教育就是培养学生从他律走向自律的过程。这个过程具有由外而内、逐渐养成的特点。在初中阶段的学校教育中,我们开展自律教育就是要引导学生认识行为规范、规章制度、法律法规的作用,通过他律,逐渐养成自律并不断提升自律的水平,培养责任感、积极性和坚持性的特质,有助于形成健康的自律模式,成为具有健全人格的中学生。

综上所述,自律教育的核心目标在于推动学生从依赖外部规范的他律状态,逐步迈向自我约束的自律状态。这一过程呈现出由外在引导至内在养成的渐进性特点。在初中教育阶段,实施自律教育的目的在于帮助学生深刻理解行为准则、校规校纪以及国家法律法规的重要作用。通过外部的引导和规范,逐步培养学生形成内在的自律意识,并不断提升其自律能力。同时,这一过程也有助于培育学生的责任感、主动性和持久性,为其塑造健康的自律模式、成长为具有全面素质的中学生奠定坚实基础。

(二) 自信与自信教育

自信思想自古有之,且为我国古代重要的哲学思想。从历史的演变来看,"自信"一说源远流长,如《老子》的"知人者智,自知者明";《孟子》的"有诸己之谓信";《墨子·亲士》:"虽杂庸民,终无怨心,彼有自信者也";晋陆机《君子行》:"近情苦自信,君子防未然";《旧唐书·卢承庆传》中"朕今信卿,卿何不自信也";宋曾巩《〈战国策〉目录序》:"其说既美矣,卒以谓此书战国之谋士度时君之所能行,不得不然。则可谓惑于流俗,而不笃于自信者也";龚自珍《己亥杂诗》之二十九:"勇于自信故英绝,胜彼优孟俯仰为"等,皆有相关阐述。

自信,不论是个体的情感体验、自我意向、主观评价、自我评估、自我判断,也不论是生存自信、发展自信、成功自信等,它都是人的心理特征和人格特征,是发自内心的自我肯定与相信。自信的个体差异不同程度地影响着学习、成就等多方面的个体心理和行为。[①] 自信,乃是个体对自身能力、价值及潜力的积极肯定与认同,体现为内在的自我肯定与外在的积极表现。学生的自信,是其内心深处对自身价值与能力的坚定信念与认可。具体表现为学生对于自身能够胜任或完成某项任务的坚定信念,相信自己能自主完成礼仪、学习、劳动、健体、生活等方面的任务。在学校和班级的各类活动中,他们敢于展现自己的才华与风采,用实际行动为班级增光添彩。

自信有多大的力量?成功学创始人拿破仑·希尔说:"自信,是人类运用和驾驭宇宙无穷大智的唯一管道,是所有'奇迹'的根基,是所有科学法则无法分析的玄妙神迹的发源地。"[②]自信给人以力量,给人以快乐。它会激发我们的生命力量,这种力量如同熊熊烈火可以焚烧困难,明亮智慧。奥里森·马登认为,成功者总是充分相信自己的能力,能排除一切艰难险阻,直到胜利。坚信自己,坚持不懈,很多障碍都会不攻自破,很多"不可能"就可以变成"可能"。[③] 显然,自信在推动个体成功的道路上起着重要的作用。对于中学生而言,若缺乏自信,对自己的学习和生活能力产生怀疑,那么他们很可能在自卑的阴影下挣扎;当面对学习上的困难时,他们可能会感到无趣、缺乏热情,并最终选择放弃。然而,当学生能够持续地接收到积极的评价、鼓励与期望,并在成功的实践中积累经验,他们的自信心将会得到增强,对学习和生活的热情也将随之提升。在这样的状态下,他们每一天的学习和生活都将充满快乐与满足。因此,对初中生进行自信教育具有重要的价值和必要性。

初中生的自信教育,是指对初中生进行自信培养所进行的各种形式活动的教

[①] 苏锦绣. 自信教育的思想与实践[J]. 基础教育参考,2016(10):34—36.
[②] [美]拿破仑·希尔. 金玉良言[M]. 张继伟,译. 北京:北京理工大学出版社,2014.
[③] [美]奥里森·马登. 成功学原理[M]. 张春明,译. 北京:中国发展出版社,2002.

育,包括国家的、社会的、学校的、家庭的、学生个人的有目的针对培养学生的自信的各种形式的活动,目的是增强学生应对各种困难,迎接各种挑战,适应社会发展的基本的心理素质的能力,而进行的促进人全面健康发展的教育活动。[①] 学生健康成长的显著特征是具备良好的自信心,而这正是他们走向成功的关键要素。自信教育的核心在于转变部分学生的自卑心理,使每一个学生都能拥有坚定的自尊心、自信心和不懈的进取心。我们的目标是塑造出具有自尊、乐观和适应性强的人格特质的学生,从而推动他们自信心的不断发展。简而言之,自信教育的核心目标在于引导学生逐步摆脱自我怀疑与信心不足的困境,通过科学有效的方法和策略,逐步塑造和培养学生的坚定自信。这种教育基于学生对其个人兴趣、能力的正确认知,以及面临挫折、困难乃至失败时的理性对待。通过正确的自我认识,学生能够悦纳自身,不断积累自信,最终迈向成功。对于我们学校而言,自信教育的实践不仅至关重要,而且具有深远的现实意义。

(三) 自立与自立教育

众多的典籍和著作都对自立进行了比较重要的阐述。"自立"一词最早出现在《礼记·儒行》"儒有席上之珍以待聘,夙夜强学以待问,怀忠信以待举,力行以待取,其自立有如此者"。从《礼记》《论语》中反映出来的自立观有以下几层意思:高的学识和实践能力;立足社会、有所成就;好的道德修养与操守;遵守社会规范。可以看出,孔子所说的"自立"是一种不张扬但有骨气、有能力、强调人伦道德、注意社会规范的自立,可以称之为"社会取向的自立"。陆象山的心理学思想及其有关自立的论述有明显的甚至是张扬的主体意识,不过"自立"的目标也主要是为了更好地

---

① 李渊新. 论初中生的自信教育[D]. 济南:山东师范大学,2010.

遵从伦理道德、社会规范和礼教秩序，因此可以称之为有"个人取向的自立观"。

近代以来的自立观表现出越来越强的个体性，最明显的表现就是近现代的自立观对伦理道德、礼教秩序方面要求的弱化和对经济、社会方面自立的强调，及把对自立的要求指向了所有人，要求并鼓励人们脱离各种社会束缚，因此可以称为"个人取向的自立观"。我国当前学者对自立意识也有独特的认识。邹晓燕"从独立性人格角度提出自立即自我依靠，相对于依赖，是独立性人格最基本的特征"。[①] 夏国英则从马克思主义人学理论的角度提出："自立人格是独立型人格发展的第三种历史形式，它的基本特征是自立、自主、自存、自助、自尊、自重、自信、自律、自励、自强。"[②] 黄希庭教授等从心理学的角度来界定自立，主要涉及四个基本意思："不依赖，独立自主；有能力，能立足社会；有道德，遵守基本的社会规范；有成就。"[③] 由此可见，自立的研究历史悠久，自古便受到人们的关注。随着时代的演进，自立的内涵得以不断充实与深化，展现出其与时俱进的特质。这一切均彰显了对个体自立品质的深刻重视与持续追求。

由于文化的差异，西方研究文献中直接对自立意识的研究尚不多见。因此，我们可以从对自我决定、独立、自主等与自立密切相关的概念的研究中借鉴到对中学生自立意识培养有用的经验。爱利克·埃里克森认为"成年早期心理社会发展的关键是友爱亲密对孤独和自我专注；若发展顺利则为成功的感情生活和事业奠定基础，若发展障碍则导致孤独寂寞、无法与他人亲密相处"。[④] 通过研读国内外学者的研究成果，可以观察到，关于自立问题的讨论颇为丰富，但针对自立意识的专项研究则显得相对薄弱，特别是针对培养中学生自立意识的研究更少。中学

---

① 邹晓燕.论创造性人才的独立性人格特征[J].中国教育学刊,2000(5):14—16.
② 夏国英.论中国当代社会的理想人格[J].江西社会科学,2002(3):11—13.
③ 黄希庭,李嫒.大学生自立意识的探索性研究[J].心理科学,2001(4):389—392.
④ [美]爱利克·埃里克森.童年与社会[M].高丹妮,李妮,译.北京:世界图书出版公司,2018.

生作为一个独特的群体,其自立意识的培养必须遵循其身心发展的自然规律,任何违背这一规律的强制行为,都可能产生适得其反的结果。在当前的教育体系下,如何科学有效地培养中学生的自立意识,还存在空白。

自立,指的是个体从原先依赖的对象或力量中解脱出来,依托自身的努力和判断,独立进行决策和行动,并对自身行为和言论承担相应责任的过程。在精神层面上,自立体现为坚定而独立的自强意志;从动态发展的视角来看,自立代表了一个从依赖走向独立的社会化进程,在此过程中,依赖与自立的比重相互消长;而从静态的角度出发,自立则展现了个体依靠自身能力实现自我价值,独立生活并自给自足的状态。自立,作为与"依赖"和"依附"相对立的概念,不仅代表着一种精神面貌,更是一个渐进的过程和稳定的状态。它是个人生存与进步的基石,唯有自立,个体方能实现自我强大。从某种角度看,自立能力完全基于个人的努力和能力,涉及在思想、生活和职业等各方面的积极投入。这包括思想的创新、生活的自理、情绪的自我调控以及自我价值的实现等多个方面,最终形成一种综合的能力和效果。

学生自立,是指其在处理事务时,能够表现出自主和独立的能力,尽力独立地完成各项任务。在学习和生活中遇到挑战时,能够独立思考并寻找解决方案。勇于展现自我,面对失败时不退缩,而是在逆境中积极应对。对于周围和社会上的各种事件,他们持有自己的观点,能够明辨是非,不轻易随波逐流。中学生的自立主要体现为独立性、主动性、责任性、开放性和实践性等特点。

经过对自立教育的分析,我们不难发现,自立教育始终是思想道德教育的重要构成部分,它贯穿于教育活动的全过程。《新时代公民道德建设实施纲要》中强调要"不断增强人们的自立意识"[1],初中德育课程也一直将自立作为德育的主要

---

[1] 中共中央、国务院印发《新时代公民道德建设实施纲要》[J].中小学德育,2019(11):77.

目标来看待。我们所深入研究的自立教育，主要是在初中阶段，探讨个体如何在自律与自信的基础上，独立自主地解决问题、制定决策，并逐步减少对外部支持的依赖。自立教育的核心价值在于，将自立精神作为自律与自信的必然发展，不仅关注学生在日常生活中自我完成事务的能力培养，更重视在生存竞争环境中所需的灵活应变能力、心理承受力以及独立思考和创新实践能力的提升。开展自立教育、培育自立意识，与克服挑战紧密相连。在战胜困难的过程中，学生必须保持创新精神，不断进行自我调整、适应环境变化，并加强学习。同时，接受来自他人（如同伴、老师、家长等）的协助也是必不可少的。自立教育的实施和自立意识的培育，并非凭空产生，而是必须扎根于实践之中，并最终落实到实践中去。

总体而言，自立教育旨在推动学生从依赖向自立的转变，这一过程与人格中的独立性、决策能力和责任心紧密相连。为培育这些关键的人格特质，学校教育需承担重要责任。在课堂学习与课外活动中，我们不仅要教导学生掌握生活自理的能力，即自己的事情自己做，更要着重培养他们的灵活应变能力、独立思考能力和创新实践能力。通过这些努力，我们将帮助学生树立自立意识，逐步发展其自主独立性，为其未来的成长奠定坚实基础。

（四）自强与自强教育

"自强"一词最早出自《周易》："天行健，君子以自强不息。""自强不息"是积极向上、永不停止，它体现了一种自我完善、永不停息的进取精神，集中地反映了中华民族朝气蓬勃、努力向上的顽强生命力，以及百折不挠的开拓精神。《孔子家语·五仪解》中云："所谓君子者，言必忠信，而心不怨；仁义在身，而色无伐；思虑通明，而辞不专。笃行信道，自强不息，油然若将可越而终不可及者。此则君子也。"这里的"自强不息"含有"不断勤奋努力取得成功"之意。君子是道德品质高尚之人,自强是其必备的品质之一,我们看到,儒家学说对于自强的重视。此外《楚辞·九章·怀沙》"惩连改忿兮,抑心而自强",《资治通鉴》卷十二"上虽苦,为妻子自强",唐李咸用《送人》诗"眼前多少难甘事,自古男儿当自强",《宋史·董槐传》"外有敌国,则其计先自强。自强者人畏我,我不畏人",《东周列国志》第三回"王今励志自强,节用爱民,练兵训武,效先王之北伐南征,俘彼戎主,以献七庙,尚可湔雪前耻"等都给我们留下了关于自强的精彩论述。

自强作为一种精神,在教育年轻人的教科书中得到明确阐述,也成为对年轻人的一项基本素质要求。这一要求在中国传统教育中具有深远的影响,并对现代教育体系产生了积极的推动作用。郑剑虹在其《自强的心理学研究:理论与实证》论文中,对自强进行相关分析后认为:"自强是个体不断提升自我,充分发挥自身潜能,努力进取,克服困难的一种人格动力特质。自强的人具有明确的目标,在追求目标的过程中,勇敢而自律,不怕困难失败,表现出一种坚韧不拔的意志力;具有乐观开朗、悦纳自己、自信、自尊的积极心态;具有团结合作、适应性强、自立、自知的能力;具有有所作为,实现自我价值的强烈愿望,表现出对自己、他人、社会的强烈责任感和贡献精神。"[①]

学生自强,体现在他们对自己不足的深刻认识,他们愿意积极寻求帮助并努力克服这些不足。同时,他们也善于发掘并利用自己的优势和长处,积极寻找发展的机会和途径。在学习和生活中,他们始终保持自我激励,面对挫折和失败,他们不沮丧、不气馁,而是从中汲取经验教训,不断奋发向前,坚定地朝着自己既定的目标迈进。

因此,自强不仅是一种信念,更是一种深具内涵的品质。同时,自强也是一个

[①] 郑剑虹.自强的心理学研究:理论与实证[D].重庆:西南师范大学,2004:76.

渐进的过程,一种积极的行为。在此,我们主要聚焦其作为"品质"的内涵。我们认为,个体要自强不息,追求卓越,成就非凡,必须具备一系列自强的品质,具体包括:积极向上的态度品质、乐观豁达的情感品质、深思熟虑的智力品质、坚定不移的意志品质,以及在面对困境时展现出的恢复力。这些品质共同构成了自强的核心要素,对于个人的成长与发展具有至关重要的作用。

经过对自强的深入探讨,我们认为自强教育既是秉承传统立德修身理念的教育方式,又是培育现代改革创新精神的教育途径。它体现了以学生为中心、以学生发展为根本、以促进学生健康快乐成长为核心的教育理念。此外,自强教育还尤其重视人生规划教育,致力于构建学生发展指导制度,引导学生自我激励、自我教育、自我纠正,结合社会发展需求和个人发展兴趣与能力,规划和设计自身人生发展的目标。在这一过程中,强化自律是基础,提升自信是前提,增强自主是核心,善于自立是保障,最终追求自强。这一教育过程既要注重方向性引导,又要强化实践性操作,通过多元化的社会实践活动,引导学生提高自我发展的动力,以及主动适应社会的能力。

我们所探究的"自强教育",深深植根于学校的核心理念——"诚信为基,自主健康和谐发展"。此理念不仅是学校精神的灵魂,更是我们教育实践的指南。我们致力于传承和弘扬诚信文化,唤醒学生的主体意识,激发他们的潜能,培养他们的自律、自信、自立、自强的品质和能力。我们的目标是让每一位三中学子都能成长为具有主动性、独特性、独立性、创新性、合作性和责任心的人,成为更好的自己,积极应对高中阶段的学习挑战和未来社会的需求。为此,我们特别强调三个方面的教育:勇于担当的责任教育,遵循成长规律的全面发展教育,以及激活内在动力的自我教育。在这个过程中,教师的作用至关重要,他们通过提供具有挑战性的学习机会,引导学生设定远大目标,为他们提供支持和指导,从而激发学生追求卓越的动力。"自强教育"的核心理念以及我们矢志不渝追求的教育目标,正是体现在这一点上。

(五)"四自"教育的内在逻辑

自律、自信、自立及自强,是人格发展中不可或缺的要素,彼此间存在相互影响、互为因果之关系。自律是培育自信与自立的基石,个体通过精心设定并严格管理自身目标,不仅能够循序渐进地提升内在自信心,更能以此为基石,逐步迈向自立之境界。自强精神,则源于持续学习及自我挑战,使个体在遭遇困境时仍能不断成长与进步。此四者相互促进,共同塑造健康、稳定的人格特征与模式,对于个体之全面发展具有重要意义。一个人的自信源于其自律,这种自律赋予了个体自信和勇气,使其能够自信地展现自我。自信是一种宝贵的心理品质,对于学生来说,它是走向自立的重要前提。自信可以增强学生的内驱力,有助于推动他们朝着自立的目标前进。自立作为自律和自信不断发展的必然产物,将进一步推动学生迈向自强的道路。自立主要体现在个体的独立性、选择性和创造性上,这些品质为自强提供了坚实的基础。自强则是自立的提升和扩展,主要表现在个体的能力、作为和精神层面。自强是自立发展的必然结果,它不断推动着个体向更高的目标迈进。

在四年的初中学习生活中,浦江三中的学生们经过系统的教育和培养,逐步塑造出自律、自信、自立和自强四大核心品质。这一过程呈现出层层递进、由表及里、逐步升华的鲜明特点,体现了学生们在成长过程中不断提升自我、超越自我的积极态势。其中,自律是学生成长的基石,自信是推动学生进步的阶梯,自立则是学生展翅高飞的翅膀,而自强则是引领学生勇往直前的号角。通过系统的自律、自信、自立、自强的教育,浦江三中的学子们逐渐成长为"诚信为基,自主健康和谐发展"的三中少年。这一成长过程不仅为学生顺利升入高中阶段的学习奠定了坚实的基础,更为他们未来走向社会、胜任工作岗位培养了正确的价值观、必备的品格和关键的能力。

二、"四自"教育的人格培育价值

实施"四自"教育,可以有效推动学生形成自律、自信、自立、自强等健康人格的特质,进而促进学生的全面发展。这一举措在培养学生健全人格方面具有重要意义。

(一)"四自"教育的价值追求

"四自"教育积极回应了立德树人根本任务的迫切需求。党的教育方针作为党的理论和路线方针政策在教育领域的集中体现,对教育事业的发展具有至关重要的指导地位和作用。

"立德树人"着重强调了我们必须深入洞悉学生的心理特征,并对其个性品质进行科学而恰当的引导。这一教育理念的实施涉及课程德育、社会实践、学校文化等多个层面,旨在确保立德树人的核心理念能够深入渗透到教育教学的各个环节,并全面覆盖学校教育、家庭教育以及社会教育的各个领域。在日常教育实践中,我们必须确保情感、态度和价值观的培养目标得到切实有效的贯彻落实。"四自"教育作为关键手段,对于实现上述目标具有不可替代的作用。

"立德树人"强调我们需要着重培养学生的健全人格,塑造他们积极的心理品质和乐观向上的精神风貌。这意味着我们要帮助学生学会创造幸福、分享快乐,关注他们的内心世界,塑造纯真完美的心灵。此外,我们还应加强心理辅导,发掘健全人格的教育资源,重视对学生的人文关怀,营造良好的师生关系和同学关系,为培育学生健全人格提供有力支持。"四自"教育在这一过程中为学生提供了成长和发展的舞台。

此外,"四自"教育还是对社会主义核心价值观的深入贯彻与实践。依据党的十八大所确立的24字社会主义核心价值观,针对公民个体层面,特别强调了爱国、敬业、诚信、友善的价值导向。这四项基本道德规范,从个人行为的角度对社会主义核心价值观的核心要义进行了凝练。它不仅广泛涵盖了社会主义道德生活的方方面面,更作为公民应坚守的基本道德底线,同时也是评判公民道德行为取舍的重要价值尺度。

我们所倡导的"诚信为基,自主健康和谐发展"的育人理念,其核心在于培养学生的"自律、自信、自立、自强"品质。这一理念与社会主义核心价值观的内涵高度契合。只有让学生从小培养起这些优秀的意志和品质,他们才能在日常生活中践行爱国、敬业、诚信、友善的价值准则,进而成长为德智体美劳全面发展的优秀劳动者和建设者。因此,学校推进"四自"教育,不仅是具体落实社会主义核心价值观的体现,更是健全学生人格,促进学生全面发展的重要途径。

当然,"四自"教育也是新时期德育改革的有力抓手。德育,即对学生进行政治、思想、道德和心理品质的教育。《中小学德育工作指南》明确了初中阶段德育目标:教育和引导学生热爱中国共产党、热爱祖国、热爱人民,认同中华文化,继承革命传统,弘扬民族精神,理解基本的社会规范和道德规范,树立规则意识、法治观念,培养公民意识,掌握促进身心健康发展的途径和方法,养成热爱劳动、自主自立、意志坚强的生活态度,形成尊重他人、乐于助人、善于合作、勇于创新等良好品质。党中央颁布的《公民道德建设实施纲要》也明确指出:"开展必要的礼仪、礼节、礼貌活动,对规范人们的言行举止,有着重要的作用。"①《中学生日常行为规范》要求广大中学生具有五大方面的特点:自尊自爱,注重仪表;诚实守信,礼貌待人;遵规守纪,勤奋学习;勤劳俭朴,孝敬父母;严于律己,遵守公德。② 规范要求学生尊重自己(自尊自爱,注重仪表)、尊重他人(诚实守信,礼貌待人;勤劳俭朴,孝敬父母)、尊重规则(遵规守纪,勤奋学习;严于律己,遵守公德)等。

苏霍姆林斯基指出"只有能够激发孩子去进行自我教育的教育,才是真正的教育"。③ 现代德育也坚持"无灌输的德育",尊重学生的个性,强调学生思想品德发展过程中的自主构建。学校作为教育的重要场所,致力于构建一种有利于学生道德自觉发展的教育环境。通过此种环境,意在激发学生的内在道德意识,引导他们自主构建与社会规范相符合的思想品质,进而形成全面而健康的人格。在此基础上,学校积极推行以"自律、自信、自立、自强"为核心的"四自"教育理念,并坚持在德育、智育、体育、美育、劳动教育等五个方面均衡发力,着重引导学生开展自我教育、自主建构。学校希望学生能够在这些方面的引导下,自觉培养符合社会要求的思想品质,形成健全的人格,实现全面发展。这种教育理念与现代教育改革的方向高度契合,为落实学校的德育目标提供了有力的支撑和抓手。

此外,"四自"教育也是培育学生核心素养的迫切需要。2014年,教育部紧扣"培养什么样的人"这个根本,要求在"如何培养人"上下功夫,研究各阶段学生的核心素养。2016年9月13日,根据教育部的委托,北京师范大学精心组建了一支专业团队,在林崇德教授的引领下,全面深入地探究了新时代中国学生应具备的品格和能力。经过为期三年的系统研究和深入探讨,团队紧扣素养与核心的内

---

① 公民道德建设实施纲要[J].党的建设,2001(12):4—7.
② 中学生日常行为规范[J].人民教育,1994(4):10—11.
③ [苏]苏霍姆林斯基.给教师的建议[M].杜殿坤,编译.北京:教育科学出版社,1984:341.

涵,圆满完成了中国学生发展核心素养这一重要课题的研究工作。并从文化基础、自主发展、社会参与三个方面,综合表现为人文底蕴、科学精神、学会学习、健康生活、责任担当、实践创新六大素养,具体细化为国家认同等 18 个基本要点。[①] 六大素养的内涵与外延有待我们去发掘运用、总结提升,使之成为我们工作的助推剂、催化剂。如何使核心素养与教育相互促进、相得益彰,必将成为新时代教育高质量发展的重大课题。我们进行的"四自"教育实践探索,旨在通过日常化的教育教学活动,积极培养新时代学生的核心素养,以造就符合新时代社会主义建设和发展需求的合格接班人。

  总之,通过实施"四自"教育,我们致力于培养符合新时代要求的"理想新人"。新基础教育所倡导的"理想新人"的形象"体现了时代精神和新教育对象观的综合,这一综合主要从人的认知能力、道德面貌和精神力量三个不同维度进行,每一个维度又包含着对外和对内两个方向,体现出知、情、意等人的生命的多方面的统一"。[②] 其中,认知能力主要指对外部信息与符号的捕捉、重组和判断能力,对内在自我的反思、调控和重建能力以及动态、综合的复杂思维;道德风貌主要指内在的自律德性和对外的社会公德;精神力量主要指对己的自信自强,对外迎接挑战的机智勇敢、顽强意志与理想追求。这些"新"的要求是对当代中国社会处于复杂多变的转型期及其呈现的不同于传统的新质的回应,而非凭空设想;是面向社会发展未来的思考,而非简单的历史延续。主体自觉的实现,需历经"自律""自信""自立""自强"这四个阶段的递进式螺旋循环实践过程,以确保其得以全面而稳固地达成。因此,我们开展"四自"教育的校本化探索实践,正是为了培养新基础教育

---

① 一帆.《中国学生发展核心素养》总体框架正式发布[J].上海教育,2016(27):8—9.
② 叶澜.时代精神与新教育理想的构建——关于我国基础教育改革的跨世纪思考[J].教育研究,1994(10):3—8.

所倡导的新时代"理想新人"。通过这一实践,我们期望学生能够在自律中养成良好习惯,在自信中展现个性魅力,在自立中锻炼独立能力,在自强中追求卓越成就,从而全面提升个人素质,成为新时代的优秀人才。

(二)"四自"教育提升人格素养的实践意义

"四自"教育除了回应了新时代立德树人的深切呼唤外,它对提升学生人格素养也具有重要的实践意义。

新课标聚焦中国学生发展核心素养,培养学生适应未来发展的正确价值观、必备品格和关键能力,引导学生明确人生发展方向,成长为德智体美劳全面发展的社会主义建设者和接班人,以"义务教育要在坚定理想信念、厚植爱国主义情怀、加强品德修养、增长知识见识、培养奋斗精神、增强综合素质上下功夫,使学生有理想、有本领、有担当,培养德智体美劳全面发展的社会主义建设者和接班人"为目标。[①] 无论是"落实立德树人根本任务,发展素质教育,以学生发展为中心,坚持德育为先,推进五育融合,培育学生适应未来发展的正确价值观、必备品格和关键能力"的指导思想,还是"坚定理想信念、厚植爱国主义情怀、加强品德修养、增长知识见识、培养奋斗精神、增强综合素质上下功夫,使学生成为有理想、有本领、有担当,德智体美劳全面发展的社会主义建设者和接班人"的目标,对我们全面深化课程与教学改革提出了新的要求。

我们所实施的"四自"教育,即自律教育、自信教育、自立教育与自强教育,不仅充分彰显了学生在学习与生活过程中的主体地位及其全面发展的目标追求,更与当前新课程与教学改革的核心理念紧密相连,与新时代教育发展的宏观趋势高

---

① 义务教育课程方案(2022年版)[J].基础教育课程,2022(9):72—80.

度契合。我们坚信,唯有通过深入实践这一教育理念,才能确保新课程与教学改革的指导思想得以真正贯彻,进而有效实现其既定目标。

"四自"教育也顺应了上海新中考、新中招政策改革的现实需要。2018年3月,上海市教育委员会颁布了《上海市进一步推进高中阶段学校考试招生制度改革实施意见》,对上海市高中阶段学校考试招生制度改革的总体要求、改革任务和措施、保障措施进行了明确规定。① 特别是在完善初中学业水平考试制度、完善初中学生综合素质评价制度、深化高中阶段学校招生录取改革等方面推出了一系列新政策、新举措和新要求。

为了积极响应并适应这些新的政策、举措与要求,我们以"四自"教育作为主要载体和平台,全面落实初中学生的综合素质评价,具体涵盖品德发展与公民素养的培育、修习课程与学业成绩的考核、身心健康与艺术素养的提升,以及创新精神与实践能力的激发等多个方面。通过"四自"教育的推进,我们实现了对学生成长过程的客观记录,全面反映了学生的德智体美劳全面发展情况和个性特长。此举不仅有效引导学生积极践行社会主义核心价值观,弘扬中华优秀传统文化,还增强了他们的社会责任感,培养了创新精神和实践能力。同时,我们还记录了学生的社会考察、探究学习、职业体验等综合实践活动,把课程学习内容与真实生活情境相结合,进一步提高了学生的综合素质。这为学生顺利完成初中阶段的学习、升入高中阶段学校进一步学习奠定了基础。

"四自"教育将在推动学校新一轮发展中扮演至关重要的角色。自2021年9月起,学校启动了名为"为了每一个孩子健康快乐成长"的2021—2025学年五年发展规划。该规划明确了我们学校的办学目标,即致力于将学校打造成为一所管

---

① 上海:出台《进一步推进高中阶段学校考试招生制度改革实施意见》[J]. 基础教育课程,2018(8):4.

理精细、队伍精干、施策精准、环境精致的学校,能够满足鲁汇地区居民对优质教育的需求,确保三中的每一位学生都能自由呼吸,并在区域内外享有良好的声誉。在此基础上,学校进一步提出"遵循教育规律和学生成长规律,以学生综合素质评价为依据,全面推进'五四争章'实践,提升校园主题文化活动品质,协同各方力量,努力实现'让三中每一个孩子健康快乐成长'愿景"的学生发展目标。其中,"五四争章"中的"四"即我们所倡导的"四自"教育。通过"四自"教育的实施,我们将促进"五育融合",从而确保学生能够实现健康快乐成长。"四自"教育是实现学校新一轮发展的突破口。

"四自"教育对于推动班集体特色建设的重要性同样不言而喻。班集体作为一个综合性群体,不仅凸显了学生的主体地位,更展现了其独特的特色和个性。它是学生个体社会化的重要渠道,也是师生共同成长的沃土和精神家园。特色班集体所蕴含的独特班级文化,是班级内部形成的共同价值观、思想和行为准则的总和,它代表了班级的灵魂和形象,是班级生存和发展的核心动力。在这样的班级文化氛围中,学生能够受到精神上的鼓舞和习惯上的优化,从班级特色文化的深厚底蕴中汲取养分,进而充分发掘自身潜能,提升综合素质,实现学有所成、学有所长的目标。因此,"四自"教育对于促进班集体特色建设具有至关重要的作用。

尤为关键的是,"四自"教育对于推动三中学子健康、快乐成长具有实际意义。我们致力于实施"四自"教育的最终目标是实现每一位三中学子的健康快乐成长。

学校坐落于闵行区的东南部,与奉贤区金汇镇、浦东新区航头镇相邻,作为一所农村公办初中,虽然拥有超过60年的办学历史,并以艰苦创业、诚实守信的校风著称,但在当前时代背景下,学生群体的构成变得更为复杂和多元,差异性显著增大。因此,学生中普遍存在着自律不足、自信缺乏、自立能力不强以及自强不息精神缺失等问题,这些现象亟待我们高度重视。

根据我们的问卷调查结果,六年级的多数学生在道德认知层面对诚信自律问题能够作出正确的判断。然而,在实际生活中,我们发现部分学生在诚信自律方面的表现并不理想,例如对父母说谎、隐瞒错误、代替签名、编写虚假留言或假条,甚至寻求同学代写或欺骗老师。这些行为反映出部分中学生尚未形成正确的价值观和良好的诚信自律品质。此外,我们还观察到班级内存在抄袭作业、言行不一、损坏物品无人承认以及在征文活动中抄袭网络内容等现象。这些行为同样体现了学生在诚信自律方面的不足。陶行知先生曾强调教育的核心在于"教人求真,学做真人"。因此,在初中阶段对六年级学生进行诚信自律教育显得尤为重要。这不仅关系到学生的健康成长,更是他们未来发展的逻辑起点和关键所在。

七年级的学生在表达时常常显得声音微弱、缺乏自信,他们在日常生活中较为内向,较少与人交流。在与他人互动时,他们往往避免直视对方的眼睛,表现得躲闪且犹豫不决。这种缺乏自信的表现将极大地影响他们的学习和生活,制约他们健康快乐地成长。正如一位哲人所言:"一个人的幸福程度取决于他能在多大程度上独立于这个世界。"这句话蕴含着深刻的智慧。独立往往意味着要完整地承担必要的责任,而有责任感的人通常更加自信、自立。因此,在巩固七年级学生自律教育的基础上,我们特别重视在七年级开展"自信"教育。我们的目标是帮助学生培养积极、乐观、向上、自信等健康心理,使他们能以最佳的心理状态投入到学习和生活中。

经过对我校八年级学生的作业问卷进行统计分析,我们发现学生们在对待考试性学科的作业上普遍表现出更高的认真程度,主动完成并提交作业的比例超过30%。在作业质量方面,相较于非考试性学科,考试性学科的作业质量较差的比例要低42%。然而,在周末作业中,情况却不尽如人意,非考试性学科的作业认真完成的学生数量明显减少,而考试性学科的作业质量优良率也仅为28%。这些数据表明,学生的作业态度普遍不够端正,作业习惯有待改善,自主完成作业的能力有待提高。对于八年级学生而言,作业不仅是学习的一部分,更是培养自立意识和能力的重要途径。从学生们是否能够独立、认真地完成作业中,我们可以窥见他们在自律和自信方面的表现。因此,在巩固自律、自信教育成果的基础上,我们将在八年级重点开展"自立教育"实践活动,特别是引导学生自主自立地完成学科作业,以提升他们的自我管理和自我学习能力。

在针对"升学目标及未来职业规划"的问卷调查中,我们发现九年级中有大约60%的学生对于未来希望从事的职业类型以及理想的高中阶段学校缺乏明确的认知。令人担忧的是,许多学生满足于当前的状态,缺乏进取心,未能意识到通过自我努力、挖掘潜力和持续奋斗,他们完全有能力塑造一个更加光明的未来。为此,我们特别针对九年级学生开展了"自强教育"系列活动,包括理想信念教育、职业生涯规划指导以及参观高中和大学名校等,旨在帮助学生建立明确的人生目标,激发他们的成长潜力。

综上所述,通过对四个年级学生的抽样问卷调查分析,我们可以清晰地发现,当前家庭教育普遍偏向于智育而忽视德育,过度关注子女的学业成绩而缺乏对子女德性养成的重视。此外,独生子女家庭占比较大,隔代抚养现象也相当普遍,这导致许多孩子从小就形成了自私、任性、以自我为中心的性格特点,对社会主义核心价值观中的"爱国、敬业、诚信、友善"缺乏深刻理解。这些孩子在自律意识、自信心、自立性和自强精神方面存在明显不足,这不仅影响了他们的健康成长,还可能对他们未来融入社会、与人交往沟通、和谐相处造成严重阻碍。因此,在我校实施以自律、自信、自立、自强为特质的健全人格教育显得尤为迫切和重要。

第四节 "四自"教育的整体架构

经过对"自律""自信""自立""自强"等人格特质的深入研究和探讨,以及对"四自"教育理论与实践相结合的全面分析,您可能会好奇,在实际操作中应如何有效实施,以及其实践框架的具体构成。针对这些问题,我们从以下四个方面进行了深入的思考和实践探索。

首先,我们制订健全人格教育指南,明确"四自"教育的要求。在深入分析问卷调查数据和学生现状的基础上,我们经过反复探讨和修改,从礼仪、学习、岗位、艺体和生活五个方面,对学生应达到的要求进行了细致梳理,最终制定了《浦江三中"四自"教育指南》。见表1-1。

表1-1 浦江三中"四自"教育指南

年级	六年级	七年级	八年级	九年级
侧重点	自律:能控制情绪,遵循规则和保持目标导向。行为规范良好,有责任感、积极性和坚持性。	自信:培养多种能力,并信任自身能力,重视培养自尊乐观和适应性等品质。	自立:能独立解决问题,做出决策,逐渐减少对外部支持的依赖,培养独立性、学会选择,挑战困难。	自强:认识自强是自律、自信、自立的推动力,是实现最高潜力的关键要素,培养主动学习、反思的习惯,接受挑战,不断提升。
礼仪	国歌:唱国歌站姿端正,敬礼规范,神态严肃,歌声响亮。交往:见到师长主动问好,文明用语,	国歌:唱国歌庄严肃穆,声音洪亮,节奏准确,敬礼规范。交往:遇见他人正视对方,主动问候;	国歌:听到国歌自觉肃立,认真敬礼,唱响国歌。交往:有正确的是非观,行为处事有原	国歌:尊重国歌国旗,唱好国歌。交往:善于判断是非,正确评价社会热点;尊重他人生活

续 表

年级	六年级	七年级	八年级	九年级
	不喧哗。穿戴:校服、红领巾穿戴整齐,不佩戴饰物;发型符合学校规定。	与人交往,举止文雅,能主动表达自己想法;坦诚接受表扬和批评,乐于进取。穿戴:在校着装规范,日常打扮得体,符合年龄身份;不攀比。	则,客观认识自己,能自我反思;尊重理解他人,懂得换位思考;真诚友善交往,主动热情助人。穿戴:合理穿着校服,有符合身份的审美。	习惯和处事方式;敢于指出同学不良思想和行为;发挥各自优势,互助共进。穿戴:穿戴合规,整洁大方,注重内涵,提升形象。
学习	课前:准时、安静入座;学习用品齐全,摆放整齐。课中:坐姿端正,不做与课堂学习无关的事情;举手发言规范,声音洪亮;学会记笔记。课后:按时完成并及时上交作业;作业规范,字迹端正。	课前:自觉做好预习;预备铃后认真参与预备活动。课中:专心听讲,敢于举手发言;积极规范参与课堂活动,敢于上台展示学习成果。课后:独立思考;按时完成并主动上交作业;及时复习巩固。	课前:准备充分,主动预习,善于发现问题。课中:学会倾听;积极思考,乐于表达。课后:作业完成效率高,质量好;有适合自己的学习方法。	课前:主动有效预习,善于发现学习问题。课中:有积极的学习心态和适合自己的学习方法;敢于质疑;主动积极克服学习中的困难。课后:合理安排时间,高效完成作业;能梳理知识结构,发现学习薄弱点。有明确的学习目标和成长规划。
岗位	态度:明确自己的岗位职责;按时认真完成岗位工作;愿意接受监督并及时改进。能力:掌握岗位工作要领。有事不能完成时,向劳动委员及时反馈。效果:岗位劳动达标并持续关注,对班级尽责;有良好的卫生习惯,尊重他人的劳动成果。	态度:积极参与岗位竞选;乐于接受岗位挑战。能力:提高岗位工作技能,高效完成岗位任务。效果:岗位工作得到班级师生认可;对班级岗位有建设性建议。	态度:有集体意识,能主动补缺补漏。能力:主动沟通合作,解决岗位难题。效果:岗位劳动有示范性。	态度:重视岗位工作,有集体责任意识。能力:合理安排时间,能平衡岗位和学习的关系。效果:岗位工作有条理,能带动班级发展。

续表

年级	六年级	七年级	八年级	九年级
艺体	态度：按时规范参加学校艺体活动，安静有序；请假需合理且流程规范。 能力：规范做两操；按照老师要求，完成各项艺体活动。 习惯：有健体自护意识；有健康的艺体活动爱好；规范参与每天一小时体育锻炼。	态度：主动参加班级、学校各类艺体活动。 能力：两操动作规范，精神饱满；能积极展示自己的艺体才能。 习惯：主动参与每天一小时体育锻炼；有擅长的艺体爱好；具备良好的艺体素养。	态度：两操动作规范，精神饱满；有团队协作精神，乐于服务集体。 能力：善于借助资源，培养健康兴趣爱好；有一定的审美情趣和运动技巧。 习惯：有健康的艺体活动爱好；有效参与每天一小时体育锻炼；能根据自己的体育弱项，自觉进行针对性、持续性训练。	态度：正确评价自己的能力，选择适合自己的体育测试项目；认真参加体育训练。 能力：两操动作规范，精神饱满，掌握运动技巧，达到体锻标准。 习惯：每天运动一小时，确保合理的运动量。
生活	作息：按时上学，及时回家；文明休息，不妨碍他人；因事因病，提前向班主任请假。 用餐：安静用餐，不挑食；保持餐桌整洁，正确摆放餐盘汤碗。 自护：有自我保护意识；合理使用手机等电子产品；拒绝网络负面信息；了解求助的途径和方法。	作息：能合理安排自己的作息时间；尊重他人的作息习惯；因事因病，提前向班主任请假。 用餐：用餐文明有序，饮食科学合理。 自护：自尊自爱，有自救自护的方式；合理使用手机等电子产品；正确分辨网络信息，不传播负面信息。	作息：合理安排课余时间，丰富提升自己；因事因病，提前向班主任请假。 用餐：文明、科学用餐，并能帮助、督促他人遵守用餐制度。 自护：正确认识社会，学会鉴别良莠，能坚守正确的立场和原则；合理使用手机等电子产品；科学运用各种资源，提升自我。	作息：合理安排时间，劳逸结合，因事因病，提前向班主任请假。 用餐：均衡营养不挑食，保持健康体魄。 自护：有是非观念，正确交友；合理使用手机等电子产品；关注自我及他人不良情绪，及时疏导和援助。

根据这份详尽的指南，无论身处校园的学子还是执掌教鞭的师长，都能明确学生在不同学年阶段、不同发展维度所应达到的具体要求。这为学生和教师提供了一个共同遵循的行为标准与价值观念，这些标准与观念在学校生活中不断融

合、积淀,最终形成了独特的"四自"文化。随着时间的推移,这种文化在三中校园内生根发芽,逐渐成为一种精神滋养,让每一位学子在自由的环境中自在成长,实现自我塑造、自我提升、自我超越和自我完善。

其次,我们构建健全人格教育体系,营造"四自"教育氛围。为了切实贯彻"四自"教育指南的各项要求,我校积极整合资源,汇聚各方力量,致力于构建全面系统的"四自"教育体系。该体系包括"一体化设计""校本化实践""序列化推进""主题化活动""综合化评价",以及"家校社联动"等多个方面,旨在营造浓厚的"四自"教育氛围,从而有效促进学生"四自"品质的养成。

我们从校情、学情、社情出发,坚持以问题为导向,贯彻全空间育人、全员育人、全课育人、全程育人的"四全"育人理念,进行"四自"教育的一体化设计。这一设计涉及到"四自"教育的四个维度:空间、主体、载体和时间。我们充分利用校园内的所有空间作为开展"四自"教育的场所,校园内的所有教育教学工作者都承担起实施"四自"教育的责任。同时,我们将校园内的一切教育教学活动视为"四自"教育的有效载体,并将学生进行学习生活的一切时间视为进行"四自"教育的时间。通过这样的设计,我们期望实现"四自"教育在初中各年段的纵向衔接和各学科的横向贯通,实现课内外深度融合,紧密结合学生的日常学习生活实际,形成一套按学生年龄特点梯次推进的"四自"教育实施体系,确保在教育教学的每一个环节,都能全方位、立体化地落实立德树人的根本任务。

为了培育学生的健全人格和核心素养,实现立德树人的教育目标,学校的每一位教师都在教育教学活动中扮演着至关重要的角色。他们需依托学校已构建的有氧课程,开展富有成效的有氧教学,并通过校本化、班本化甚至生本化的实践方式,让教育的理念深入到每一个学生心中。这种实践方式不仅彰显了课程的育人价值,也强化了教师在教育过程中的育人作用,同时激发了学生的主体能动性。通过这样的努力,我们为学生自由、健康、快乐地成长奠定了坚实的基础。

众所周知,青少年时期是人生发展的重要阶段,其心智逐渐成熟,思维活跃度达到高峰,认知过程也经历了从形象思维到形式逻辑思维,再到辩证逻辑思维的转变。这一时期,青少年正处于世界观、人生观、价值观形成的关键时期,因此,对他们进行正确的思想引导和栽培至关重要。针对青少年教育的核心任务,我们提出了健全人格教育的四个关键——"四自"教育。这一教育理念紧扣初中学生可塑性大、易受外界环境影响的特点,结合各年段学生的不同特点、任务和目标,分别推进习惯养成教育、心理健康教育、公民素养教育和理想信念教育。通过序列化推进,我们致力于培养具备自律、自信、自立、自强品质和健全人格的学生。这一举措旨在解决培养什么人和怎样培养人的问题,全面贯彻党的教育方针,深入推进素质教育,引导学生树立正确的世界观、人生观和价值观,强化德育培养,塑造健全人格,全面实现立德树人的教育目标!为学生创设彰显个性特长、展示个性风采、实现个性成长的舞台,在"四自"的学、思、悟、行中,培育核心素养,收获快乐成长!

在推进"四自"教育实践的过程中,我们始终将自律、自信、自立、自强的教育理念融入到学校的日常教育教学工作中。结合教育教学内容,我们积极开展以"四自"教育为主题的各类校园活动,包括校园节庆、主题教育、专题教育、社会实践、社团活动、团队活动和仪式教育等。这些活动不仅为学生提供了展现个性特长、展示个性风采、实现个性成长的舞台,更在"四自"的学、思、悟、行中,助力学生培育核心素养,实现快乐成长。我们坚信,通过这样的教育实践,能够培养出更加自律、自信、自立、自强的学生。

根据《深化新时代教育评价改革总体方案》提出的"坚持科学有效,改进结果评价,强化过程评价,探索增值评价,健全综合评价"等原则①,在深入实施"四自"教育的实践探索过程中,我们成功构建了一套全面而系统的综合化评价体系——"五四争章"。该评价体系以"五育"为核心,横向贯穿整个教育过程,同时以"四自"为关键要素,纵向贯穿教育体系的各个层面,从而形成了一个既富有创新性又具备高度实践性的评价框架。这一体系的构建,旨在全方位、多角度地评估学生的综合素质与发展水平,推动"四自"教育理念的深入实施与持续发展。具体见表1-2。

表1-2 浦江三中"五四争章"综合化评价体系表

四自章	五育章:初级章(红章→橙章→绿章)→中级章→高级章				
	德育章	智育章	体育章	美育章	劳育章
自律章	礼仪章	好学章	韵律章	休闲章	岗位章
自信章	友爱章	诚学章	健体章	甄别章	合作章
自立章	助人章	勤学章	风采章	自爱章	技能章
自强章	规划章	巧学章	达标章	审美章	环保章

从表1-2中可以看出,我们采取"五四争章"的方式,以点带线,连线成面,深入实施"四自"教育。这种教育方式注重过程性、多元化、综合化、发展性评价,旨在培养三中学子具备自主合作的能力,发展个人特长,提升综合素质,努力成为一代有理想、有本领、有担当、全面发展的新人。

为了切实推进学校的"四自"教育,我们不能孤立地开展工作,而是必须形成学校、家庭、社会三位一体的合作模式,实现联动发展。孩子的成长与教育是一项系统工程,需要家庭、学校和社会三方共同努力,形成合力。为此,我们致力于开发、整合和利用家庭、学校、社会(社区)等"四自"教育资源,加强与家庭、社会(社

---

① 深化新时代教育评价改革总体方案[J]. 新教育,2020(34):10—13.

区)的紧密协作,实现资源共享和优势互补,构建学校、家庭、社会三位一体的"四自"教育共同体。通过这样的合作,我们能够实现学校教育、家庭教育和社会教育的无缝衔接,进一步增强"四自"教育的合力,共同促进三中学子的健康快乐成长。

再次,我们还探索了"四自"教育实施机制,以提升健全人格教育实效。为真正落实立德树人根本任务,推动学生的全面健康发展,实现学校的新一轮发展,我们在管理、培训、协调、激励等多个层面深入探索了"四自"教育机制,并持续提升其教育效果。学校根据"四全育人"(全课程育人、全程育人、全方位育人、全员育人)要求,对"四自"教育管理机制进行了构建和优化,明确重点,分工合作,详细规划如下。

党支部、校长室主要负责"四自"教育的顶层设计、整体推进。

课程与教学管理由课程部负责,其中明确了"四自"教育在学科教学中的具体要求。课程部还负责对每位教师实施"四自"教育的效果进行严谨、科学的考核与评价。同时,课程部还指导学科教师有序组织并颁发"五四"雏鹰奖章中的智育章(绿章),以此激励学生在智育方面的卓越表现。

师训室承担"四自"教育校本化培训的重要任务,致力于提升教师队伍的整体素质。通过专业的校本培训,师训室努力打造一支具备高度专业素养的教师队伍,为"四自"教育的深入实施提供坚实的师资保障。信息处则为"四自"教育的推进提供全面的信息技术支持与应用指导。

学工部负责管理并指导各年级组和班级实践"四自"教育工作,并对其实施效果进行客观、公正的考核与评价。此外,学工部还负责指导班主任教师颁发"五四"雏鹰奖章中的绿章(除智育章外),并严格审核与处理"绿章换橙章"及"橙章换红章"的兑换工作。同时,学工部还积极与家长委员会合作,为家长在"四自"教育方面的实施提供有效的指导与支持。

年级管理委员会承担本年级各班级实践"四自"教育的具体执行与落实工作,

并对各班级实施"四自"教育的效果进行客观评价与考核。

团队部则致力于指导学生进行"四自"教育的自主管理,并负责相应的评价考核工作。

科研室则专注于"四自"教育的实践研究,负责指导相关课题、论文、案例的提炼总结和过程性资料的收集整理,为"四自"教育的持续发展提供有力支撑。

保障部负责整合各类资源,为推进"四自"教育提供必要的人力、财力和物力支持。档案室则负责全面统计并归档学校、教师及学生在"四自"教育方面的成效数据。

为了加大"四自"教育的推进力度,学校德育研究室将承担起协调沟通的重要职责。针对各部门、各处室、各年级、各班级在推进落实"四自"教育中遇到的各种问题,包括难点、痛点、弱点、堵点等,研究室将积极介入,促进各方协同合作,形成一套行之有效的"四自"教育协调推进机制。在每学期之初,我们将召开协调推进会议,明确"四自"教育的工作重点和目标;而在学期末,则会召开总结研讨会,对"四自"教育的推进情况进行全面总结与深入反思,以确保我们能够清晰地把握发展方向,持续优化。

学校教师、学生和家长对于"四自"教育倡导的文化价值观的认知、接纳、追求和实践,势必要经历一个逐步内化的过程。为推进这一过程,学校须借助多元化的培训学习、研讨交流和智慧分享形式,将"四自"教育的核心理念和价值追求深度内化,使之成为全体师生及家长内心坚定的信仰、共同秉持的价值观以及精神文化的核心要素。为此,学校通过"四自"教育专栏、专题培训、专家讲座、座谈调研、家长学校、学生大会、主题班队会、红领巾广播等多种渠道,全方位地对全体教师、学生和家长进行"四自"教育的宣传、解读、培训和研讨交流。通过这些活动,让大家在潜移默化中受到"四自"教育的熏陶,自觉地将"四自"教育融入学校教育教学活动中,进而形成"四自"教育的合力,培育学生的"四自"品质,实现立德树人的根本任务。

"四自"教育的有效推进,与绩效激励机制的建立密不可分。为了推动"四自"教育的持续发展,我校针对其特定需求,制定了相应的绩效激励制度,并开展了教育教学评比活动。激励机制和评比措施的实施,不仅有效提升了教师和学生对"四自"教育的认同感和满足感,还激发了他们积极学习、赶超先进的热情。这些措施的实施,确保了"四自"教育得以深入、稳健地推进。

最后,我们推出了"四自"教育策略,为教师推进"四自"教育提供必要指导。

教师在塑造学生"四自"人格方面扮演着举足轻重的角色。鉴于此,我们深入剖析了教师在实践中的探索经验,并据此制定了系统的"四自"教育策略。

自律教育策略方面,教师应以身作则,展现出积极的自律行为,并切实指导学生,鼓励他们设定明确目标,制订实际可行的计划,培养良好的时间管理习惯,以及形成健康的生活习惯。

在自信教育策略上,教师应以赞扬、激励和正面反馈为主,鼓励学生在学科学习中不断挑战自我,提升自信心,并勇于表达个人见解和创新思维。

对于自立教育策略,教师应引导学生积极参与学习过程,自主选择感兴趣的学习内容,发现和发展个人才能,体验成功的喜悦,并鼓励他们不断设定新的目标,努力追求自我实现。

在自强教育策略上,教师应致力于为学生提供具有挑战性的学习机会,引导他们通过主动学习,迎接挑战,不断提升自我发展目标,激发他们追求卓越的内在动力。

综上所述,为应对教育高质量发展的时代挑战,我们以自律、自信、自立、自强四大关键要素为核心,对学校德育工作进行了系统性重构。我们设计了整体实践框架,制定了详尽的健全人格教育指南,构建了全面而深入的健全人格教育体系。同时,我们建立了"四自"教育的实施保障机制,推出了具体的"四自"教育策略,以确保"四自"教育在培养学生健全人格方面的实效性和可持续性。通过这些举措,我们致力于培养具备健全人格的学生,以满足社会对高质量人才的需求。

第二章 人格教育的"四自"课程构建

人格教育的推进与发展,必须建立在全面而系统的课程体系之上。为此,学校从文化建设、主题活动、评价机制等多个维度出发,通过优秀班集体创建活动,全面推进"四自"教育课程的建设与实施,使每个学生都能在实现自我价值的过程中不断成长,进而形成更加健全的人格。

第一节 文化认同,聚焦"四自"自觉

文化,作为国家与民族的灵魂,承载着深厚的历史积淀和独特的民族精神。在学校教育中,文化更是立德树人的基石,它在学生的成长道路上留下了持久而深远的精神印记。文化认同涵盖了文化形式、文化规范以及文化价值三个层面的共识与认可。对于个体而言,文化认同是寻找归属感和融入群体的重要标准和依据;对于社会群体而言,文化认同则是构成群体特性的核心要素之一,是维系群体团结和发展的重要纽带。

浦江三中坚守"诚信为基,自主健康和谐发展"的办学理念,其核心在于弘扬"诚信"文化,致力于为学生营造一个诚信为本、自主成长、健康发展的教育环境。我们的办学理念和诚信文化受到广大师生、家长及社会各界的广泛认可。为了深入贯彻落实这一理念,学校紧密结合自身实际情况和学生成长规律,实施了阶梯式的"四自"(自律、自信、自立、自强)教育。为强化师生对"四自"教育的文化认同,学校从文化形式、文化规范和文化价值等多个维度出发,采取多样化的方式和途径进行持续、深入的推广和实践。

一、融入文化,陶冶"四自"情操

"四自"文化营造和谐校园。在校园文化的布置中,我们以"诚信"作为核心理

念,围绕"四自"即自律、自信、自立、自强展开。在校园的连廊、年级走廊以及校园广播等多个方面,我们严格遵循"四自"教育的要求,根据学校和年级的教育教学计划,进行广泛而深入的宣传,展示各种特色活动,并对表现优秀的学生进行表彰。这种"四自"文化在无形中陪伴着学生成长,成为他们校园生活的重要组成部分。此外,我们还鼓励学生创作剪纸、工艺作品、手绘作品等,这些作品不仅体现了学生的自律、自信、自立、自强精神,也为校园增添了一道道亮丽的风景线。

"四自"文化创建温馨教室。为培育具有独特成长印记的班级隐性文化,各班级围绕"四自"主题展开文化建设。全班同学共同参与民主决策过程,制定班规,并由班委负责监督执行,确保每位同学都能自觉遵守。通过实施班级值周班长制度,为每位学生提供参与班级管理的机会和平台,以此激发学生的主体责任感。同时,班级日常管理总结制度通过每日小结、每周总结、每月表彰等形式,不断唤醒学生内在的"四自"意识,引导他们追求真善美。这种隐性的班级文化,以其潜移默化的方式,对学生产生深远的教育影响和感染力。

为塑造民主、温馨、积极向上的班级氛围,各班级充分利用墙面空间,展示显性的班级文化。具体而言,开辟"五四"雏鹰争章园区,以此作为展示学生自律精神(自信、自立、自强)的窗口,并张贴《浦江三中学生自律(自信、自立、自强)要求》,以此激励和引导学生自我成长。学生应深入理解并遵守这一要求,作为自律行为的指导。每周,对于在"五四"方面表现优秀或取得进步的学生,将在争章园区进行表扬,并作为当月雏鹰争章的候选人。每月的"五四"雏鹰争章结果将在荣誉榜上公布,以表彰学生的优秀表现。此外,"班级公约"张贴在班级内,以提醒所有学生遵守。学生还需根据"四自"要求撰写"岗位承诺",展示他们在自信、自立、自强方面的自律表现,体现他们自我进步和完善的内在愿望和自觉行动。班级内还设置图书角、作品秀等区域,以培养学生的兴趣爱好,并提供展示平台。学生可以用照片、书法、绘画等作品装饰教室,使教室变得更加美观。在这样的创意展示中,学生可以展现自我,同时也在优美的环境中实现人格的自我提升。参见案例2-1。

案例2-1 《八(1)班的班级文化建设》摘录

为深化"自立"文化教育,我们对教室进行了精心布置,主要涵盖以下几个方面。

① 精选文集。我们精心挑选并展示学生撰写或摘录的工整美文及优秀作业,旨在培育学生欣赏他人优点、增进相互理解的能力,并引导他们养成良好的学习习惯。通过这一举措,我们期望学生能够在欣赏他人的同时,不断提升自我,实现全面发展。

② 生活纪实。通过展示学生在校园和家庭中的生活照片,特别是他们在家中参与家务等自立表现的图片,凸显学生自立的品质。

③ 艺术天地。学生亲手制作的剪贴画、书法及美术作品在此得以呈现,以陶冶学生情操,培养审美情趣。

④ 知识宝库。图书角内置60本图书,涵盖亲子关系、人际交往等多方面内容,旨在丰富学生知识、拓宽视野,助力学生全面发展。

⑤ 成长轨迹——璀璨之星。我们根据每位同学在日常中的岗位表现、体育锻炼情况、礼仪修养水平以及学习成绩等多个维度,进行严谨细致的量化评分。此举旨在全面贯彻学校提出的"四自"教育要求,即自主管理、自主学习、自主发展、自主评价,同时,通过此种方式激励班级内部其他同学不断追求进步,形成良好的学习氛围和积极向上的班级风气。

我们将持续优化班级文化,构建以"自立"为核心的班级文化。班级环境的布置,作为班级文化的一种显性表达,应起到激励整个集体的作用。班级内部共同秉持的愿景和追求构成班级特色的隐性文化。新学期伊始,需确立共同目标和期望,团结激励全体成员,形成高昂斗志、饱满热情和坚不可摧的毅力。班主任需精心制定工作计划,紧密结合班级实际。基于此,我提出以下关于班级精神文化建设的建议:

① 理解学生需求,找准介入点。学生的心理需求和发展方向因成长阶段而异,且不同学校和班级的学生需求也有差异。因此,作为教师,需细心观察和分析学生需求,以精准找到介入时机。以我班为例,学生主要需求为"自立",故在塑造班级精神时,把应注重感恩和理解他人作为切入点。这有助于满足学生需求,促进成长。

② 讨论和表决,票选出班级精神。经过深入讨论和慎重表决,全班同学共同票选出代表班级精神的八个字:"守德 守纪 惜势 惜时"。这一过程充分彰显了民主原则与集体智慧的结晶。班主任将精神理念转化为文字表述,学生们积极参与投票和讨论,结合班级文化,共同提出这一精神。它不仅反映了同学们最在意的品质,也体现了班级的核心价值观。这一过程加强了班级团结,为未来发展奠定了坚实基础。

③ 完善评价机制,激励学生成长。在班级特色文化建设中,完善评价体系是关键。我们需确定班级精神,并将其与后续工作紧密结合。传统模式中,学生评价主要来自老师,限制了学生独立评价能力的发展。因此,应加强评价制度,推动班级内部多样化的"明星"评选活动,如岗位责任、身体健康、礼仪规范、学习表现等方面表现优异或进步明显的学生。此举可营造积极向上的班级氛围,让"班内星光灿烂"。得到表扬的学生会在自信心方面得到显著提升,而未获得表扬的学生同样能够通过观察他人的优秀之处,领悟到多角度努力的重要性,进而认识到

自己也有潜力变得优秀,从而激发自我激励的动力。赏识评价不仅能引导学生发现他人优点,还能促使他们自我反思和完善,有效改善人际关系。

二、明确"四自"教育规范

学校和班级是学生展现自我、锻炼能力的平台,也是学生精神的归属地。为了维护学校的秩序与和谐,规矩与纪律是不可或缺的基石。本校从德智体美劳五个方面出发,详细解读自律、自信、自立、自强等核心价值,旨在引导学生全面、深入地理解"四自"教育的内涵,推动学生健康成长,实现全面发展。

学习浦江三中"四自"要求。为深入学习并贯彻浦江三中提出的"四自"要求,本校特制定并印发了《浦江三中学生"四自"要求》手册。各班级被要求在少先队活动课以及十分钟队会等规定时间内,组织学生认真朗读并深入学习该手册内容。同时,鼓励学生之间开展积极的互动与提问,以便更深入地理解和内化"四自"要求的精髓与要义,从而为学生的全面发展打下坚实基础。

明确班级"四自"发展目标规范。在深入理解和遵循学校"四自"教育要求的前提下,各班级在每学期伊始,根据班级实际情况,细致讨论并确定本学期班级"四自"发展的阶段目标和具体规范要求。这些目标和规范将作为班级集体行动的准则,通过制定具有独特风格的班级规章制度,展现出各具特色的班级发展风貌。

制定完善个人"四自"阶段成长目标。为促进学生全面发展,我们将依据"四自"原则,为每位学生精心制定个人成长目标。我们尊重学生的个性差异和成长需求,鼓励他们每学期伊始自主规划学期成长路径。同时,通过周总结、月评比等机制,引导学生对照并调整个人"四自"成长规划与目标,确保他们在持续学习中实现自我提升与成长。

三、体验"四自"教育价值

反思交流体味成长。学校制定的每周班级总结制度,为学生提供了一个宝贵的自我反思和成长的平台。在这个过程中,学生们积极地将自己的日常行为与"四自"要求进行对比,细致地总结自己一周的表现,深刻反思自身的不足,并据此制定出第二周的"四自"目标和改进措施。这种自我鞭策的方式,有助于学生在成长的道路上不断前行,实现自我提升和完善。

每月颁章助力成长。成长是一个不断坚持和积累的过程,这需要学生具备坚定的意志和持久的毅力,同时也需要外部的支持和鼓励。因此,各班级通过每月的奖章评选活动,及时表彰学生在成长过程中的每一点进步,为优秀的学生提供持续前行的动力,同时为其他学生树立向善学习的楷模。

活动表彰悦纳成长。苏霍姆林斯基说:"世界上没有才能的人是没有的,问题在于教育者要去发现每位学生的禀赋、兴趣、爱好和特长,为他们的表现和发展提供充分的条件和正确的引导。"① 本校积极策划并开展各类活动,以充分激发和强化学生的"四自"教育内在动力。我们为不同层次的学生设定了相应的奖励与表彰体系,旨在让每位学生在参与活动的过程中,能够自我探索并认识到自身的潜能与优势。教师们秉持公正、客观的态度,不以分数为唯一标准,不戴有色眼镜,全面而深入地接纳并鼓励每位学生的成长与进步。

有人曾对成长打过一个形象的比喻,"一个鸡蛋,从外面打破是食物,从里面突破是成长。"初中阶段,是学生自我意识觉醒的关键时期。此时,他们开始尝试

---

① [苏]苏霍姆林斯基.教育格言[J].天津市教科院学报,2018(6):34+78.

构建对世界的独立认知,其灵魂如晨曦初醒,逐渐睁开"自己的眼睛"。在此阶段,学生学会独立思考,对世界形成独特见解。然而,在由稚嫩少年向独立青年的过渡中,学生将面临多重困惑与冲突,涉及自我与本我、自我与他人、自我与家庭、自我与社会等诸多方面。简单的说教方式,不仅无法满足学生建立独立自我之需求,反而可能引发青春期的逆反心理。

因此,家庭与学校作为学生成长之陪伴者与参与者,需适时给予点拨、巧妙引导与恰当鼓励。此等教育如甘霖般滋润学生心田,唤醒其成长之内在动力。学校所推行的"四自"教育课程体系,通过课程、活动、主题教育等多种途径,旨在激发学生自主成长之意识,促进其自我突破与成长。

第二节　依托课程,提高"四自"认知

"四自"教育作为学校课程体系的重要组成部分,经过精心规划与设计,旨在促进学校的整体发展。为确保课程的顺利推进,学校课程部、学工部和保障部等各个部门协同合作,形成合力,共同推动"四自"教育在各个年级和班级的落地实施。通过这一举措,我们期望能够全面提升学生的综合素质,为学生的全面发展奠定坚实基础。

一、学校课程的规划与实施

学校的课程设置遵循上海市中小学课程方案,严谨而规范。在功能上,学校

课程主要由基础型课程、拓展型课程和探究型课程三大板块构成,旨在为学生提供全面而均衡的学习体验。从构成层面分析,学校课程主要由国家课程、地方课程以及学校课程三大板块构成。而从课程内容的维度来看,浦江三中的"BF课程"(Breathe Freely 的英文简称)涵盖了自我与社会认知、思维与探索训练、乐动与审美培养以及语言与表达实践四大类别。这四大类别的课程与学校所倡导的"四自"教育理念紧密融合,彼此之间相互渗透、相辅相成,旨在全面落实立德树人的根本任务,培养出在德智体美劳各方面全面发展、个性鲜明的学生群体。(见图2-1)

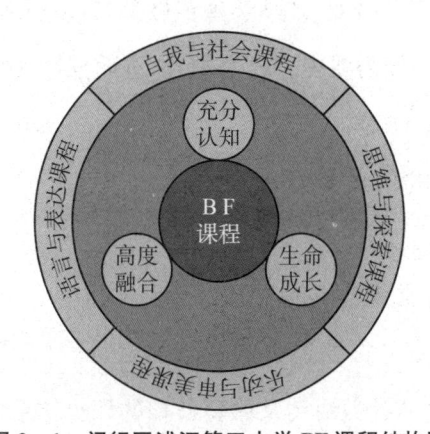

图 2-1 闵行区浦江第三中学 BF 课程结构图

说明如下。

1. 自我与社会课程:该课程是学校教育的核心内容。通过深入理解和全面整合课程内容,以及多样化的活动实践,致力于培养学生高尚的爱国情操、诚信品质、规范意识和礼仪素养,从而促进其全面发展和个人成长。

2. 思维与探索课程:该课程旨在通过教师营造积极、舒适的学习环境,鼓励学生勤于思考、勇于质疑,进而深化对知识的理解和掌握。在此过程中,学生将学会如何将不同学科的知识进行有效融合,积极参与实践和探究活动,提升分析、解决问题的能力,培养批判性思维和动手能力,从而促进个人的全面发展。

3. 乐动与审美课程:本课程致力于通过引导学生深入体验运动的乐趣,培养他们形成积极的运动习惯。同时,本课程也注重提高学生的艺术修养,以塑造其全面的身体素质。在这个过程中,学生将逐渐形成积极乐观的生活态度,从而促进其生命的全面成长。

4. 语言与表达课程:在现代社会,语言表达能力已成为衡量人才综合素质的重要指标之一,其重要性愈发凸显。本课程致力于引导学生深入理解语言表达技巧,并通过构建生动真实的语境,鼓励学生积极参与,多听多说。经过系统的学习与训练,学生的语言表达能力将得到显著提升,进而推动其个人成长与发展。

二、"四自"教育课程的落实和管理

"四自"教育的德育常规落实和管理。学工部作为学校整体活动的规划者与组织者,肩负着每月德育考核的监督与实施之责,同时也是学期考核的评判者。将"四自"要素融入学校的各类活动及德育考核的评价体系中,能够激励各年级和班级在年级组建设、班集体建设以及参与各类活动中,自觉贯彻并实践"四自"教育理念。

年级组在整个年级中扮演着"四自"教育的推动者和实施者的角色,负责具体策划和组织年级组的各项活动,同时也是年级各班级实施"四自"教育的监督者。

班主任与班级学生共同构成了班级日常工作的核心执行力量。在推动"四自"教育的过程中,班级内的各项事务均扮演着举足轻重的角色。班主任所制定的计划以及班级的发展规划,均以"四自"教育为核心指导,明确设定班级的目标及相应实施措施。同时,班级集体活动作为班级实施"四自"教育的重要平台,在推进学生自我教育、自我管理、自我服务和自我约束等方面发挥着举足轻重的作用。其中,少先队活动课、十分钟队会以及"四自"教育实践课均被视为班级有效实施"四自"教育、促进学生全面发展的关键途径。

少先队大队委作为各班级实施"四自"教育的宣传与监督者,承担着组织召开各班班长、中队长等班干部会议的任务。其工作职责在于引导并确保"四自"教育的有效实施,同时负责各项检查工作的反馈与评估。

"四自"课程聚焦"四自"教育。为了更好地推进"四自"教育,本校积极发掘既有课程资源的潜在价值,把传统的少先队活动课(即校班会课)重新定位为"四自"教育实践课。此举旨在打造一个以传播"四自"文化为核心内容的宣传平台,并确立其作为实施"四自"教育实践活动的核心阵地,向全校师生明确"四自"教育实践的方向和具体项目措施。同时,在阶段性回顾及学期末总结时,将对学校整体推进"四自"教育的成效进行反馈与表彰,以此激励师生持续深化对"四自"教育的理解与践行。

每周一的升旗仪式是学校用以审视并推动"四自"教育实践的重要场合。在此期间,我们将总结上周各年级各班在"四自"教育实践中的具体表现,深入剖析存在的问题与不足,并据此提出切实可行的改进建议。同时,为了激励各班级积极参与、努力进取,我们将对在一周内表现出色的班级进行表彰与鼓励。这一机制的建立旨在确保学校"四自"教育工作的持续、深入发展,进而促进全体学生的全面成长与进步。

每周班级总结课的具体时间,将由各班级根据自身情况自主决定。对于六七年级的学生,学校特别在课表中设置了"自律"实践课和"自信"实践课,这些课程既可以用于专题学习和专项活动,也可以用于进行每周的班级总结。而对于八九年级的学生,每周班级总结将安排在每周一的早晨或每周五放学前进行。此外,十分钟队会除了进行传统的少先队活动外,还可以作为展示和评比"五育"中某一方面的平台。

传统课程渗透"四自"教育。2008年修订的《中小学教师职业道德规范》第四条规定:"教书育人"——教师的天职。教师必须遵循教育规律,实施素质教育。循循善诱,诲人不倦,因材施教。培养学生良好品行,激发学生创新精神,促进学生全面发展。为了更有效地贯彻实施"四自"教育,课程部已将"四自"教育要求确立为课堂教学常规管理的基本准则。

学科组和学科教师被赋予了在教学中渗透并执行"四自"教育的重任,他们需在课堂教学的五个环节中充分展示并融入"四自"要素。

三、"四自"教育课程评价体系

德育考核评价。德育考核机制涵盖了常规性的德育月考核与每个学期结束时的学期考核两个方面。遵照《浦江三中班级和班主任工作月考核制度》(参见案例2-2),经过每月定期进行的德育考核环节,我们将评选出表现卓越的单月月示范班级和创示范班级。而综合整个学期的考核成果,我们将进一步评选出整个学期的示范班级和创示范班级。这一机制旨在通过定期评估,表彰在德育方面取得显著成效的班级,以推动学校德育工作的深入发展。

学工部负责汇编每次校级活动的详尽资料与信息,全面记录班级师生参与活动的实际表现与取得的成效。为确保考核的公正与客观,学工部将每月组织年级管委会依据这些资料对班级进行综合评价。学期末,学工部将依据各班级在月考核中的综合表现,评选出表现优异的班集体,并予以表彰。这一举措旨在激励各班级积极参与学校活动,提升班级整体凝聚力与活跃度。

案例2-2 浦江三中班级和班主任工作月考核制度

为深化德育改革,提升德育管理的实效,并进一步加大学校常规管理力度,确保学校的各项规章制度得到全面贯彻和落实,从而提高班级管理水平,实现科学、高效的管理目标,特设立浦江三中班级工作月考核制度。该考核制度将重点围绕班级工作的五个关键方面进行评估:班主任工作手册的日常记录与师生沟通情况;班主任每天进行的十分钟行为规范教育;班级值周班长的工作开展与记录;班级在学校各类评比活动中的表现与成绩;班级学生的日常行为规范和卫生情况。

通过实施月考核制度,我们将原本的终端考核转变为过程考核与终端考核相结合的模式,将班主任的校本培训与日常班级管理工作相结合,班主任工作的自律与他律相互融合,以增强班级管理的针对性和时效性,从而提升班级管理的实际效果。

考核要求如下。

①《班主任工作手册》的记录详尽完整,每月均按时提交反思及相关材料。在师生沟通方面,班主任表现出坦诚和高效的态度,其教育措施具有显著的实际效果。

② 十分钟行规教育的记录完整无缺,班级行规教育的实施取得实际成效。学生在行为规范方面表现出色,展现出了文明、规范的行为举止。

③ 班级每周总结制度认真执行且记录详尽完整。班级值周班长的工作开展井然有序,且效果显著。班级值周记录详尽完整,充分展现了班级的独特风采。

④ 本班级积极参与学校组织的各项活动,并在活动中取得了出色表现和优异成绩。

⑤ 班级当月得分是通过对每日常规、卫生值周得分和名次的积累而得出的,这将作为评价班级和班主任的依据之一。关于值周的具体内容,请参考值周制度的相关规定。

⑥ 在校、区、市举办的各类竞赛和评比活动中,能够充分展现班级的特色和特长,并表现出色。

⑦ 当月以上各类评比中,在年级组内综合表现优秀的班级,评为当月的学校示范班和创示范班。

⑧ 至学期末,对班级在一学期内的各类指标进行综合评估,表现最优异的班级将被评为学期示范班,表现次优的班级则被评为创示范班。

⑨ 班主任的工作将与班级的整体表现进行捆绑式考核,以全面、客观地评估工作成效。

第三节 活动主导,践行"四自"人格

校园主题活动作为落实核心素养、促进学生能力发展、推动课程改革的重要途径,其重要性不言而喻。在推进这些活动的过程中,我们着重围绕"五育四自"雏鹰争章展开,不断丰富校园节庆的内涵,精心打造"主题班会"品牌,并积极推广年级特色活动。通过个人与集体的互动、合作与竞争的交融,使"四自"教育在校园活动中得以深入扎根和繁荣发展。我们期望通过这一系列活动,让浦江三中的每一位学子都能在活动中提升自我能力,践行"四自"人格,养成"四自"品质,从而健全其人格发展。

一、"节庆活动"培育"四自"素养,健全学生人格

活动育人是德育工作的重要环节,通过丰富多彩的校园活动,能够全面培养学生的品德、情感、行为等多方面的素养,促进学生的全面发展。从心理学视角来看,人的心理品质,如感知力、意志力、情感、气质等,均能在活动中得到塑造和提升。浦江三中始终致力于组织和开展多样化的学生集体活动,以培养学生的良好行为习惯和精神品质为核心目标。

学校每年会精心策划以体育节、科技节、艺术节和读书节为核心的四大节庆活动,并根据学生的年龄特征和社会需求,为不同年级设计独具特色的活动内容。例如,在读书节期间,六年级学生将积极投身于朗诵比赛之中,七年级学生则致力于读书海报的创作工作,八年级学生则将课本剧进行改编并呈现精彩的表演,九年级学生则将全面展示他们在整本书阅读过程中的创意成果。此外,所有年级学生均需参与读书达人知识竞赛活动。这种针对不同年龄段学生设计的多元化活动形式,不仅有效提升了学生参与活动的兴趣,还提高了活动的质量和效果。经由学校精心组织的"四大节庆"系列活动以及多样化的评比与展示环节,让学生在实践中不断培养自律、自信、自立和自强的品质,塑造健全的人格,进一步弘扬"四自"精神。

"四大节庆"活动的开展,首先是组织发动,通过班主任和班长号召同学们积极参加。然后是积极筹备,确保活动的顺利进行。最后是展示与评比,旨在检验活动成果。在学校与年级所举办的众多活动中,竞技水平固然重要,但学生之品质也不可或缺。为有效促进学生"四自"(自律、自信、自立、自强)品质之养成,我校特举办四大节庆及多项展示评比活动。在推行过程中,除评选出竞技类优秀团

队外,更依据各年级"四自"核心要素,设立风尚奖评比,将"自律""自信""自立""自强"等核心元素融入评比之中,以期全面完善学生人格的发展。

二、"主题班会"塑造"四自"品质

主题班会课是学校针对学生的教育所开设的重要课程,该课程以班主任为主导,围绕学生的学习习惯、学习态度、生活态度、生活习惯、性格、心理、德育、班集体建设、理想教育等多个方面展开深入的教育活动。其主要目的是引导学生以正确的态度和方法来应对学习和生活中的问题,使学生能够健康积极地生活,并树立正确的人生观、价值观和世界观。因此,有效开展主题班会课对于学生的成长和今后的发展具有重要的指导意义。

浦江三中始终秉持社会主义核心价值观个人层面的核心要素,即"爱国、敬业、诚信、友善",并以此为基础,沿着"自律、自信、自立、自强"这一纵线,全面推动"四自"教育的深入实施,对学生进行全面的"五育"培养,以期达到全面提升学生综合素质的目标。

学校开展主题班会。首先发动班主任围绕核心价值观个人层面的"爱国、敬业、诚信、友善",依据不同年级的"四自"要求,撰写教案;然后初步筛选推荐十佳教案入选说课比赛;进入说课比赛的作者进行说课,并评出等第奖;经过说课比赛的激烈角逐,荣获一、二等奖的班级将被选定进行主题班会展示。通过这些实践活动,旨在让学生深刻理解并践行社会主义核心价值观,从而培养出一批具有高尚品质的优秀学生。

主题班会活动对发展学生核心素养有重要价值。班主任依据班级学情和学生成长特点确定主题,精心准备并有效实施主题班会,使班级里所呈现的各种问题通过活动得到呈现与解决。通过深入开展以自律、自信、自立、自强为核心的主题教育活动,学生的"四自"素养得到了逐步培养和提升,进而促进了其人格的全面发展与完善。

(一) 六年级:自律

"自律"指的是个体自觉地对自己进行约束、限制和控制。对于六年级的学生而言,他们正处于由小学向初中的过渡阶段,这一阶段需要他们在知识体系和认知层面上实现更高层次的成长。因此,在德育、智育、体育、美育以及劳动教育等多个方面,学生都需要更加自觉地进行自我约束。基于这一考虑,六年级特别设计了一系列以"自律"为主题的教育活动。

(二) 七年级:自信

"自信"是一种心理状态,其特征为个体对自身能力实现特定目标的信念。然而,此种信念必须建立在对自己和周围事物的深入且准确的理解之上。七年级的学生在经历了六年级的铺垫后,已经对初中的学习与生活更加适应。他们不仅更加熟悉彼此,也对自己有了更全面、更深入的认知。为了满足他们展示自我、锻炼心理素质和提升综合能力的需求,七年级的教育活动将主要围绕"自信"这一主题展开。

(三) 八年级:自立

"自立"指的是个体从原先依赖的事物或个体中解脱出来,依托自身的力量,进行自我决策、自我行动、自我负责的过程。这一过程涉及对自己的行为和言论承担相应的责任。随着学生年级的逐渐提升,他们的自我意识不断增强,期望能在决策过程中发挥更大的自主性,而不仅仅是听取家长和老师的意见。自立,成为了衡量青少年成长成熟的重要标志。为此,在八年级的教育教学中,我们将以"自立"为核心,设计并开展一系列主题教育活动。

(四) 九年级:自强

"自强"是一种内在的人格动力,它推动个体持续自我提升,充分发挥自身潜能,并以坚定的决心和毅力面对挑战,克服困难。九年级的学生正处于人生的重要转折点,他们需要确立明确的目标,并在追求这些目标的过程中展现出坚韧不拔和积极进取的精神,以实现自我价值。这种自强的品质,是建立在自律、自信、自立等素质的基础之上的。因此,九年级的教育课程将重点围绕"自强"这一主题展开,旨在培养学生的自强精神,为他们的未来发展奠定坚实的基础。

第四节 特色创新,探索"四自"教育

学校坚持以"五育并举,立德树人"为引领,以"为了每一个三中孩子健康快乐成长"为办学愿景,秉承"诚信为基,自主健康和谐发展"的办学理念,坚持德育为先、能力为重、健康为本,全面实施素质教育。浦江三中大力开发丰富多彩的育人课程,经过十多年的实践总结提炼,逐渐形成了以身心平衡、科技、象棋、艺体为主要特色的众多课程,学校不断创新,通过特色活动激发学生的学习兴趣,探索实施"四自"教育,全面提升学生的综合能力。

一、特色课程

（一）身心平衡课程

学校高度重视学生的身心健康,保障学生全面健康成长。为此,学校积极开展心理健康专题讲座和心理咨询,充分发挥心理辅导室的干预和疏导作用,及时跟进学生的个别心理辅导。针对特异体质学生,学校定期做好摸排了解和汇总、跟进等工作。鉴于本地区学生家庭组成复杂、部分家庭教养缺失、学生身心发展不平衡等实际情况,学校借助火蜘蛛校外专业机构的力量,开设身心平衡训练课程。在充分调研和科学评估的基础上,学校对小部分身心发展平衡欠缺的学生及时进行身心平衡训练和引导,并为其家长开设系列专题讲座,引导家长改变不科学的养育方式,配合机构给孩子进行运动训练,以改善学生身心成长中的缺失和薄弱点。为了开发更多教育资源,让更多的孩子受益,学校在2018年5月成立了"身心平衡训练项目组",由学工部蒋惠芳主任担任组长,学校心理老师及体育老师为组员。从2019年6月开始,项目组成员每周前往专业机构学习身心平衡训练的相关专业知识。2019年9月,学校在校内展开了以专业机构为主、项目组从旁辅助的训练课程,延续至今。同时,学校还申报了区级课题《农村公办初中特殊学生教育扶持及课程架构研究》,通过专业研究干预和精准扶持,帮助孩子实现身心平衡发展。

鉴于近年来我校学生肥胖率上升、近视率居高不下、体质监测指标不容乐观的态势,我校决定采取一系列措施以改善学生的体质健康状况。首先,我们将通过科学的方法,全面掌握并分析学生的现有体质状况,将学生分为不同的健康类型。接着,结合体锻课、快乐半小时等课程,为各类学生量身定制合适的运动计划和方案,旨在强化他们体能上的薄弱环节。此外,我校还将利用大数据技术进行持续的跟踪与记录,并与家长紧密合作,共同监督和指导学生的日常饮食与锻炼,以期达到提升学生整体身体素质的目标。为了更有效地降低学生的近视率,我校积极寻求专业机构的协助,为学生实施近视干预措施。目前,已在六年级安装了补光仪,并通过专业的训练和指导来帮助学生改善视力状况。值得一提的是,我校在近视防控方面取得了显著成效,于2019年和2020年先后荣获闵行区近视防控示范校及上海市近视防控示范校的称号。同时,我校的《基于数据平台提高学生体质健康的实践研究》项目,已成功列入闵行区创建智慧教育示范区区级项目,并已顺利结项。这一成果充分展示了我校在利用数据平台提升学生体质健康方面的积极探索与实践。

(二) 科技教育特色课程

为了培育学生的科学素养和创新精神,我们将创新教育与知识产权教育深度融合,以塑造学生的维权意识和诚信品质。通过这种方式,我们可以全面提升学生的科学素养,进而培养出全面发展且具备创新能力的优秀人才。

为科学推动学校知识产权教育的发展,需构建稳定且长效的教育机制。通过实施发明创新、DIY制作和科技类课程,结合创意作品的分享、知识产权保护的深度学习及发明专利申请的实践,构建一套可持续发展的创新教育体系,该体系以知识产权保护为核心,辅以市、区级创新大赛的推动。每年利用校园科技节和知识产权科普宣传周等重要节点,有针对性地组织系列主题实践活动,具体而言,六年级注重基础知识的普及,七年级着重培养学生的探究能力,八年级强调实践操作,九年级则拓展学生的创新思维。此外,积极成立多样化的科技社团,并通过"创新金点子"等活动,广泛收集学生的创新点子,整理出版优秀作品集,并努力为学生每年至少申请20项专利。

近几年来,在上海市青少年科技创新大赛中,我校荣获一等奖三项、二等奖四项、三等奖九项、专项奖一项及示范奖一项。同时,在各种国际级、国家级、市区级的科技竞赛中,我校师生共获得奖项八百余项,其中创新类奖项近百项,充分展示了我校在科技教育领域的丰硕成果和创新能力。此外,我校每年承办的"浦江三中杯"闵行区青少年知识产权竞赛与博览活动,已成为学校科技教育特色的一张亮丽名片,深受社会各界和师生们的认可和好评。这些成绩不仅是我校师生勤奋努力和不懈追求的体现,也是我校在推进科技创新教育和培养学生创新精神方面所取得的重要成果。

(三) 象棋特色课程

浦江三中象棋社团,在领导的鼎力支持下,历经十余载的稳健发展,社团规模逐年稳步增长,每年均能保持约四十人的稳定成员规模。除了日常安排的常规课程之外,我们的指导老师还在业余时间提供具有针对性的专业指导服务。为了充分利用学生的空闲时间,我们组织寒暑假、节假日等空档期进行专项训练,旨在进一步提升学生的学习效果与技能水平。本社团积极创新教学方法,成功引入了多媒体教学手段,以丰富学生的学习体验。同时,我们精心收集整理了一系列朗朗上口、易于理解背诵的棋谱,并将其转换为 Word 文档格式,旨在使学生在不使用电子产品的情况下,也能深入研究棋艺,提升个人技艺。这一举措不仅丰富了学生的学习资源,更在很大程度上提高了教学效果与效率,为学生的全面发展奠定了坚实基础。

我校象棋社团在每学期的市级学生象棋赛中,均作为闵行区初中的代表队伍参赛。一年内,我校学生积极参与了至少五六场市级象棋比赛,这些比赛均为高水准的竞技平台。通过这些市级赛事的历练，我校学生不仅拓宽了视野，也提升了自身的竞技水平。同时，每年举办的升级赛也吸引了十余名学生的踊跃报名，这充分体现了我校象棋爱好者们的高度热情和卓越才华。我校将持续鼓励和支持学生参加各类象棋比赛，以进一步提升学生的综合素质和竞技水平。

目前，我校象棋社团拥有候补棋协大师何浩洋，一级棋手林永泰、孙宏杰，二级棋手张佳昊，以及五六位四级棋手，难得的是其中还有三名女同学的身影。这些同学几乎从零起点开始，自中预阶段起便投入象棋学习的热潮中，其组成的实力阵容充分展示了我校象棋社团的深厚底蕴与强大实力。我校象棋社团作为郊区唯一一支在市级比赛中持续表现活跃的初中学生象棋社团，已历经十余载的辉煌历程。目前，上海市共举办了八届学生智力运动会，我校均积极参与其中，共获得团体名次三次，个人名次两项，为学校和地区争得了荣誉。我校象棋社团将继续努力，争取在未来的比赛中取得更好的成绩，为学校赢得更多荣誉。

象棋比赛的举办，旨在进一步丰富学生双休日的活动内容，同时推动家庭文化氛围的积极营造。目前，已有十余名学生坚持在双休日与家长共同进行象棋训练，这一活动不仅有效充实了家庭业余文化生活，更为学生培养了健康向上的兴趣爱好，有助于他们的全面发展。通过举办象棋比赛，众多学生在心智层面得到了充分的锻炼与提升，其性格逐渐展现出更为成熟稳重的特质，进而推动了他们人格的全面发展。近年来，象棋社团在市级各项赛事中屡次斩获殊荣，同时在区级层面的竞赛中也取得了显著的成绩，成果颇丰。值得一提的是，在2021年，象棋社团更是以其出色的表现荣获了"阅中华·悦成长"闵行区中华优秀传统文化教育优秀项目的荣誉称号。这一荣誉的获得，不仅彰显了象棋社团在市级和区级赛事中的实力，更充分展现了其在传承和弘扬中华优秀传统文化方面所取得的卓越成就。

经过学校象棋社团十多年的深入实践与探索，我们深刻体会到，举办富有成效的学校社团活动对于缓解学生的学习压力、丰富课余文化生活具有积极意义。此类活动能有效引导学生从过度依赖电子游戏的状态中解脱出来,转而投入更为健康、有益的社交与学习体验。同时,通过参与社团活动,学生们能够在实践中学会如何面对失败与挫折,锤炼出坚韧不拔的品格。此外,象棋作为中国传统文化的瑰宝,通过社团活动的形式得以传承与发扬,有助于培养学生对传统文化的热爱与尊重。

(四) 艺体特色课程

在中学生的成长历程中,艺体教育占据着举足轻重的地位。它对于培养和塑造学生个性特点具有显著作用,同时为学生提供了展现自我、树立自信的宽广平台。通过一系列丰富多样的艺体活动,学生们得以亲身体验成功的喜悦与欢乐,从而进一步激发其内在潜能与兴趣。尤其对于那些在艺体领域具备特殊才能的学生而言,艺体教育更是成为他们迈向艺术和体育事业发展的坚实基石。此外,艺体教育在促进学生身心健康方面亦具有不可忽视的重要作用。现代教育体系日益强调对学生综合素质的全面提升,尤其聚焦于学生的身心健康状况。艺体活动作为提升学生身心健康水平的有效途径,能够显著增强学生的体魄,并使其在应对学习压力时保持旺盛的精力与活力。艺体教育还有助于培育学生的精神品质。艺体活动涵盖了团体与个人两种形式,既能够锻炼学生在集体中的协作与沟通能力,又能够培养其独立思考和自主解决问题的能力,对于学生的全面发展具有积极的促进作用。在团体活动中,学生需要学会团结、互助和协作,将个人融入团队之中;而在个人活动中,学生则需要展现自信、坚强的品质,充分展示自己的才艺和技能。这些活动旨在培养学生的顽强拼搏精神、勇敢面对挑战和迎难而上的品质。在学校的各个角落,各类社团如篮球队、田径队、鼓号队、合唱队、集体舞团队、啦啦操团队、象棋社团以及书法班等,均展现出蓬勃的活力。此外,一系列多姿多彩的艺体竞赛活动,诸如校运动会、踢跳比赛、体育节和艺术节等,均贯穿于学生整个学年的校园生活之中。这些活动不仅充实了学生的课余时光,更使学生在亲身参与中深切领略到艺术与体育的非凡魅力,进而有效培养了学生的综合素质,并激发了他们的兴趣与爱好。

自2016年起,学校积极引入篮球文化特色项目,并定为年度例行活动,即篮球节。通过该项目,学校不仅举办了多样化的篮球技巧与竞技比赛,还在区域内开展了校际间的技巧赛以及3V3、5V5的团体对抗赛。在区级赛事中,本校篮球队亦开始崭露锋芒。为了进一步推动篮球教育,学校与多家知名篮球俱乐部建立了合作关系,为六、七年级的学生提供了以班级为单位的篮球课程。同时,为了满足不同年龄和技能水平的学生需求,学校还开设了U11—U13阶梯篮球拓展课。对于表现突出的学生,学校更是组织他们参与校级篮球队的专项训练,让他们在实战中不断提升自我。这一系列举措,不仅锻炼了学生的体魄,更在潜移默化中提升了他们的"四自"品质。

二、特色活动

除了前述四个特色课程之外,学校还围绕培养学生健全人格的四个核心要素——"四自"教育,精心提炼并开展了一系列"四自"特色活动。这些活动的举办,旨在通过实践体验,使学生将"四自"品质内化于心、外化于行。这些丰富多彩的活动,不仅能够有效培养学生的兴趣爱好,充实他们的校园生活,更能磨炼他们的意志品质,促进他们身心健康全面发展。

(一)"天才声"特色活动

国家的自信,离不开个人的自信。《关于全面深化课程改革落实立德树人根本任务的意见》提出"教育部将组织研究提出各学段学生发展核心素养体系,明确学生应具备的适应终身发展和社会发展需要的必备品格和关键能力"。[①] 在此,必须强调自信这一品质对于个人而言具有极其重要的意义,它是支撑个人行动的内在力量。只有当个人的自信与国家的自信紧密相连,个人的命运与国家的发展息息相关,我们的自信才能如磐石般坚定。

学校地处偏僻,学生受地域限制,接触新事物的渠道相对有限,较之于上海中心城区的学生,他们在展示自我才华和锻炼能力的平台与机会上显得较为匮乏。部分家长在文化素养方面存在不足,导致其对教育的重视程度不够,从而未能充分注重培养孩子的自信心。因此,学生在自信心方面普遍较为欠缺,表现出羞涩和胆小的特点,缺乏必要的表现力。

《中小学生日常行为规范》第十一条要求学生"尊重世界各地文化差异,在国际交往中真诚友好,大方自信"。这一要求对于青少年的自信素养提出了较高的标准。然而,自信心的培养并非一蹴而就的过程,而需要在日常的学习、生活以及各类活动中逐步积累与提升。自信,作为个体对自身能力在特定活动中成功完成的信赖度及心理特质的体现,是一种积极、有效的表达自我价值、自我尊重和自我理解的意识表现和心理状态。在中学生通往成功的道路上,自信发挥着举足轻重的作用,对其坚持力和潜能的开发具有深远影响。国家倡导自信,个人需要自信。然而,观察我校学生,发现众多学生在集体活动和社交场合中自信心明显不足。课堂上主动发言的学生较少,且表达不流畅;在与人交往中表现出羞涩,不愿在集

---

① 全面深化课程改革落实立德树人根本任务[N].中国教育报,2014-06-23(8).

体活动中展现自身才能,多数学生不愿主动提出意见和建议。

鉴于此,我校选择以朗读、吟诵、课本剧、演讲、实践表达等高度要求表现力的活动为切入点,旨在提升学生的综合能力和全面素养,让他们能够自信且从容地展现自我。为此,我们将这一系列活动命名为"天才声"主题活动。"天才声"是一项旨在提升学生语文表现力的活动,包括朗读、吟诵、课本剧、演讲等多样化形式。根据学生的年龄特点和品德需求,我们设计了系列化的主题活动,并不断优化活动质量,以引导学生从愿意表达、擅长表达,到能够生动演绎,并最终达到思辨性表达的水平。通过参与"天才声"活动,学生的语言表达能力、形体表现力和逻辑思维能力将得到有效提升,他们将在自信与大方中展示自己的才华,进而提升农村学生的综合表现力和自信心。

因此,我们的研究目标始终聚焦于立德树人这一核心要求,遵循学生的身心发展规律与教育规律,致力于设计多元化的表达活动,旨在全面提升学生的综合素养。我们依托"天才声"主题教育活动,通过科学有效的方法促进学生表达能力的显著提升,并注重培养他们的自信心。为实现既定目标,我们紧紧围绕"四自"这一核心要素,经过精心策划,成功实施了以下活动设计。

六年级:"有声"——朗读吟诵

朗读即以声音表达文字的阅读方式,它是阅读过程中不可或缺的基本技能。吟诵则是对中华古典诗文的一种传统诵读方法。汉语中的诗词歌赋,多数是以吟诵的形式创作,此种方式能更加深入地领略其内在精神与审美韵味。通过举办如"文化承""文明行""荷塘韵"等朗读、吟诵活动,旨在鼓励学生勇于发声,敢于表达,进一步培养他们的语言表达能力。

七年级:"合声"——课本剧

课本剧就是把课文中叙事性的文章改编为戏剧形式,以戏剧语言来表达文章主题。在当前语文教育的实践中,我们积极倡导将课本剧作为一种创新性的教学手段引入课堂教学之中,旨在进一步优化和提升语文教学的质量和效果。在学校读书节活动中,课本剧已成为不可或缺的一项内容。除了通过演绎来深入理解人物心理、丰富文化底蕴外,课本剧还注重语言运用、舞台表现及表演技巧等多元能力的培养,进而全面提升学生的综合素养和自信心。此外,诸如"演绎生花"等课本剧表演活动的举办,也在很大程度上有效地推动了学生之间的协作与配合能力的提升。

八年级:"美声"——演讲

演讲又称讲演或演说,是一种在公共场所以有声语言为主要媒介,辅以体态语言,针对特定议题鲜明、完整地阐述个人见解和主张的语言交际活动。其旨在阐明事理或抒发情感,进行宣传鼓动。演讲的主要形式涵盖了照读式、背诵式、提纲式和即兴式等多种类型。这些形式在有效培养学生的阅读能力与表演能力的同时,亦显著提升了他们的思维容量。此外,这些演讲形式往往需要学生结合个人的生活经历与故事,进行深入的剖析与阐述,进一步锻炼其思考问题的深度与广度。通过这样多元化的演讲训练,学生在语言表达、逻辑思维以及情感表达等方面均能得到显著提升。因此,诸如"星空演讲"和"演说家"等活动,对学生语言表达能力的要求不仅在于基础的表达技巧,更在于对其个人表达能力的全面提升和更高标准的追求。

九年级:"优声"——实践表达

在实践表达层面,班级以"生态的旅行"为核心议题,精心策划并实施了系列能源研究班会活动。这些活动包括了《"米粒"的旅行》《"塑料"的旅行》《"水滴"的旅行》和《"纸张"的旅行》等多个主题,旨在引导学生以小组为单位,深入社会,进行独立自主的探索研究。在此过程中,学生们以"导游播报""记者在线"和"我是小主播"等形式,结合个人梦想,充分展示自我,实现自我超越。这一系列活动不仅体现了实践表达的重要性,也为学生们提供了锻炼能力、拓宽视野的机会。

在实施"天才声"活动期间,班主任积极发挥学科专长,精心构建多元化的展示平台,旨在鼓励学生展现自我、挑战自我、超越自我。具体举措如下:①利用课前两分钟,通过模仿音频、集体朗诵、个人吟诵以及名人故事介绍等多样化的活动形式,结合六年级学生的培养目标,为学生搭建展示平台。②在语文课堂上,灵活运用多种朗读方法,包括放声自读、配音朗读、示范朗读、演绎朗读和分角色朗读等,以激发学生的表达热情。③中午的十分钟队会期间,每天安排丰富多彩的活动,如队会阅读馆、队会故事行、队会问题反馈和队会辩论赛等,让学生在表达中展示自我,相互学习,共同解决班级问题。④在主题班会课中,鼓励学生充分表达自己的观点和见解,通过说、评、议、辩、诵、演等多种方式,提升学生的思辨能力,增强师生互动,解决实际问题,助力学生人格完善。⑤在校级、区级以及市级艺术节活动期间,我校充分利用学校和区域所提供的展示平台,积极组织开展了诸如诗朗诵、我是主持人、古诗词综合展演以及课本剧等多种形式的艺术活动。我们鼓励学生踊跃参与,认真准备,并勇于挑战自我,通过表达实践的锻炼,不断提升自信心,并在活动中获得满满的成就感。⑥在社会实践场所中,我们积极扩大"表达活动"的涵盖范围,不仅局限于校内,更将其延伸至校外更广阔的领域。鼓励学生前往敬老院、居委会、乡村等地点,开展与"表达"紧密相关的公益活动。此举旨在让学生在奉献爱心的同时,也能有效锻炼自身的胆识与勇气,进而实现表达能力的全面提升。⑦通过充分利用钉钉、微信、腾讯会议等网络媒介平台,鼓励学生积极展现个人风采,运用信息技术手段参与视频演讲、微课录制以及好书推荐等一系列活动。同时,借助这些平台的推送、发布和评优功能,我们打破了传统时空限制,进一步扩大了学生的展示范围。经过精心策划与组织的一系列活动,学生们积极参与其中,并通过多元化的成果展示形式,显著提升了参与感和自信心。

具体而言,我们采取了以下措施:①照片展示,通过收集日常捕捉到的同学们参与活动的精彩瞬间,组织学生制作成照片墙和照片册,以此作为激励与鼓励的方式。每学期的班级自信环境营造,负责学生可以通过照片展示的形式,相互感染,共同成长。同时,还制作《班级自信回忆录》,以记录学生们成长的重要瞬间。②视频展示,拍摄"天才声"主题活动的参与视频,并定期向家长群推送。通过视频的形式,我们肯定了同学们的付出,激励他们更加自律、自信、自立、自强地展示自我。③荣誉展示,在"天才声"主题活动的引领下,学生们展现出了极高的参与热情,踊跃投身于班级、学校、区域乃至市级等各层级的表达力活动之中。为了充分展示他们的收获和丰富的活动经历,我们在班级文化角、微信群、班级日记等平台上,留下了他们成长的足迹,激励他们向更高的目标奋进。④现场展示,积极搭建各种平台,为同学们提供在有观众的氛围中锻炼胆量和表现力的机会,以此提高学生的自信自强。上述措施合力推动了学生"四自"素养的增强和全面发展的实现。

(二) 劳育特色活动

2020年3月,中共中央、国务院《关于全面加强新时代大中小学劳动教育的意见》中指出,要树立正确的劳动观,崇尚劳动、尊重劳动。要发挥家庭在劳动教育中的基础作用、学校在劳动教育中的主导作用、社会在劳动教育中的支持作用。要培养孩子们热爱劳动、崇尚劳动、尊重劳动,增强对劳动人民的感情,报效国家,奉献社会。[①] 我校在劳动教育方面,持续不断地进行实践与创新,具体体现在以下

---

① 中共中央、国务院.关于全面加强新时代大中小学劳动教育的意见[J].教育科学论坛,2020(15):3-6.

几个方面。

1. 家庭——劳动教育的基本场所

在新时代背景下,培养劳动精神显得尤为重要。为了帮助学生塑造劳动的底色,家庭和学校应紧密合作,从劳动态度、劳动能力和劳动习惯等多个维度共同努力。家庭是学生接触劳动教育的启蒙之地,劳动教育的根基深植于家庭,而其在学校的延伸与发展同样至关重要。在我校的教育实践中,我们致力于将学校劳动教育与家庭劳动教育有机结合,共同构建班级的家庭劳动教育课程体系。我们积极倡导学生投身于日常劳动活动之中,诸如洗菜、洗碗、洗衣以及打扫房间等家务劳动,并将此类活动纳入家庭作业体系之中,以培养学生的勤劳习惯与实践能力。家长在此过程中承担监督与指导之责,确保孩子能够按质按量完成劳动任务,并及时将完成情况反馈给老师,以便进行后续的评估与沟通工作。在这一劳动教育过程中,老师不仅是家庭劳动教育的引导者,还负责协调家校之间的合作,确保劳动教育的有效实施。而家长则扮演着多重角色,他们既是孩子劳动教育的启蒙者,又是孩子劳动技能提升的指导者,更是劳动教育活动的积极参与者。见图2-2。

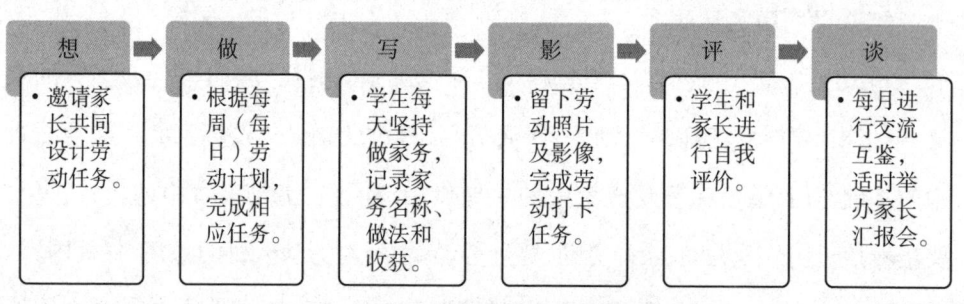

想	做	写	影	评	谈
·邀请家长共同设计劳动任务。	·根据每周(每日)劳动计划,完成相应任务。	·学生每天坚持做家务,记录家务名称、做法和收获。	·留下劳动照片及影像,完成劳动打卡任务。	·学生和家长进行自我评价。	·每月进行交流互鉴,适时举办家长汇报会。

图2-2 班级家庭劳动教育课程实施途径

在家庭劳动记录的整理过程中,家长们收集孩子们参与劳动的表现,详尽展示了劳动的全过程以及多样化的劳动成果。通过运用照片、视频、文字记录、打卡记录以及社交媒体平台等多种媒介形式,全面反馈孩子们的劳动情况。在此基础上,班主任将组织各班级进行劳动成果的评比与展示活动。得益于当前多媒体技术的广泛应用,参与劳动评价的不再仅限于教师,家长和学生自身也成为评价的主体。通过专门的可视化应用程序,劳动成果得以跨越空间的限制进行展示,使得劳动评价更具直观性和时效性。家长和孩子可以直接在应用程序中留言和点赞,形成了一种动态的成长评价机制。这种机制不仅体现了劳动教育的诗意之美,更强调了家务劳动在家庭生活中的重要地位。家务劳动不仅是我们每个家庭成员应尽的义务,更是对我们生活品质的重要提升。通过参与家务劳动,我们可以让家庭生活更加便捷、舒适、整洁、温馨和美好。同时,这也是一个锻炼孩子们动手能力、掌握独立生活技能以及增进家庭成员感情的重要途径。

家庭劳动教育的实施,必须得到学校的全面指导和有效监督。为此,学校设立劳技课及家庭劳动相关的非限定性拓展课程。通过专业教师的系统讲解、课堂实际操作以及劳动技能的竞赛等形式,使学生在学习过程中深入理解劳动知识,并积极参与劳动实践,从而更好地履行家庭劳动的职责。此外,学校还运用钉钉打卡系统、家庭劳动评价量表以及家庭劳动小能手评选等多种手段,实施长期管理和优秀表彰,以激发学生的劳动热情,增强其内在动力,最终促进学生形成独立自主的良好品质。

2. 学校——劳动教育的主导方

双手灵巧的孩子、热爱劳动的孩子,思维一般都清晰敏捷、喜欢钻研。由此看来,劳动不仅能为社会创造价值,而且能促进劳动者肌体发育、意志形成和知识增长。劳动教育对于激发学生的劳动热情,增强学生的劳动观念,提高学生的劳动技能有很大的帮助。在我校,主要围绕三方面展开劳动教育。

(1) 主题教育"识"劳动。在劳动教育过程中,必须根据学生的认知发展阶段,从感性认知的角度出发,引导他们通过日常生活实践全面领会劳动的价值与意义。因此,教育者应精心策划,从情感、态度和价值观等多维度指导学生深入了解劳动创造的过程及其背后的艰辛。为加强此教育目标,学校定期举办以"劳动"为核心的班会课程。通过这些课堂教育活动,我们努力让学生体会到劳动最光荣。此外,学校还鼓励青年班主任参与以"劳动教育"为主题的说课竞赛,例如刘习习老师的校级主题教育课《我劳动,我光荣》和周佳懿老师的区级主题教育课《米粒的旅行》等。这些措施均能有效提升学生的劳动意识,使他们深刻认识到劳动是每个学生应尽的职责与义务。

(2) 校园当家"践"劳动。"校园我当家"是学校的特色劳动教育活动。此项活动通过实施班级轮值制度,有效激发了学生的劳动热情,锤炼了他们的劳动技能,并培养了其劳动责任感。无论是担任礼仪队员,还是承担值周岗位,或者是参与劳动检查,乃至担任荣誉升旗手,每位同学都被赋予了独特的劳动职责。同时,作为负责全校班级检查的工作人员,必须秉持公正公平的原则,以身作则,树立良好的榜样。这对每位同学的责任心与团队协作能力提出了更高的要求。在这样的一次"校园我当家"活动中,学生们充分施展了自己的劳动才能,增加了劳动体验,并进一步强化了团队协作精神。

(3) 社会实践深化劳动。此外,为深入贯彻落实教育部《中小学德育工作指南》和《上海市初中学生综合素质评价实施办法》等相关文件精神,以及闵行区教育局的具体工作要求,浦江三中积极对接闵行区青少年社会实践基地,充分利用其劳动实践资源,将田间综合实践课程作为提升学生综合素质的重要载体。为此,我校精心组织开展了"现代智慧农业,丰富体验实践"的职业体验活动。这些实践活动不仅让学生亲身感受到了现代化智慧农业的魅力,更深化了他们对中华传统农耕文化的认识与理解,进一步激发了学生热爱家乡、投身家乡建设的使命感和责任感。

3. 社会——劳动教育的支持方

近年来,随着国家教育改革的不断深化,中学生社会实践活动的重要性日益凸显。为了深入贯彻党的教育方针,全面提升学生的综合素质,我校紧密结合学校实际,精心设计并开展了一系列社会实践活动。这些活动不仅形式多样、内容丰富,而且紧密结合学校的教育目标和学生的实际需求,旨在通过实践锻炼,提高学生的社会实践能力,促进其全面发展。

"潮流趣捡跑"系列活动。为了提高学生的劳动素养、培养公益之心、美化社区环境。家校联动,由家长组织、倡导并开展了一项独具特色的公益劳动活动——"三中潮流趣捡跑"。活动参与者涵盖各班学生及其家长,活动地点选定为浦江镇闸港公园。此次活动的所有策划事宜,包括场地布置、统一服装的采购、活动流程规划以及活动内容的发布等,均由家委会全面负责。活动围绕"见坆行事"的主题,进行垃圾捡拾。活动期间,家长与孩子们积极投入,无论是捡拾大型的废弃自行车,还是细小的烟头,均不遗余力。此类公益活动不仅充满乐趣,更富有教育意义,既锻炼了学生的动手能力,又促进了亲子间的互动与交流,同时也在美化环境的过程中,展现了参与者的爱心与责任感。在家委会的持续推动下,活动的影响范围不断扩大,已延伸至社区、街道及马路等多个区域,赢得了广大师生、家长及社会各界的广泛赞誉。

"劳动创造美"系列活动。为了深入贯彻落实党的教育方针,以及《上海市学校劳动教育"十四五"规划》等相关文件精神,学校根据市、区劳动教育宣传月的相关要求,特别策划并开展了"劳动创造美"系列教育活动。针对不同年级学生的特点,我们组织了丰富多样的劳动体验活动。例如,六年级学生参与农耕文化活动,旨在引导学生从书本知识转向生活实践,从课堂走向田间地头,通过亲身体验,深刻感受农耕文化的独特魅力。七年级举办丰收故事分享会,不仅让学生分享自己对劳动的理解和体验,还邀请了农民、农技专家、劳动模范以及家长等社会各界人士走进班级和学校,共同分享他们的劳动故事,传递劳动精神。八年级开展劳动技能竞赛和风采展示活动,通过主题班会等形式,组织学生进行趣味比拼,同时借助视频、成果展示等手段,充分展现学生在劳动中的收获和成果。九年级学生进行创意设计传递丰收活动,通过画稿、制版等设计爱粮节粮主题包装袋,倡导珍惜劳动果实新风尚。这一系列活动旨在通过"实践育人"的方式,培养学生的生存技能,增强他们的劳动观念。

"保卫大治河"系列活动。大治河作为鲁汇镇的主要饮用水源,其环境保护至关重要。浦江三中与大治河毗邻而建,我们深知肩负的责任和使命。因此,学校积极行动起来,以劳动教育为切入点,成立了"浦江三中保护母亲河志愿者服务队"。通过不断的实践探索,我们形成了独具特色的以"保护母亲河"为主题的学生劳动实践活动。为了深化环保意识,学校构建了系统的环保宣传机制,每学期围绕特定主题深入社区开展宣传教育工作。同时,我们以班级为单位,组建了大治河环保志愿者社会服务队,每学期至少开展六次义务养护活动,并在大治河沿岸划定两公里的保护区。为激励同学们积极参与,学校还将志愿者服务纳入班级考核中,并对表现优秀的志愿者服务队进行表彰。我校始终坚持将绿色环保、低碳生活理念融入劳动教育之中,充分利用社会资源,精心组织各类活动,以期全面提升学生的劳动实践能力。

我们深知,唯有引导学生积极投身于实践劳动之中,方能实现知识向能力的有效转化,进而培育出学生的创新意识和能力。因此,我们充分利用家庭、学校、社会三大领域的资源,帮助他们养成良好的劳动习惯,并在劳动实践中不断提升其自立能力,为学生的全面发展奠定坚实的基础。

(三)"百部"电影行特色活动

学校坐落于浦江镇农村地区,受地域限制,周边文化设施资源显得较为匮乏,社区及家庭教育环境也存在短板。因此,多数学生的业余文化生活显得较为单调和枯燥,这对于青少年的健康成长构成了不利影响。对此,学校给予了高度关注,将影视教育作为提升学生德性素养、丰富学习生活的重要途径。进入浦江三中,学生便全面参与到学校举办的"电影节"活动中,利用影视作品所蕴含的独特教育价值,着力培养学生的"四自"品格。

深思熟虑后,我们致力于完善机制与资源整合。自2013年,浦江三中利用优质影片开展影视教育,以塑造学生"四自"品格。学校以课程部与学工部为主,从课程与活动两方面推进影视文化融入。我们构建了一个分工明确、职责清晰、相互协作、稳步推进的工作机制。在市教委影视教育专家的指导下,我们精心挑选了100部思想性与艺术性兼具的影片,这些影片不仅弘扬了民族精神和时代精神,还符合青少年的身心发展规律与认知特点,形成了浦江三中特有的"百部电影库"。并定期更新电影库内容,在新中国成立70周年、抗美援朝胜利70周年以及中国共产党成立100周年等重大时刻,我们及时将《建国大业》《红星照耀中国》《英雄儿女》《金刚川》和《建党伟业》等具有爱国主义教育意义的影片加入电影库。这种"小步更替、动态平衡"的策略使得电影库始终成为深受学生喜爱的教育资源。此外,我们还参考上海电影官网,每月发布影视作品推荐清单,鼓励家长与孩子一同在家中享受亲子观影时光。

与影同行,快乐成长。学校研制了《"百部电影行"课程方案》,旨在通过组织学生在初中阶段观摩百部优秀电影作品,让学生在视听艺术的熏陶下,自然而然地产生自我感性认知、丰富想象及深度理解。这一过程不仅提升了学生的文化、艺术和道德修养,更助其塑造了"四自"人格,实现了健康快乐的成长。为确保《"百部电影行"课程方案》的有效执行,学校特设定每周五下午为全体学生的电影观赏时间。在寒、暑假期间,则要求学生在家或影院完成指定电影的观赏,确保每位学生在初中四年内都能完成百部电影的鉴赏任务。观看优秀影视作品已成为每位三中学生的重要学习任务。此外,学校还特制了《观影备忘录》,鼓励学生从多角度畅所欲言,让他们的情感与感悟在观后感中得以充分展现,从而留下珍贵的成长印记。同时,学校每周一下午还开设影视表演、影视欣赏等拓展课程,为有影视特长和爱好的学生提供了展示和提升的平台。

影视实践,丰富体验。经过精心策划与组织,我校自 2017 学年起,已成功举办七届校园电影节。电影节期间,我们开展了微电影拍摄、经典电影配音秀、电影海报设计以及观影演讲比赛等一系列实践活动。这些活动深受学生喜爱,他们在参与过程中不仅丰富了个人体验,更在赏析、拍摄、配音等环节中深入学习了影视作品中的英雄人物、先进人物和美好事物。这些活动不仅营造了浓厚的影视文化氛围,也促进了学生的全面成长。为了进一步拓宽学生的视野,学校特别开设了电影欣赏、剧本创作、微电影拍摄以及电影语言表达等影视社团。每年寒、暑假期间,我们还组织红色基地研学实践活动,如 2019 年暑假参观中共一大会址、2020 年暑假参观闵行博物馆、2021 年暑假观摩中华艺术宫的《建党 100 周年美术展》,等等。2024 年 1 月 31 日,浦江三中七(3)中队星火小队的同学们在中队辅导员姚晨老师的带领下,沿着"中共一大会址—《新青年》编辑部旧址—中国社会主义青年团中央机关旧址纪念馆"红色教育经典路线,用"Citywalk"的形式,回望革命历史,追寻红色足迹,感悟初心使命,传承红色基因,赓续红色血脉,坚定理想信念。

在研学过程中,学生们积极拍摄、制作微视频,记录参观过程,这不仅锻炼了他们的实践能力,也增强了他们的爱党爱国情怀和民族自豪感。通过这些影视社团研学实践活动的开展,同学们不仅深刻理解了影视文化的内涵与价值,更在参与过程中明确了自己的人生理想和目标。我们坚信,这些宝贵的经历将成为他们未来成长道路上宝贵的财富。

合作共建,提升品质。通过多方合作共建,我们致力于提升教育品质。学校充分利用浦江戏剧联盟的资源优势,组织学生、家长及教师赴上海戏剧学院浦江校区观摩《超越》首映礼。活动中,大家深受中国体育人精神的感染与鼓舞。此外,我们还组织观摩了红色戏剧《小小升旗手》,其展现的革命人不怕牺牲的精神令人震撼。为了深化艺术教育与文化教育,学校与上海戏剧学院附属学校等建立了紧密的共建关系,积极开展电影艺术欣赏及电影经典片段的改编和排练工作。在此过程中,《我和我的祖国》夺冠片段、《小英雄雨来》红色戏剧、《但愿人长久》抗疫英雄故事以及《唐诗创意秀》等影视作品均取得了显著的教育成效。此外,学校还通过举办校园电影节等活动,邀请家长参与"亲子配音秀"和"亲子微视频"等互动环节。这些活动不仅让家长更加了解孩子成长的需求,走进他们的内心世界,还有效促进了亲子间的沟通与交流。这些举措极大地激发了同学们参与校园影视活动的热情与兴趣,为全面提升教育质量奠定了坚实基础。

砥砺前行,成果绽放。经过不懈的努力和积极的参与,学校在市、区级影视教育实践活动中取得了显著的成果。2019年,学校微电影《飞翔吧,少年!》在上海市电影阳光行活动"我和我的祖国"微电影大赛(初中组)中荣获银奖,《长跑先生》则在电影阳光行中小学生微电影大赛(初中组)中摘得铜奖。在闵行区连续几届的电影节中,学校推荐的电影海报、影评征文和微电影等作品共计获得了十几项奖,充分展示了学校在影视教育领域的风采。在2024年上海市"燃烧吧,少年——第四届校园原创微视频(FILM)网络展评活动"中,我校微视频《梦想在这里起航》荣获最佳制作奖、最佳影片奖、最佳指导奖,学校还获得市优秀组织奖。陆子铭、王颂豪等同学创作的微视频《梦想启航》、余柒柒等同学创作的微视频《转身面向阳光》荣获初中组入围奖。这些初步的成果不仅激发了师生对影视教育的热情和兴趣,更让他们在获得成功体验的过程中深刻体会到了影视教育的魅力与快乐。这些成绩为学校未来在影视教育领域的持续发展奠定了坚实的基础。

经过数年对影视教育的深入探索与实践,我校深刻领悟到,影视教育的开展不仅是对红色基因的承传与弘扬,更是对家国情怀的培育与涵养。它积极响应了新时代立德树人的教育目标,以生动形象的方式引导学生健康快乐地成长,传递着积极向上的正能量。影视教育不仅是学校教育的重要补充,也是完善学生"四自"教育的重要途径。我校致力于将影视教育所带给学生的艺术体验与感悟融入日常学习和生活之中,以美化人生、陶冶情操,从而切实落实立德树人的根本任务。

综上所述,本校以"四自"教育为核心,从文化熏陶、环境建设、课程推进、活动组织到特色提炼,构建了一套全面覆盖、层次分明的实施体系,旨在培养学生的核心素养。在此过程中,学校始终保持积极探索、不断创新的态度。通过举办一系列特色活动,致力于将"四自"精神融入文化育人、课程育人、活动育人、实践育人等多个育人环节中,从而有效推动学生健全人格的形成与发展。

第三章 人格教育的学科落实

学科教学不仅仅承载着传递学科知识的重任,还肩负着健全人格教育的任务。每一位学科教师都应重视学生的学习经历,注重挖掘学科育人价值,在学科教学中紧紧抓住"自律""自信""自立""自强"四个关键点,为学生的健全人格奠定坚实的基础。

第一节　整合学科资源，提升教育品质

叶澜教授在《"新基础教育"发展性研究报告集》中提到："任何一门学科的教学，都要认真分析本学科对于学生而言独特的发展价值，它除了指该学科领域所涉及的知识对学生的发展价值外，还应该包括服务于学生丰富对所处的变化着的世界的认识；为他们在这个世界中形成、实现自己的意愿，提供不同的路径和独特的视角；学习该学科发现问题的方法和思维的策略、特有的运算符号和逻辑；提供一种唯有在这个学科的学习中才可能获得的经历和体验；提升独特的学科美的发现、欣赏和表现能力。"[1]学科育人主要利用好两个渠道：一是深入研究教材，挖掘、整合教材的育人价值，让教材成为培养学生"四自"品质的重要资源；二是丰富课堂的教学形式，以多样化的教学手段激发学生的积极性，促使他们在参与教学活动的过程中逐步养成"四自"品质，从而完善其人格发展。通过这两个方面的共同努力，我们有望在教育实践中实现学科育人的根本目标。我们需要最大限度地利用课堂教学的核心功能，把中小学的道德教育内容精确地融合进各学科的教学目标，并且贯穿在整个教育和教学的始终。浦江三中全体教师自觉践行学科育人的教育理念，确保所有学科都成为育人的平台。

---

[1] 叶澜."新基础教育"发展性研究报告集[M].北京:中国轻工业出版社,2004:21.

一、深入研究教材,发掘育人价值

根据《义务教育课程方案(2022年版)》,我校国家课程设置道德与法治、语文、数学、外语(英语)、历史、地理、科学、物理、化学、生物学、信息科技、体育与健康、艺术、劳动等课程。校本课程包括民防、知识产权、百部电影行、快乐半小时、篮球、行规教育,等等。

在语文、历史、地理等课程中,我们应当全面利用其中所蕴含的多元思想品质教育元素,如语言、文化、历史、地理知识等,以潜移默化的方式深入影响并塑造学生的全球视野、个人观念以及价值取向。语文教材中蕴含着丰富的德育资源,其中传统经典之作,以其深厚的文化底蕴和独特的艺术魅力,滋养着学生的心灵,引领他们走进智慧的殿堂。这些作品也蕴含着深刻的思想内涵和丰富的道德观念,通过学习与欣赏,能够更加深入地理解传统文化的精髓所在,进而培养起高雅的审美情趣和丰富的人文素养,为学生个人的全面发展奠定坚实基础。历史教材中众多的先贤志士犹如璀璨的星辰,在历史的长河中熠熠生辉,这些先贤志士不仅以其卓越的成就赢得了后世的敬仰,更以其坚韧不拔、无私奉献的精神品质,成为我们时代学习的楷模。他们的人格魅力、坚韧不拔和无私奉献的精神品质,将激励学生在人生的道路上不断前行,为实现自己的理想和信念而努力奋斗。在地理学科的学习中,同样能够深刻感受到古人的智慧与发明对世界的深远影响,中国四大发明之一的指南针,不仅在古代航海中发挥了重要作用,更为后来的环游地球、发现新大陆提供了关键的技术支持。每当教师带领学生在地图上描绘出那些由指南针指引而发现的新大陆,都能让他们深切体会到中华民族对世界的贡献和影响力。

数学、科学、物理、化学、生物等课程要重视对学生的科学精神、科学方法、科学态度、科学探索技巧以及逻辑推理能力的提升,以此来激发他们的创新意识,并培育他们追求真理与实事求是的思维习惯。在教授圆周率时,我们深入领略了我国古代先贤的聪明才智和一丝不苟的精神,这不仅仅是对数学这一学科的敬畏,更是对中华民族悠久历史和灿烂文化的敬仰。每当我们在课堂上探讨圆周率的奥秘,学生都会为古人的智慧所折服,也激发了深入学习的动力。在物理教学中,我们更是能够感受到古人的智慧与现代科学的完美结合。通过学习和探索物理学的奥秘,学生不仅能理解自然界的运行规律,更能感受到人类智慧的无穷魅力。无论是牛顿的力学定律,还是爱因斯坦的相对论,在这些伟大的科学理论中,我们领略到了宇宙的浩瀚与复杂,也感受到了人类探索未知的勇气和决心。

艺术、体育与健康、劳动等课程中,要重点提升学生的审美品位、身心健康、毅力品质、文化修养以及日常生活的素养。此外,我们还需在综合实践活动中,重点加强对学生生活技能、劳动习惯、动手实践和合作交流能力的培养。同时,我们需要充分利用本土和学校的教育资源,根据本土的自然地貌、民俗风情、古老的文明,以及重大历史事件、著名历史人物等,灵活创新本土和学校的德育课程。这样可以帮助学生更深入地认识到他们故土的历史、自然、人口现状与取得的进步,从而激发他们对家乡、对祖国的热爱,增强保卫祖国统一、增进民族团结的观念。"百部电影行"课程是我校的校本课程,把艺术养成与电影欣赏活动结合起来,在潜移默化中熏陶着学生的艺术欣赏水平,提升学生的艺术修养能力,促进其健康快乐地成长。学生们将在电影节"主题海报征集""配音表演""微电影征集""剧本创作"等各类活动过程中浸润德行、启迪智慧,在团队协作中培养出良好的合作精神和大局意识。篮球课程也是我校的校本课程。学校作为浦江镇篮球项目实施的基地校,特设立了浦江三中篮球节,开展了篮球宝贝操展示、篮球嘉年华活动以及浦江校际篮球联谊赛等活动,从而带动学生参加体育活动的良好风气,也给学生展现青春活力的舞台。通过篮球课程,营造了一个朝气蓬勃、崇尚运动的校园环境,提高了学生的身体素质,培养了学生积极向上的进取精神和拼搏精神。

学科中都蕴含着深厚的文化底蕴和人类的智慧结晶,通过学习,学生不仅能够获取知识,更能够激发学生的民族自豪感和爱国情怀。我校全体教师牢固树立学科育人的思想,紧抓学科教学的主阵地,以学生为根本,以课程标准为导向,深入研读教材,充分挖掘教材的育人价值,整合学科资源,在教育教学中潜移默化地塑造学生"自律""自信""自立""自强"的良好品质,助力学生健全人格的塑造。

二、聚焦学科德育,凸显"四自"教育

"落实学科育人价值不能凭空而谈,必须以一定的情境为载体。而我们现在所用的教材都是按照主题编写的,涉及社会和生活的方方面面,是很好的德育素材。但这些德育元素都是以一种隐性的状态存在,需要教师根据学生的兴趣点、认知水平等选取合适的方式进行德育渗透。"[①]

首先,深入研究教材,挖掘学科德育元素和学科育人价值。经过对教材的细致研讨,我们发现了丰富的学科德育素材与育人价值,教师全面、深入地剖析教材,精心挑选道德教育相关的内容,并据此确立道德教育的具体目标。在备课过程中,教师应有针对性地规划教学流程,确保在教学过程中能够有条不紊地融入德育。初中阶段的学生求知欲强烈,积极性高涨,正处于形成人生价值观的关键时期。借助学科教学资源,我们可以使学生在探究问题的过程中逐渐理解文本所

---

① 唐娟.学科育人价值在初中英语教学中的实践研究[J].江苏教育,2018(27):24-27.

蕴含的思想,领会为人处世的道理,从而树立正确的价值观。参见案例3-1。

案例3-1　推进"四自"教育,重构教学设计

第一版《再塑生命的人》的教学设计如下。

教材分析:《再塑生命的人》节选自《假如给我三天光明》。安妮·莎莉文开启了海伦·凯勒的智慧,也陪伴着她走过了生命的大半旅程。节选部分讲述的是安妮·莎莉文刚刚走进海伦·凯勒生活时的故事。阅读文章,要关注文章的题目,还要关注主人公的前后变化及变化的原因,从而归纳安妮·莎莉文的人物形象。

学情分析:七年级学生心理不太稳定,不太懂怎么面对他人,怎样面对生命,如何面对挫折,不知道人活着的价值何在。本节课主要引导学生了解海伦·凯勒的人生经历及其品质,体会作者热爱生活,对待生命的积极态度,进而建立正确的生命观。

> 教学设计:
>
> 环节一:分析标题,概括主要内容
>
> 1. 再塑生命的人是谁？她再塑了谁的生命？
> 2. 快速默读课文,圈画出文中表现"再塑生命"的起因、经过、结果,并精炼语言,概括文章的主要内容。
>
> 环节二:默读全文,解读"我"的变化
>
> 从文中找出小海伦发生的巨大变化。
>
> 环节三:研读第6—10段,归纳莎莉文老师的人物形象
>
> 关注莎莉文老师的言行,小组合作完成阅读任务:

用"虽然……但是……,可见莎莉文老师是一位(　　)的老师"或"因为……所以……,可见莎莉文老师是一位(　　)的老师"的句式,描述莎莉文老师的言行,并分析、归纳、概括她的人物形象。

环节四:综合分析,推断作者的写作目的

作者想表达什么?结合"我"的巨大变化和莎莉文老师的人物形象,我们能推断出作者对莎莉文老师有怎样的情感呢?

作业布置:结合课文,写一篇短文,谈谈对"再塑生命"的体会。

结合"四自"教育重新审视教材与学情,有如下发现:七年级的学生已经在六年级时期初步养成自律守规则的好习惯,在中学教育阶段的深入发展中,学生们的知识储备日益丰富,视野不断拓展,同时,他们的自我意识和主体意识也呈现出显著的增强趋势。他们渴望在学习与生活中展示自己鲜明的个性,他们期待在学校与班级中展现自我独特的风采。自信教育紧密贴合七年级学生的年龄特点,致力于在礼仪、学习、岗位、艺体以及生活这五大方面为学生提供有力的支持与帮助,旨在激发学生的自信心,鼓励他们在学校及班级的各项活动中大胆展现个人风采,积极提升个人能力,从而推动学生实现全面而均衡的发展。

七年级6班的学生在班级及学校各类活动中的参与度相对较低,表现出较为被动的态度。多数情况下,需要教师的积极发动和引导,才能促使少数学生积极响应活动号召,参与到集体活动中来。班级学生在礼仪自信方面的表现尚显不足。在面对老师时,部分学生表现得较为拘谨,面部表情不够自然,未能充分展现出大方自信的精神风貌。关于学生在课堂举手回答问题方面的表现,我们注意到存在部分学生参与不够积极的情况。这些学生内心深处渴望得到老师们的关注,同时也希望在同学面前展示自我、彰显个人能力。然而,在获得回答问题的机会时,他们往往表现得较为犹豫和退缩,缺乏足够的自信。针对当前所面临的问题,我们需对其进行深入的剖析,探究其成因,并据此制定出相应的改善举措。通过提升学生的自信心水平、激发其课堂讨论的积极性以及为其创造更多展示个人才华的平台与机会,我们将能够显著提升学生在课堂上的参与程度,进而推动其实现更为全面而均衡的发展。我从学生的周记中了解到,有些学生会因为自己太瘦而产生焦虑,有的学生则羡慕别人的歌声美妙,也有的学生会因跑步太慢而难过。自信是指学生发自内心的对自身的肯定与相信,具体表现为相信自己有能力胜任或完成。学生们产生自卑情绪的落脚点有些"小",常常让大人们不以为意。但这样的"丧"情绪若不加以正确引导,很容易酿成"怀疑自我—否定自我—拒绝发展自我"的恶性循环。语文老师可以抓住语文教学设计的契机,将"四自"教育渗透在语文教学中,这也符合教学三维目标之情感态度与价值观的目标。

《再塑生命的人》开篇明义:"老师安妮·莎莉文来到我家的这一天,是我一生中最重要的一天。"为什么是"最重要"的?因为"我"的生活开始与此前截然不同了。在之前的教学环节二的设计中,关注主人公的前后变化及变化的原因,是为了归纳安妮·莎莉文的人物形象。若将主人公的前后变化作为教学重点,再紧扣"光明""希望""快乐""自由"四个词语,比较小海伦在莎莉文老师出现前后的行为和想法,并通过对相关语句的具体分析,理解小海伦身上发生的变化。在寻找海伦身上的巨大变化过程中感受人物的魅力,寻找自信的力量,能起到更好的教学效果。

因此,我们对《再塑生命的人》进行教学设计重构,做出如下改动。

首先,引导学生找到文中全方位描写海伦发生变化的中心句:"水唤醒了我的灵魂,并给予我光明、希望、快乐和自由。"

接着,从"光明、希望、快乐和自由"出发,看小海伦的生命轨迹发生了什么变化。参照示例进行思考,小组合作并完成阅读任务。

参照示例:

第9段:"在我的那个静寂而又黑暗的世界里,根本就不会有温柔和同情。"

海伦之前处在一个冰冷无情的世界里,倍感孤独,生活一片黑暗。

第13段:"这些词使整个世界在我面前变得花团锦簇,美不胜收。"

海伦现在的生活阳光明媚、五彩缤纷,带给人喜悦和美好的感受。

从这两处的对比中,我理解了小海伦所说的"光明"一词的含义。

学生从文中语句分析得出海伦的两种截然不同的心理状态:

① 孤独——快乐

② 黑暗——光明

③ 无知——领悟

④ 渺茫——憧憬

⑤ 迷茫——自由

……

一个又聋又哑又盲的孩子能够从如此糟糕的状态中挣脱出来,变成一个热爱生活、主动探索世界、积极感受生命的人。这很能激发学生燃起对生活的热情,对自我的信任,对生命的热爱。

然后,在教学环节四综合分析作者写作目的时,在原有的分析作者对莎莉文老师的赞美感激之情外,再进一步挖掘文章——对同样处于黑暗中的人们的鼓励,同时也激发健全的人珍惜自己所拥有的一切。

进行追问:若作者仅仅为了表达对莎莉文老师的赞美感激之情,向莎莉文老师写封信传达就好了,为什么还要发表此文呢?

学生畅所欲言,多数学生提及,为了鼓励像她一样的残疾人。我进一步追问,仅仅是残疾人吗？然后引导出生活陷入困境的人们应该学习海伦身上的乐观精神，像我们这样健全的人更应该信任自己，挖掘自身潜力，主动探索世界。

最后，追加朗读环节：学生朗读课文11、12、13小节，感受人物重获新生的喜悦，激发对生活的热情。

重新审视学情与教材以及对教学设计进行重构的过程其实质就是对"自律、自信、自立、自强"的进一步认识。"四自"是中学生阶梯式成长的表现，符合中学生的生理心理发展规律。"四自"教育关注不同阶段学生的具体情况，为同学们自主学习指明了方向，旨在通过规范行为带动自我发展，引领学生自我管理、自我进步。在语文教学中渗透"四自"教育，对于学生的全面发展起着重要作用。

语文教学与立德树人相互交融，相互渗透。作为语文教师，在语文教学中关注立德树人，以语文课堂为平台，与学生共同品味语言，与学生一起探究文本，在语文学习中激发热爱生活、亲近自然的精神气象，师生共享生命成长的课堂。

（案例提供者：上海市闵行区浦江第三中学　陈梦秋）

案例3-1中提到在教授《再塑生命的人》时，开篇明义，"老师安妮·莎莉文来到我家的这一天，是我一生中最重要的一天"。为什么是"最重要"的？因为此后"我"的生活开始与此前截然不同了。在教学设计中，将主人公的前后变化作为教学重点，以"光明""希望""快乐""自由"四个关键词为核心，引导学生对小海伦在莎莉文老师出现之前和之后的行动与思考进行了对比，并通过详细剖析相关的句子，深入理解小海伦所经历的转变。我们致力于探索海伦身上的巨大变化，在变化过程中感受人物的魅力，寻找自信的力量，引导学生体察自身。

其次，密切联系学习、生活实际，转变德育理念。在过去的教学实践中，部分教师受限于传统教育模式的框架，过于注重向学生传授教科书上的知识内容，机械地进行知识点的归纳和记忆辅导。尽管此方法在某种程度上能够对学生的学业表现产生积极影响,然而,其难以长期有效地激发学生的学习热情,并在一定程度上剥夺了学生自主探索的权利。

因此,我们有必要重新审视和调整这一方法,以更好地促进学生的全面发展。在教学过程中,教师应适当减少纯理论性教学方法的运用,转而通过鲜活的实际案例来辅助学生深入理解具体的知识点。同时,应将道德教育有机融入教学之中,切实提升德育成效,进而助力学生塑造健全、完善的人格。

中国是一个有着五千年文明历史的国家,有许多传统节日及技艺,牛津英语教材中编排了不少有关这方面的模块,如《Festivals in China》《Cormorant Fishing》等课文内容都有育德的内涵,英语教师有责任在教学中深入挖掘文章的历史内涵,进行必要的德育渗透,让静态的书本知识成为了解中国历史的窗口,在潜移默化中对学生进行爱国主义的熏陶。

浦江三中胡霞老师在《新 6B Module 1 Unit 3 Qu Yuan and the Dragon Boat (period 1)》一课的教授过程中,先让学生品尝不同馅的粽子,激发学生对粽子的了解;然后通过观看短片"端午节的习俗",引入诗人屈原,以本课的语言教学目标"wh-"问题,让学生通过阅读了解更多的屈原的信息:了解了屈原的爱国之心,他忧国忧民,因不得志而郁愤投江自杀。同时让学生了解了粽子和端午节的来历——是为了纪念爱国诗人屈原。对他们来说,粽子从此有了沉甸甸的文化底蕴,通过对屈原故事的了解,对年代的认识有了最基本的爱恨之评。这就是我们想在语言教学中无声渗透的情感教育。在课后拓展任务教学中播放自己拍摄的参加闵行区龙舟赛的录像,让学生结合自身感受谈论从更多故事中理解的屈原精神及龙舟精神。最后老师将课前剩余的各式各样的粽子端了上来,学生在再次品尝中感受的不仅仅是粽子的美味,而是深深地为我们中华民族而自豪,中华民族的聪明智慧情趣体现在一个个美味粽子上。总之,在深入研究教材,挖掘学科德育元素和学科育人价值的基础上,我们密切联系学生学习、生活实际,转变德育理念,不断改进优化德育方式,并注重师德教育,增强学科育人意识,引导全体教师以良好的师德言行感染、浸润每一位学生的德性成长,有效落实健全人格的教育。

第二节　丰富课堂形式,注重学生学力

　　2001年教育部颁布的《基础教育课程改革纲要(试行)》对课堂教学的改革方向的描述是:"教师在教学过程中应与学生积极互动、共同发展,要处理好传授知识与培养能力的关系,注重培养学生的独立性和自主性,引导学生质疑、调查、探究,在实践中学习,促进学生在教师的指导下主动地、富有个性地学习。教师应尊重学生的人格,关注个体差异,满足不同学生的学习需要,创设能引导学生主动参与的教育环境,激发学生的学习积极性,培养学生掌握和运用知识的态度和能力,使每个学生都能得到充分的发展。"浦江三中践行"有氧课堂",构建充分认知、高度融合、生命成长的课堂。学校教师在学科教学中充分运用丰富的课堂形式,不断渗透"四自"教育,持续培养学生的"四自"能力,提升学生的"四自"品质素养。

一、关注细节,培养自律习惯

　　对于学生来说,培养他们的规章观念具有极其重要的价值。党的十九大报告明确指出:"推进诚信建设和志愿服务制度化,强化社会责任意识、规则意识、奉献

意识。"①加强规则意识的培育,符合我国社会主义现代化建设的要求。青少年作为国家与社会发展的后备力量,肩负着实现中华民族伟大复兴的时代重任,因此,加强对青少年思想道德素养尤其是规则意识的培育具有重要的现实意义。

在我校"四自"教育的体系中,"自律"就是通过培育学生的规则意识,推动他们自发遵守各项规章制度,进而形成自我约束的优质习惯。事实上,"自律"不仅是"四自"教育的核心组成部分,更是我校从六年级新生入学伊始便着重培养的能力,且这一教育过程将贯穿学生整个初中生涯。初中阶段,对于青少年的身心发展而言,其重要性无可替代,是塑造他们世界观、人生观与价值观的关键时期。然而,我们不得不面对的现实是,当前初中学生普遍存在着规则意识薄弱、行为习惯偏差等问题。这些问题仅凭学生自身的力量是难以解决的,亟需教育工作者给予适当的引导和协助。特别是针对刚升入初中的六年级学生,他们在行为习惯、时间管理、课堂专注力等方面存在明显的不足。为此,我校教师积极发挥课堂教育的主阵地作用,帮助学生深刻认识良好学习习惯对提升学习效果的重要性。在教学过程中,教师们精心设计教学细节,潜移默化地培养学生的规则意识,从而推动他们自律行为的形成。我们相信,通过这样的努力,我们的学生将能够在未来的学习和生活中展现出更加自律、更加优秀的自我。

在课堂上,引导学生形成遵守规则的习惯,不仅有助于维护教学秩序,防止和纠正影响学习的行为问题,更能有效地挖掘学生的学习潜能,引导他们积极参与学习活动,从而提升整体教学效率。因此,我们必须充分利用各种教育契机,使规则意识深入人心。例如,在课程开始前,应指导学生将课堂上必需的学习用品放置在易于取用的位置,当预备铃声响起时,迅速进入学习状态,为正式上课做好准

---

① 习近平.决胜全面建成小康社会夺取新时代中国特色社会主义伟大胜利——在中国共产党第十九次全国代表大会上的报告[J].学理论,2017(11):1—12.

备;在阅读时,应保持正确的坐姿,双手稳定地持书;在讲解过程中,应手持笔具,随时记录重要内容;在听取他人发言或老师讲解时,应专注倾听并做好笔记;在进行小组讨论时,应积极参与讨论,充分发挥团队合作精神;在课后完成作业时,应认真审题,细致分析,书写清晰规范;在进行对话表演时,应全身心地投入,注意角色分工与配合;在参与比赛或游戏时,既要注重竞争,也要注重合作。通过这些具体准则的贯彻,以及对学生日常行为的反复训练,学生将逐渐形成遵守规则、自我管理的良好习惯。

除此之外,我们充分利用学科教学资源,深入推进规则意识教育。以初中《道德与法治》课程为例,该课程蕴含着丰富的规则意识教育内容,涵盖了个人与同伴、家庭、学校,乃至国家、社会等不同层级的互动相处规则。还涉及个人与世界的互动相处规则,如"友谊的天空""我与集体共成长""遵守社会规则"和"我们共同的世界"等主题。通过学习和实践这些规则内容,我们为学生搭建了一个认识规则、感悟规则的成长平台。这种教育方式避免了空洞的说教,从而有效提升了学生对规则的理解和认知能力,以及他们在实践中运用规则的能力。参见案例3-2。

案例3-2 在道德与法治学科教育中融入"四自"教育

在道德与法治学科的教学中,我们不仅要重视学生对相关理论知识的掌握程度,更要注重在教授过程中锤炼学生的人品、塑造学生的人格,引导他们形成健康向上的道德价值观。

初中道德与法治教材中包含丰富的德育元素,这些元素需要教师进行深入研究,以便能够全面理解。在教学过程中,教师应结合学生的成长阶段,有针对性地开展德育教育和引导。以六年级上册教材为例,其中明确纳入了"爱国、敬业、诚信、友善"等德育要素。在《少年有梦》这一框中,教材展现了少年们对梦想的追求和对未来的美好憧憬,这种积极向上的态度应当得到鼓励和支持。同时,通过将少年的梦想与国家的中国梦相结合,进一步强调了爱国主义教育的核心地位。在《感受生命意义》这一框中,教材通过雷锋等人物的事迹,展示了普通人如何在平凡的生活中展现出不平凡的价值,这体现了敬业等精神的重要性。这些例子不仅能够激发学生的敬意,还能引导他们树立正确的价值观。在《网上交友新时空》这一框中,教材隐含了诚信教育的内容,如个人隐私的保护等。这些内容不仅教会学生在网络世界中如何保持诚信,还从不同角度落实了友善价值观的教育。因此,教师在授课过程中,需要深入挖掘教材中的德育因素,并将其与知识传授紧密结合,以便更好地培养学生的道德品质。

结合社会生活具体案例进行道德教育,是道法教育实践中的高效教学策略。注重寻找理论与现实生活的交汇之处,引导学生自主观察、深入思考、积极体验和感悟,我们可以使课堂教学更为深入浅出、充满生机,将抽象概念具象化。热点和社会大众问题通常具有较大的社会影响力。在讲授《遵守规则》一课时,我深入剖析了教材内涵,并精心结合了"八达岭老虎伤人"和"重庆公交坠江案"这两个当时社会热议的典型事件。这两个案例展示了严格遵守规则的重要性,以及一旦违反规则所带来的严重后果,为我们提供了宝贵的教训。针对七八年级的学生群体,我迅速将这些实际案例融入课堂讨论中。相较于传统的德育故事和陈旧素材,这些新鲜且引人关注的案例更能激发学生的兴趣和情感共鸣。它们不仅新颖有趣,激发了学生的好奇心,而且因为案例的广为人知,每个学生都能积极参与讨论,课堂气氛十分活跃。通过这一教学方法,学生在学习知识的同时,也习得了做人做事的道理,掌握了真正实用的生存技能。更为关键的是,他们学会了遵守规则、尊重规则。每当面对规则时,这些案例所揭示的违反规则带来的潜在危害将提醒他们保持对规则的敬畏之心。我们应当充分利用社会和生活中的丰富教学资源,使学生在学习过程中更深入地认识和融入社会。通过这种方式培养出的学生将更具备适应社会生活的能力,养成"四自"品质,从而成为国家和社会所亟需的栋梁之材。

(案例提供者:上海市闵行区浦江第三中学　徐青青)

在案例3-2中,教师以卓越的教学能力,将教学资源进行有效整合。通过引入"八达岭老虎伤人"和"重庆公交坠江案"这两个具体案例,与《遵守规则》的教学内容紧密相连,进而深刻阐述遵守规则的重要性,并揭示了不遵守或破坏规则所带来的严重危害。同时,教师还巧妙地将学校的德育活动与《我与集体》的课堂教学相结合,使道法课堂得以有效延伸,进一步丰富了教学内容和形式。

在规则教育与课堂教学的相互促进下,学生的规则意识及自律习惯得到了显著增强。他们在课堂上的自觉性日益提升,自律意识也在潜移默化中逐步树立。这种教学方式不仅有效提升了学生的道德修养水平,更推动了他们综合素质的全面发展。

二、多元对话,提升自信能力

课堂教学的丰富性主要体现在其过程中。为了充分发挥这种丰富性的积极效应,我们必须改变以往仅关注教学设计的做法,转而确立一种全新的认识,即课堂教学应当是师生共同参与、相互作用的过程,通过这一过程创造性地实现学习目标,师生的生命活力在课堂上得到充分展现,从而促进师生生命的成长与发展。

课堂教学的核心宗旨在于全面推进学生的综合素质发展,其核心任务在于深入激发学生内在的潜能,并激活其创造性思维。然而,传统的课堂教学对话模式通常局限于师生之间的单一交流,这种单向性的对话模式往往导致课堂氛围沉闷,学生的积极性与参与意愿降低,甚至可能对一些学生的自信心产生消极影响。鉴于此,我校积极倡导并实践"有氧课堂"的教学理念,致力于构建多元化的对话场景。在这样的课堂中,对话不再仅限于师生之间的交流,而是拓展至学生与学生之间、学生与教材之间,以及学生自我之间的对话。这种多元化的对话模式激发学生积极发言、自由表达,不仅使他们有话可说,而且敢于在自由民主的课堂氛围中自信地表达自我,从而真正实现学生的主体性和参与性。

  首先,教师需营造安全、无压力的课堂氛围,促进学生心理成长与自由表达。鼓励学生积极参与课堂对话,形成多元、互动的教学环境。课堂提问可评估学生学习效果,激发求知欲。学生成长过程中,自尊心和怕失败心理可能影响课堂互动,教师需了解学生心理,创设模拟情景和小组演练,帮助学生克服心理障碍,体验并享受参与课堂互动的乐趣。在此基础上,教师可根据学生的参与度和积极性,将学生分为三个层次:思维最为活跃、表现最为突出的学生组成"发言特优组";紧随其后,表现优秀的学生组成"发言优秀组";而其他同学则归为"积极发言组"。每节课,教师会设定一个核心问题,鼓励学生们按照"积极发言组""发言优秀组"和"发言特优组"的顺序进行回答和补充。同时,小组长需详细记录每位学生的发言情况,并根据记录定期调整成员分布。这一梯队成员流动制不仅有助于学生及时了解自己的发言情况,调整学习状态,同时也为不同层次的学生提供了参与课堂、展示自我的机会,从而有效提升了学生的自信心和学习积极性。教师运用了一种深刻且具有启发性的教学方法。他们积极引导学生进行自我反思,深入剖析不愿在课堂上主动发言的潜在因素,并针对这些不同的"症结"精心制定了相应的解决方案。通过设立"发言特优组""发言优秀组"以及"积极发言组"等多元化的评价机制,有效地激发了学生的参与热情与表达意愿。这一举措不仅促进了师生之间的有效互动,也加强了同学间的交流与合作,从而构建了一个充满活力与生机的学习环境。在这样的教学环境中,师生携手共进,实现共同成长。

再者,精心策划情境,激发学生的多元对话自信,并通过正向反馈机制,持续增强学生的自信心。这种螺旋式上升的教学方法,有助于学生的自信心不断强化,进而促进学生的全面发展。比如,语文教师在布置预习作业时,在每篇课文的预习单上都会设计这样一道题目:"对于这篇课文,我尚有以下疑问:_____"。在随后课堂上,教师会把提前收集的这些问题用PPT进行展示,确保每位同学都能深刻感受到教师对他们阅读成果的重视与认可,从而进一步激发他们对教材深入阅读的兴趣。这一环节的引入,打破了传统教学中学生被动接受知识的固有模式,显著提高了学生的参与度和热情,使得学习动力与信心倍增。

学校的广大教师群体,经过深入探索与实践,开创了一种新型的课堂教学模式,即倡导学生参与教学过程,实现"学"与"教"的有机结合。这一创新模式有效替代了以往单纯由教师主导的讲授方式,极大地丰富了课堂互动的形式与内涵。具体而言,该模式首先要求学生自主备课,随后师生共同研讨教材和学生教案,对教案进行修订和补充。在此基础上,学生负责上课,而教师则进行听课。课后,教师会进行指导性小结,并让学生撰写"教"课感受进行反思与分享。这种"学""教"结合的课堂教学模式取得了显著成效。对于授课学生而言,通过备课和修改教案,他们对教材的理解更加深入,同时也使任课教师能够更客观、更清晰地了解学生对教材的理解程度和角度,从而为教师进行指导性小结提供了充足和客观的依据。对于参与听课的学生而言,由于教授者是彼此熟悉的同伴,因此他们的学习积极性和兴趣得到了显著的增强与提升。学生的回答更加开放和自由,这不仅激发了学生的参与度和回答问题的自信心,也使得课堂更加充满活力,相较于传统的教师讲授模式更具吸引力。

三、合作研学，激活自立意识

在设定课程目标的过程中，我们必须全面考虑学生的意志、合作能力、行为习惯以及交往意识与能力等诸多方面因素。这些因素不仅各自独立，而且相互融合，共同影响着学生的成长和发展。只有当这些因素得到有效的整合，学生才能真正实现全面而深入的成长。为了确保目标的全面覆盖与深入探究，我们既要聚焦于与认知过程紧密相连的核心议题，又需确保这些议题具备相当的自主性与实际价值。因此，在讨论课堂教学时，我们需要关注两个层面的交织与融合。首先，我们需要深入理解知识结构的深层次和复杂性，以便更好地实现融合目标。其次，我们需要全面把握学生各种生活行为之间的深层次联系、相互配合以及整体性发展。为了实现这一目标，课堂教学应重视并确保所有学生能够积极参与到各种有意义的活动中。这些活动不仅包括学生的认知学习活动，还应包括课堂上双向多维的交流互动和提升。通过这样的教学活动，我们不仅能促进学生的知识掌握和技能提升，还能推动他们在课外进行多元化、多样化的信息互动。同时，我们还应确保学生能够获得及时的反馈和回应，以满足他们的学习需求并提升学习效果。

课堂教学并非仅限于教材的传授，其更深层次的意义在于培养学生的学习习惯与塑造其内在品格。在普通中学的自然班级中，学生间的基础能力和天赋差异是普遍存在的，作为教师，我们有责任关注每一位学生的成长与进步。为有效应对这一挑战，我们推行了课堂合作学习模式。该模式将不同层次、特长各异的学生组合成一个学习小组，鼓励他们共同研讨、交流学习。在这一过程中，学生们轮流担任小组发言代表，积极倾听并尊重小组成员的观点与意见。通过这种方式，学生的记录、归纳和发言能力均得到了显著提升。在小组或团队活动中,学生们为了完成共同的任务,需要明确各自的职责分工,相互协助,共同进步。此种协作式的学习环境不仅有助于加深学生的理解深度,而且有效促进了他们之间的沟通与交流,并培养了相互欣赏的品质。通过小组合作学习,学生的领导力、社交技巧及公正思维得到了锻炼与提升,同时也培养了他们的独立自主品质。

某些学科内容深奥,开放性问题尤其具有挑战性。鉴于学生的理解能力有限,仅凭个人思维可能难以完全应对,也无法提供全面的回答。以物理学科中排除电路故障的教学内容为例,要求学生运用已有知识判断故障位置及排除方法。这恰好是本节课的重点和难点。为此,组织学生分组讨论,自主分析和处理信息。讨论后,各小组提出了多种答案,包括使用伏特表检测废电池、检查电源接触是否良好或已报废、检查导线是否断裂以及检查安培表是否损坏或接触不良等。那么,如何确定哪个答案更准确?又如何逐一验证呢?各小组内部及小组之间共同探讨原因,并通过实验演示解决问题。

在教学过程中,学生通过自我学习、独立探索、交流和协作,从被动接收知识转变为主动学习。他们已逐渐成为知识的创造者和课堂的主导者,而教师的角色仅限于引导、指导、协助和推动。在这样的课堂中,学生们表现出极高的热情。通过团队协作和集体智慧,在教师的引导下,独立掌握了教材知识,学会了如何学习,如何应对各种挑战,为未来的自主学习奠定了坚实的基础,将对他们的一生产生积极影响。

四、感悟演绎,构建自强人格

经过华夏民族长达五千年的智慧积淀与深入反思,中华优秀传统文化得以孕育诞生,焕发出独特的光芒。作为其四大核心要素之一的"自强不息"精神,不仅构成了华夏民族的精神脊梁,也是当今社会主义建设的核心使命与职责。因此,在当下,承传与培育"自强不息"精神显得尤为重要。借助自我提升的教学方式,学生们能够习得独立学习、独立生活及独立塑造自我品质的能力。他们在自我修炼、主动学习、履行职责、实际操作及锻炼身体等多个领域均取得了显著进步,为未来的个人成长及满足社会需求奠定了坚实基础。

《周易》:"天行健,君子以自强不息",此言昭示了一种坚韧不拔、自我超越的精神。曹操亦云:"老骥伏枥,志在千里",展现了一种壮志凌云、永不言败的气概。李白则吟咏:"天生我材必有用",传递了自信与乐观的人生态度。李清照云:"生当作人杰,死亦为鬼雄",体现了一种英勇无畏、生死以之的精神风貌。文天祥云:"人生自古谁无死,留取丹心照汗青",彰显了忠诚于国家和民族的崇高品质。谭嗣同曾言:"我自横刀向天笑,去留肝胆两昆仑",彰显了一种大义凛然、英勇无畏的英雄气概。此外,近代的毛泽东、周恩来、朱德等革命先辈,为民族解放事业奋斗不息,他们的英勇事迹和崇高精神,更是体现了"自强不息"的精神内涵。因此,传承中华优秀传统文化,培养"自强不息"的精神,不仅是每个个体的责任与追求,更是学科教学的重要使命。我们应该在教学中注重培养学生的自我超越、坚韧不拔的精神品质,引导他们树立正确的人生观和价值观,为实现中华民族伟大复兴的中国梦贡献自己的力量。

首先,借助神话传说的力量,我们可以引导学生深入理解"自强不息"这一中华民族早期所崇尚的精神追求和价值取向。在历史、语文等学科的教材中,我们不难发现诸多卓越的神话传说,如"夸父追日""精卫填海""愚公移山"等,这些故事都集中体现了这一目标和愿景。这些传说不仅彰显了华夏祖先坚韧不拔、永不言败的精神风貌,更揭示了他们对自我提升、对大自然改造与利用的坚定决心,构成了中华民族"自强不息"精神的基石。经过深入学习和领悟这些富含民族精神的传说故事,学生们能够激发出对民族精神的强烈认同感和自豪感,进而自觉地将这种精神内化成为自己不懈奋斗的目标和独特的个性特质。

再者,我们需基于坚实的历史事实,深入探究那些具有标杆意义的历史人物,如孔子、司马迁、杜甫、陆游、林则徐、鲁迅等。他们身上所体现出的"自强不息"之精神,对后世产生了深远的影响。通过了解这些人物,学生应明确认识到,所有对国家与民族作出卓越贡献的人,皆是在精神与品质上秉持"自强不息"理念的实践者。因此,教师要善于激发学生将这种精神内化于心,外化于行。在近代时期,面对西方的强大压迫,清朝统治者的腐败无能导致国家深陷民族危机,民众生活极度困苦。作为教师我们更应充分发挥历史资源的激励作用,为学生创造一个能够深入理解与实践的环境。期望通过此种方式,触动他们的内心,引发共鸣,使坚韧不拔、自强不息的精神在他们心中生根发芽,不断激励他们为个人、家庭、社会、国家乃至全人类的福祉而努力奋斗。经过深思熟虑,我们决定通过精心组织的演讲和课本剧表演等活动,来充分展现学生们对于自强不息精神的深刻体悟,并在这一过程中积极培养他们的担当意识。根据部编本语文九年级上册第二单元的综合性学习主题"君子自强不息",我们将开展一系列丰富多彩的活动。在活动中,学生们不仅广泛搜集与自强不息相关的诗词和格言,还积极寻找那些具有自强不息精神的历史人物,以此为基础深入理解"自强"精神的内涵。

同时,我们还将以"自强不息"为主题组织演讲活动,让学生们通过口头表达进一步内化这种精神。为了确保演讲内容的具体性和深度,老师们会悉心指导学生们细化话题,例如"我的中国梦""志当存高远""放飞青春梦想""高唱时代最强音"以及"不可知难而退"等。此外,各班级还将根据小组筛选出的"自强不息"人物,进行课本剧的创作和表演,通过生动形象的展示,进一步巩固和深化学生们对于"自强"精神的理解和认同。

第三节 转变育人理念,开启激励评价

自古以来,个人的成长进步离不开道德的支撑。新中国成立以来,我国的教育事业始终将德育作为育人的核心。2012年11月,党的十八大报告中明确指出:"要把立德树人作为教育的根本任务。"2017年的中共十九大报告中指出要深化立德树人的战略地位,确保其在各个阶段和领域的教育中得到全面贯彻。强调"要在不同阶段不同领域的教育中,贯彻立德树人思想,从而使知识文化教育,思想道德教育以及社会实践教育的发展更加完善。"[1]为了推动新时代公民道德建设,中共中央、国务院于2019年10月发布了《关于新时代公民道德建设的实施纲要》。该纲要明确指出,学校在新时代公民道德建设中发挥着主基地的作用,必须在学校教育的各个环节中融入立德树人的理念。《国家中长期教育改革和发展规划纲要(2010—2020年)》也指出:"应坚持德育为先,立德树人,把社会主义核心价值体系融入国民教育全过程。"[2]目前,立德树人的教育理念已经深入人心,国家对此的重视程度亦在日益增强。因此,实施立德树人教育理念已成为我国基础教育的重要任务。在这个过程中,道德被视为人格形成的基础,而学科德育则是塑造人格的关键。任课教师不仅要承担起传授知识的责任,更要扮演好教育者的角色,积极

---

[1] 习近平.青年要自觉践行社会主义核心价值观——在北京大学师生座谈会上的讲话[J].人民教育,2014(10):6—9.
[2] 《国家中长期教育改革和发展规划纲要(2010—2020年)》[J].实验室研究与探索,2019(9):4.

探索课程中的德育元素,提升自身文化修养,以实现立德树人的教育目标。

一、转变育人理念,实现师生共同发展

在传统教育观念的影响下,过分侧重于考试和分数的教学模式往往主导着学科教育的走向。这导致学科教育往往被局限在语言知识的单纯传授上,缺乏对学生综合素质和文化意识的全面培养。若教师仍然坚守应试教育的陈旧观念,忽视文化意识在教育教学中的重要作用,那么其教学理念将难以实现真正的革新与发展。在教学过程中,过分聚焦于特定知识点的做法,既不利于学生道德教育的深入,亦难以有效推动其全面发展。这种倾向性教学可能忽视了学生综合素质的培养,有悖于教育全面发展的核心理念。"四自"教育,即涵盖"自律""自信""自立""自强"的教育观念,旨在引导教师从这四个相互关联、螺旋上升的维度深入思考,如何在学科教学过程中有效融入"四自"教育元素。此举与"五育并举""立德树人"的教育思想相辅相成,形成有力的呼应,并需具体落实至各学科教学实践之中。

在这一过程中,教师需要转变育人观念,尊重学生情感,充分信任学生,培养学生的自律、自信、自立、自强以及自我发展的能力。教师的角色也从单纯的知识传授者,逐渐转变为学生的学习伙伴、引导者、组织者、协调者和指导者,这一转变使得教育过程从以往单向的知识传授模式,逐步演变为双向的教育与学习互动模式。在这样的互动中,教师和学生能够进行深入的对话、交流、启发和补充。教师与学生、学生与学生之间的互动,包括对观念、经历和知识的分享,以及对情绪、体验和理解的感受,都能极大地丰富我们的教育资源,为教学带来新的增长点。最终,这种互动将促进共识的形成、资源的共享和共同的进步,实现教学相长和师生

的共同发展。

在推进"四自"教育的实施过程中,教师的育人全局观念、课程实践能力以及课堂创新能力得到了全面而深入的展现。青年教师在此环境下迅速崭露头角,成长为教坛的新星、优秀教育工作者,甚至骨干教师,实现了专业上的高效和优质发展。在学校教师群体中,涌现出了一批在班级管理育人、课堂教学实施、教育科研探索以及教育管理实践等各个领域中的佼佼者。教师的成长与发展离不开学生的进步,而学生的成长也得益于教师的持续发展。

二、践行多维评价,赋能学生自我发展

"评价体系的发展要始终朝向三个促进:一是促进学生人格和能力的发展,二是促进教师对提升自身的教育教学水平的发展,三是促进持续完善课程的发展。"[1]因此,在学科德育的评价过程中,必须遵循发展性原则,以全面、客观地评估学生的表现。评价者需要具备敏锐的洞察力,发现学生的潜能,激发学生的自信心,并鼓励他们独立学习,以促进其自主发展。同时,评价主体应实现多元化,包括学生自我评估、同学小组评估、科任教师评估和班主任评估等。这种多元化的评价主体不仅能够改变单一评价主体所带来的局限性,还能够激发学生的学习热情,提高他们的学习积极性和参与度。

任课教师对学生的影响力不仅体现在高尚师德和人格魅力的展示上,更在于其对学生的学科表现拥有评价权。教师应秉持客观公正的原则,对学生的学习和生活态度进行引导,以德育人。《基础教育课程改革纲要(试行)》中明确提出:"要

---

[1] 黄素琴.立德树人背景下学科德育路径研究——以小学英语为例[D].杭州:杭州师范大学,2021.

建立促进学生全面发展的评价体系。"①重视被评价者的主体性与评价对个体发展的建构作用。该体系旨在关注人和人的发展，着眼于评价的教育、激励与发展的功能。同时，《义务教育课程标准（2022年版）》也强调"应建立评价目标多元、评价方法多样的评价体系"。② 既要关注学生知识与技能的理解和掌握，也要关注他们情感态度的形成和发展。在评价学生的学习时，不仅要看重学生的学业表现，还要观察他们在学习过程中的转变和进步。为此，我们可以利用自我评价、同伴评价、家长反馈、教师反馈等多种评估方式，让学生有机会深刻地认识到自身的提升，真正感受到自己的进步。在《课程思政视域下初中物理教学的评价设计与实践研究》一文中，教师在该领域的研究与实践取得了显著的成果，为我们积累了宝贵的经验，提供了深刻的启示。参见案例3-3。

案例3-3 课程思政视域下初中物理教学的评价设计与实践研究

"课程思政视域下初中物理教学的评价设计与实践研究"的提出，旨在贯彻落实课程思政理念，构建更加完善的评价体系，以激发学生学习物理的内在动力，引导学生深入参与实验探索，全面提升学生的物理学科核心素养，促进学生的全面发展。

我尝试进行评价量表的设计与实践：

为了更好地落实立德树人根本任务，培养德智体美劳全面发展的人才，提高学生上课的积极性和参与度，我们结合智育争章活动，设计评价方式，旨在提高学生上课的积极性和参与度。

---

① 基础教育课程改革纲要（试行）[J]. 课程教材教学研究（中教研究），2002(C1)：16—18.
② 中华人民共和国教育部. 义务教育课程标准（2022年版）[S]. 北京：北京师范大学出版社，2022.

共设置四类章:

(1) 好学章(上课举手发言)——课代表记录;

(2) 勤学章(认真记笔记并有重点批注)——老师记录(笔记本);

(3) 诚学章(作业独立认真完成)——老师记录(每天的回家作业);

(4) 巧学章(各类课堂活动参与度)——老师记录。

活动频次:

每学期进行四次(每月一次),期末汇总。

具体操作办法:

盖章或贴贴纸(区分四种),期末进行奖励。

本次实践主要针对我自己所带的八年级两个班级,基本学情为:A班整体学习氛围较差,优秀学生大多比较内向,没有起到榜样作用,薄弱学生又较多,所以中等学生也有退步的趋势;B班整体学习氛围较浓,优秀学生影响力较强,能够带动班级大部分学生,相互之间有竞争意识,但薄弱学生也不少;将本年级另一个班C班作为对照班级,C班整体介于A、B两个班之间,相同的是薄弱学生都很多。在评价激励作用下,三分之一的学生提高了对物理重视程度,取得了一些成效,但是汇总后区分度并不明显的奖励让优秀学生降低了积极性,他们认为参与活动的记录很随机;作业即使有些不是独立完成做全对老师也看不出来;笔记只要字写得好无论是否理解都可以;发言情况绝大多数取决于性格。如果优秀学生不再有所表现了,那这个措施也就基本没效果了,渐渐地,学生又恢复原样了。说明这个评价还是片面的,只有短时是有效的,或者只对部分学生可以长时间有效。

经过深思熟虑,我意识到虽然争章活动在形式上看似激发了学生的积极性,使他们为了奖励而做出一些改变,但实质上他们对于学习物理本身的态度并未发生根本性转变。这种改变更多是基于外在奖励的驱动,而非内在对物理学科的热爱与追求,因此其效果往往是短暂的。课程思政理念需巧妙融合于物理教学中,注重育人元素的渗透,并对现有的评价指标体系进行重构。之前采用的评价方式过于倚重终结性评价,而过程性评价则显得过于形式化,且主要依赖于教师的评价。鉴于当前教学所秉持的以学生为中心的核心理念,评价环节也应体现学生的主体性,引入自评与互评机制。此举将极大丰富评价内容,涵盖预习能力、质疑能力、学习态度等多个维度。鉴于物理作为一门实验科学的特性,我们针对基础课和实验课分别设计了评价量表,如表3-1和表3-2所示,以更全面、客观地评估学生的学习成效。

在构建评价方案的过程中,我们着重对课前准备、课中实施以及课后总结三个关键环节进行了深入考量。相较于以往主要关注课中和课后的评价方式,本次设计特别增加了对学生课前预习能力和学习态度的评价,并强调学生的自我评价。这样做旨在切实培养学生的科学态度和责任感,从而有助于形成物理观念、建立科学思维以及实施科学探究。同时,教师的评价权重显著降低,通过自我评价和同伴评价的方式,我们期望学生能够逐渐认识到学习是自己的责任,而不仅仅是为了应对教师的要求。只有当学生从内心深处改变学习态度,他们才会勇于追求创新。因此,在教学过程中,我们应坚持以学生为主,教师为辅的原则,将育人观念深刻融合到初中物理教学之中。

表3-1 基础课过程性评价量表

评价维度	一级评价指标	二级评价指标	指标要求	评价方式	评价等第
课前准备	课前学习行为	自主学习积极性	完成课前自学内容	自评	
		深度思考能力	深入思考提出疑问	自评	
	课前学习成效	快速学习的能力	基础内容学习结果	自评	
		踏实、严谨的品质	课堂问题检验结果	自评	

续 表

评价维度	一级评价指标	二级评价指标	指标要求	评价方式	评价等第
课堂演练	课堂主动参与	表达能力	课堂提问发言情况	自评	
		沟通协作能力	组内参与讨论情况	互评	
	课堂角色担当	合作意识	组内团结合作情况	互评	
		责任感	组内角色责任明确	互评	
		集体荣誉感	角色职责履行情况	互评	
	课堂学习成效	为团队贡献的精神	小组内任务完成率	互评	
		吃苦耐劳的品质	小组合作学习质量	师评	
		解决复杂问题的能力	课堂作品展示质量	师评	
课后拓展	课后学习行为	实践能力	独立完成作业内容	自评	
		积极上进品质	积极寻找解题方案	自评	
	课后学习成效	创新能力	实现拓展任务功能	师评	
		勇于挑战品质	完成课后拓展质量	师评	

表3-2 实验课过程性评价量表

评价维度	一级评价指标	二级评价指标	评价要求	评价方式	评价等第
实验前	实验态度	自主学习能力	完成实验准备	自评	
		科学态度	实验兴趣浓厚	自评	
	自学成效	自主学习能力	明确实验目的	自评	
		快速学习能力	了解实验步骤	自评	
实验中	方案设计	踏实、严谨的品质	合理选择器材	自评	
		深度思考能力	设计实验方案	互评	
	实验操作	动手操作能力	操作熟练规范	互评	
		解决问题能力	完成实验目标	互评	
	现象观察	观察能力	善于发现问题	互评	
		求真、细致品质	记录实验现象	互评	

续 表

评价维度	一级评价指标	二级评价指标	评价要求	评价方式	评价等第
	讨论交流	表达能力	表达个人想法	互评	
		倾听能力	倾听他人意见	互评	
		合作意识	共同完成实验	互评	
	总结结论	分析能力	得出实验结论	师评	
实验后	拓展提高	总结归纳能力	完成实验报告	师评	
		拓展应用能力	完成相关作业	师评	

  经过审慎考虑和精心设计，我们推出了全新的评价量表，其初衷在于更有效地激励和评估班级中的学生。为确保改革的平稳过渡，我们逐步引入了改进后的评价量表，并优先将其分发给班级表现前三分之一的学生进行试用。在互评环节，我们采用了小组评价的方式，以促进学生间的互动与交流。经过半个学期的实践，我们发现这种评价方式取得了显著的效果。鉴于其专注于优秀学生，我们特别统计了班级的优良率，并将结果详细展示在表3-3中，以便大家更直观地了解改革带来的积极变化。

  这些学生在评价过程中逐渐找到了努力的方向。之前，他们只能看到自己的成绩，无法明确进步或退步的原因，也不能准确分析得失。有了评价量表后，他们可以通过自评和互评，对比自己的现在和过去，以及自己与他人的表现，更有方向地去努力。只要他们目标明确、方法正确，进步是必然的。如果他们能从中获得成就感，学习兴趣将会增强，进而逐渐领略到物理的魅力。在此过程中，小组其他成员也经历了评价环节，深入了解了评价量表，并受到了优秀学生的积极影响。他们根据自身需求，采纳并借鉴了一些适合自己的学习方法，以提升学习效果。

表 3-3　基础课过程性评价量表(适用于班级前三分之一学生)

均分	C班(对照)	A班	与C班差距	B班	与C班差距
第一次	38.24%	23.53%	−14.71%	44.12%	5.88%
第二次	20.59%	35.29%	14.7%	34.29%	13.7%

传统教育评价注重成绩，忽视学生主体性和能动性。本文中的评价量表旨在改变学生被动接受评价的现状，发挥学生在评价中的主体作用。量表整合育人元素，以"立德树人"为根本，传授课程知识、培养学科能力，同时引领学生价值观，进行全面有效的评价。学生全方位参与评价过程，促进反思、结合教学与评价，提高自我教育能力，增强合作意识和技能。教师需帮助学生学会自我评价，从知识传授者转变为学习促进者，促进学生全面发展。下学期，我们将在整个班级全面实施，并推广到整个年级，期待新的学习物理现象的出现。

（案例提供者：上海市闵行区浦江第三中学　赵建琦）

在案例3-3中，教师在调查分析的基础上，通过"设计评价方式——进行课堂实践——改进评价方式再实践——完善评价量表"反复论证改进的研究过程，从"课前、课中、课后"三个维度不断优化评价方式，构建起较为科学的评价体系；明显起到了激励学生的效果，促进了学生全面发展。

在"五四"雏鹰争章中设置智育章，目的就是引导教师从多维度对学生学习进行过程性、发展性的评价，既考虑学生各个维度上呈现的结果性评价，如优秀、良好、一般，更注重学生的过程性发展评价，如进步、保持、退步。智育章（绿章）颁发将突出两点。一是绿章颁发按5∶3∶2的比例分别颁发给前三分之一、中三分之一和后三分之一的学生，使得每个层次的学生都有可能获得"五四"绿章；二是绿章颁发重视学生的过程性表现，即学生在一个阶段相比上个阶段有明显进步或取得突出成绩,就可以获得绿章。"五四"雏鹰争章活动中绿章颁发的两点要求,促使教师在评优中从原来的仅仅聚焦优秀学生转向同时关注中等生和后进生,将原有的以结果呈现为重点的评估方式,转变为更加关注学生的过程性表现。我们的教师在不知不觉中教育观念发生了转变。每位任课教师手里都握有奖励学生的绿章,语数英三门学科教师每个教学班每学期有8枚绿章,体育教师每个教学班每学期有8枚绿章,其他教师每个教学班每学期有4枚绿章。每位任课教师根据学生的综合表现,把手中的绿章奖励给自己任教的班级中学习层次不同的学生,任课教师可以从作业质量、上课态度、发言质量、考试成绩等各个角度对班级每一个考核优秀、进步的学生予以绿章奖励,并说明奖励的理由,由各相应的班级评价执行部负责记录。通过调整任课教师奖励的方式,我们旨在转变学生心中仅将教师视为单纯学科教学者的刻板印象,促使学生各门学科全面发展。教师公平公正地根据学生的综合表现发放手中的绿章,既是知识的育人,更是教师人品的育人。

  雏鹰奖章的设立以及评价方式的革新,有效地激发了学生追求卓越的进取心和顽强拼搏的精神,促使学生更加自觉地规范自身言行,积极争取各类绿章,以期早日荣获"五四"金银铜奖章,成为浦江三中"五四"学生。在此进程中,学生个体的自我完善与自我发展需求得以持续满足,进而演变为一种愉悦且自主的精神建构历程。我们采取更为多元的评价视角,注重观察和记录学生在"今天比昨天的努力"中的点滴进步,以此为依据,见证并肯定他们在自我决策与自我约定中的成长轨迹。通过构建科学的评价体系,我们鼓励学生积极进行自我反思与检视,肯定他们的自我行动力,进而促进他们的全面发展,塑造健全的人格,为他们未来的人生道路奠定坚实的基础。

第四章 人格教育的年级推进

年级作为学校管理体系中的基层组织单位，承载着人格教育的重要使命。针对如何有效激活这一育人基地，推动人格教育的深入发展，我们进行了深入的探索。学校决定实施扁平化管理策略，将管理重心逐步下移至年级组层面。旨在激发年级组挖掘教育潜力的积极性，并主动开展多样化、富有创意的实践活动，为学生们的未来发展奠定坚实的基础。

第一节　科学计划,有效推进

在每个学期的伊始,我校各年级组和班级均依据"四自"教育理念及"五四"争章活动精神,精心策划并制定详尽的学期年级组工作计划、班主任工作计划以及学生个人成长规划等。通过严格执行这些计划,我们将确保"四自"教育目标得以全面落实,为学生设立具体而明确的学期行动指南。这些行动指南涵盖了礼仪、岗位、学习、艺体和生活等五大核心领域,旨在全方位促进学生综合素质的提升。同时,我们还将进一步细化这些行动准则,将其融入学生的日常行为管理之中,以推动健全人格教育的深入实施,为学生的全面发展奠定坚实基础。

一、制定"四自"工作计划

1. 制定年级组工作计划

各年级管委会严格遵循学校整体精神及课程部、学工部的学期部门工作计划,紧密结合本年级的具体特点和实际状况,以"自律""自信""自立""自强"作为核心目标,精心制定了年级组学期工作计划。现以八年级组为例,深入剖析年级组如何紧密围绕"四自"这一核心理念,科学合理地制定并实施学期工作计划。

八年级管委会基于自立理念,确立了年级学期目标:其一,借助互助机制,推动年级组均衡发展,营造积极钻研、乐于合作的良好氛围;其二,通过自立教育实践活动和"五四"争章活动,展现学生的自立素养,并培养其自立能力;其三,提升班干部的自立品质。在年级目标的指导下,着重开展以下三方面工作:首先,我们致力于构建一套完善的班级互助成长机制,以此推动年级的良性健康发展;其次,我们将积极组织并推行自立教育实践活动,同时深入开展"五四"争章活动;最后,我们将加强对年级班级小干部的培养与指导力度,旨在进一步提升其自主管理能力,确保班级管理的规范与高效。此外,我们计划在年级组内的各个班级中,举办一系列由学生自行策划的创意活动。这些活动包括但不限于校运会入场式方案的创意设计比赛、主题班会教案的设计比赛以及十分钟队会的设计与展示比赛等。通过这些活动的实施,我们旨在逐步培养学生的"四自"品质,进而推动其人格的全面发展。我们坚信,通过参与这些充满创意且富有挑战性的活动,学生们将在实践中不断锤炼自身能力,全面提升个人素质,塑造健全的人格,从而为未来的成长奠定坚实且稳固的基础。八年级组工作计划具体参见案例4-1。

案例4-1 浦江三中2020学年第一学期八年级组工作计划

一、年级组情况分析(优势和不足)

经过六七年级两年自律与自信教育实践活动的锤炼,学生们在自我管理和自我认同方面取得了显著的提升。他们的学习习惯和行为习惯得到了较大的改善,学习成绩和艺体素质也同步提升。

八年级组的一大亮点在于其青年教师与青年班主任的比例较高。这些教师对新观念和新事物持有开放和接纳的态度,因此在推行自立教育和"五四"争章活动时,能够较为顺利地实施。各班级也能够发挥创意,开展各具特色的班级活动,形成独特的班级风貌。由于青年教师普遍经验不足,在实际操作过程中可能会遇到一些困难和挑战，甚至有时会感到束手无策。在这种情况下，我们整个年级组需要团结一心，共同面对挑战。管委会成员应秉持严谨、稳重的态度，密切关注各班级所面临的各项困难与挑战，积极发挥主动性，为各班级提供必要的协助与支持。确保年级组工作的顺利推进，维护整体教育秩序的稳定与高效。

二、本学期年级组的工作目标

① 借助相互协作，促进年级组全面协调发展，构建积极向上的学习环境，激发年级组师生的钻研精神和团队协作精神。

② 在自立教育实践及"五四"争章活动中，学生充分展现出个人的独立性和自我管理能力，有效提升自立素养和能力。

③ 班干部在各项活动中表现出的自立品质得到了显著提升，为班级管理和服务同学提供了有力保障。

三、本学期年级组的重点工作

① 为促进班级间的共同成长与进步，我们将构建一套互助成长机制，以推动整个年级的健康发展。

② 大力推广自立教育实践活动，并实行"五四"争章活动，以培养学生的自主意识和责任感。

③ 为提升班干部的自主管理能力，我们将加强对本年级班级小干部的培养和指导，使他们能够更好地履行职责，为班级和年级的发展作出贡献。

四、本学期年级组拟开展活动

① 在校运会召开前期，组织各班级开展校运会入场式活动方案的创意设计比赛。为校运会的顺利举办增添更多别具一格的精彩元素。

② 为进一步强化学生的团队合作能力和组织协调能力，特别策划主题班会教案设计比赛，鼓励学生自主设计班会内容，提升班会的教育意义和趣味性。

③ 为加强学生的实践能力和创新意识，特举办十分钟队会设计和展示比赛，要求学生自主策划并展示十分钟队会的全部流程，展现学生的风采与创意。

以上三项活动的策划与设计工作，均须由学生独立完成，以充分展现学生的自主性和创新性。

五、本学期年级组建设的具体措施

① 为促进班级间的协作与交流，年级组将建立班级互助与研讨机制，旨在培养团队合作精神，提高工作效率。

② 新学期伊始，将组织全体学生、家长及教师分别召开会议。会议将重点宣传自立教育理念，并明确本学期年级组的核心教育活动。

③ 年级管委会将在每周五定期举行班主任会议，围绕自立教育实践活动展开交流与讨论。通过分享各班实践经验，研究并制定进一步推广自立教育的行动计划和实践活动。

④ 管委会成员将参与语文、数学、英语学科备课组会议，了解备课组"五四"争章和自立教育落实进展情况。

⑤ 召开年级组各班班干部会议，加强对班干部素质与责任感的培养。通过提升班干部的工作能力，鼓励其独立策划并组织各类活动。

⑥ 为确保自立教育实践活动的深入开展，我们将督促各班积极参与相关活动。本学期计划举办的活动包括校运会入场式方案创意设计比赛、主题班会教案设计比赛、十分钟队会设计和展示比赛等。

⑦ 充分发挥年级组家委会的作用，邀请家长常态化地进班听课。这不仅能激发家长参与教育教学的积极性，还能监督和促进教师扎实开展自立教育和"五四"争章等各项活动。

八年级管委会确立了以自立为核心的年级组学期目标。为实现既定目标，管委会精心策划并实施了以下三项举措：一是构建班级互助成长机制，以促进学生间的相互支持与共同进步；二是组织丰富多彩的教育实践活动，以增强学生的综合素质和实践能力；三是提升班干部的自主管理能力，以发挥其在班集体建设中的积极作用。通过全面贯彻落实"四自"教育理念，精心打造卓越、高效的年级组室。

2. 制定班主任工作计划

为了使班主任工作计划更加规范和统一，学工部特制定班主任工作计划（模板）下发给班主任（见表4-1）。全校各班班主任在年级组学期工作计划的基础上，分别围绕自律、自信、自立、自强四个方面制定符合班级特点的"四自"班主任工作计划（见表4-2、表4-3、表4-4）。

表4-1　浦江三中班主任工作计划（模板）

班级		班主任		规划制定时间	
班长		学生数		团员数	
1. 班级发展目标		各班级应依据各自年级的"四自"教育指导目标，并结合本班级的具体状况，制定出具有针对性的班级发展目标。			
发展目标内涵阐述		（1）阐述目标的具体内容 （2）为什么要定这个目标 ① 班级的具体情况与目标的差距 ② 这个目标对学生发展的作用			
2. 行规"一示范"创建项目名称		根据"四自"教育和浦江三中一日常规要求选取班级行为规范教育的突破点。			
行规"一示范"创建项目背景分析		（1）班级在日常行为规范突破点上的情况分析 （2）这一行规"一示范"能对班级产生什么积极影响 （3）结合班级长远发展目标阐述（可选）			
行规"一示范"创建项目内容要求和举措		（1）项目内容表述 （2）针对项目内容的具体措施			

续 表

行规"一示范"创建项目在推进中的评价形式	(1) 适合自己班级并行之有效的评价方式 (2) 有明确的评价载体和呈现形式
3. 文化"一特色"创建项目名称	文化"一特色"是班级行规"一示范"创建过程中的文化载体
文化"一特色"创建项目背景分析或理念支持	(1) 文化"一特色"的具体内容 (2) 文化"一特色"与行规"一示范"之间的联系 (3) 文化"一特色"能对班级发展产生的有利影响
文化"一特色"创建项目的成果呈现形式	(1) 要有具体能展示的载体 (2) 班级师生对文化"一特色"的认同度
备注	

表4-2 浦江三中2020学年六1班第一学期班主任工作计划

班级	六1班	班主任	许欣	规划制定时间	2020.8
班长	杨淑慧	学生数	41	团员数	0
1. 班级发展目标	形成自律、进取、勤奋的班风， 构建文明、团结、向上的集体。				
发展目标内涵阐述	中学时期作为学生个体成长的起点，承载着塑造学生基础素质的重要使命。一个积极的班级氛围是学生培养良好习惯的重要基石，为学生营造了一个有利于学习的环境。建立一支具备高度责任心与较强能力的班干部队伍至关重要，它将发挥引领作用，带领全体同学共同奋斗，促进良好行为规范和班风的形成。通过明确学习目标，促进良好学习风气的形成，最终实现学生个体的自律与进取。				
2. 行规"一示范"创建项目名称	点滴小事，从我做起				
行规"一示范"创建项目背景分析	对于新升入六年级的学生，他们在行为规范上可能存在问题，如活泼过度、情绪化、注意力不集中和难以专心。然而，他们正处于成长关键期，开始展现出长远目标导向，行为选择自主性和自我调控能力也在逐步提升，不再轻易受外部暗示影响。但他们在决策果断性和行动力持久性方面仍需加强。班主任应充分利用这些积极特质，科学引导，协助学生纠正不足，培养自律、目标明确和坚韧不拔的品质。				

续 表

行规"一示范"创建项目内容要求和举措	（1）加强对班级日常管理的重视,教师应增加进教室的频率,密切关注学生的动态,确保班级秩序井然。 （2）借助校会、班会、晨会等场合,组织学生深入学习《中学生日常行为规范》《中学生守则》及《中学生自律要求》,促进班风、学风的健康发展。 （3）利用课余时间、周记等渠道,与学生进行沟通交流,深入了解学生的思想动态,并及时解决学生在学习和生活中遇到的问题。 （4）高度重视班级卫生保洁区的清洁工作,特别是大扫除和值日工作,确保学习环境整洁卫生,为学生提供舒适的学习空间。 （5）定期召集班干部会议,选拔出一批具备卓越能力和高度责任感的学生担任班干部一职,肩负起班级管理与服务的重任。
行规"一示范"创建项目在推进中的评价形式	为了更加符合班级情况的发展建设,我们将结合学校雏鹰争章活动的评价机制,制定一套全面而细致的发展建设制度。每周一晨会,我们将评出本周的争章之星和进步之星,以表彰他们的优秀表现和持续进步。为了激励同学们积极参与,累计一月表现优异的同学将获得适当的物质奖励或其他形式的表彰。此外,每月还将评选出"五四"雏鹰争章绿章的获得者,以树立榜样,促进班级整体进步。 在每周五的总结环节,我们将重点关注班级存在的问题,并邀请同学共同讨论,提出切实可行的整改意见。通过这种方式,我们希望能够不断优化班级环境,提高同学们的学习和生活质量。
3. 文化"一特色"创建项目名称	知错就改,我还是好孩子
文化"一特色"创建项目背景分析或理念支持	对于六年级的学生而言,犯错误是其成长过程中的必然现象。因此,在六年级的第一学期,我们必须引导学生认识到错误的普遍性和必然性,让他们明白承认错误和改正错误的重要性。同时,学生应该通过错误的经历,逐渐明确是非界限,理解哪些行为是可以接受的,哪些是不可取的,并学会为自己的错误承担后果。这样的教育过程有助于形成健康的是非观和价值观,对班级的整体发展具有深远的意义。
文化"一特色"创建项目的评价和成果呈现形式	对于能勇敢承认自身错误的同学,我们应给予充分的赞扬与鼓励。在处理问题时,我们应坚持对事不对人的原则,深入分析事件的来龙去脉,并为学生提供正确的思维路径。同时,我们也需确保其他学生不会对犯错的同学产生歧视情绪,以营造出一个积极向上、知错能改、宽容友爱的班级文化氛围。为更好地收集同学们的意见与建议,我们将设立班级信箱,欢迎大家在此畅所欲言,共同为班级文化的建设出谋划策。
备注	

表4-3 浦江三中2020学年七6班第一学期班主任工作计划

班级	七6班	班主任	陈梦秋	规划制定时间	2020.8
班长	蒋顾晨	学生数	37	团员数	0
1. 班级发展目标	展自信风采 扬自我个性				
发展目标内涵阐述	七年级学生经过六年级的培养,已初步形成自律守规的良好习惯。随着学年的推进,他们的知识储备日益充实,视野更加开阔,同时自我意识和主体意识也在显著增强。他们渴望在学习和生活中展现自己独特的个性,期待在学校和班级中凸显自我风采。结合七年级学生的年龄特征,积极实施自信教育,从礼仪、学习、岗位、艺体、生活五个方面进行全面推进。鼓励学生积极参与学校班级活动,勇于展现自我,不断提升自身能力,为班级荣誉贡献力量。				
2. 行规"一示范"创建项目名称	培养风采树,收获成长果				
行规"一示范"创建项目背景分析	自信即学生内心对自我价值的肯定与信赖,表现为对自身能力的确信和完成任务的信心。为了增强学生的自信,班主任需深入了解学生的思想动态和认知特点,并借助多样化的实践活动,如征文比赛、演讲竞赛和短视频创作等,以寓教于乐的方式提升学生的自我认识和实践能力。若仅依赖于知识和理论的灌输,不仅无法帮助学生建立对自我的深刻理解,还可能削弱他们对现实生活的关注与参与。因此,在培养自信的过程中,将高度重视学生的主体地位和参与程度。				
行规"一示范"创建项目内容要求和举措	（1）每日微笑显自信。鼓励学生每日以微笑迎接自我,展现自信。无论是对父母、同学、保安还是老师,都应以微笑传递乐观与自信,以此激发内心的积极力量。 （2）开展系列班会以认识、发展与提升自我。为帮助学生更好地认识自我、发掘潜力并实现自我提升,班级将围绕"认识自我——发展自我——提升自我"这一主题,开展一系列班会活动。通过这些活动,学生将有机会更深入地了解自身,进而提升自信,实现自我价值的最大化。 （3）每周总结。每周一早晨自习时段,班干部需就自信教育的五个方面对全班上周的表现进行全面的总结回顾,并针对自身的工作进行深入的反思与自我评价。其他同学也需对班级情况进行必要的补充,最后由班主任进行综合性的总结。 （4）定期表彰激励。在班级墙面设立"风采树园区",包括"写作树""五彩斑斓树""朗读者树""体育健儿树"等,旨在表彰那些个性鲜				

续 表

	明、勇于发扬自我特长的同学,激励全班学生向他们学习,共同进步。
行规"一示范"创建项目在推进中的评价形式	(1) 评比"风采树园区之果",将依据同学们参与学校及班级活动的次数和表现等级进行评定。 (2) 在评比中表现优异的同学,将分别被授予礼仪、学习、岗位、健体、生活等方面的"绿章"荣誉称号。 (3) 对于在评比中取得进步的同学,我们将给予充分的肯定和表彰,以鼓励其继续努力。
3. 文化"一特色"创建项目名称	每日新闻播报,传递社会声音
文化"一特色"创建项目背景分析或理念支持	新闻指的是近期发生、正在发生或曾经发生但现今有所更新的事件,这些事件对我们的生活和观念产生着深远的影响。通过新闻的播报,我们可以将这些社会事件传达给班级的学生,这不仅能够锻炼他们搜集和编辑信息的能力,更可以通过播报的方式激发他们的热情,增强他们的自信。在朗读的过程中,学生们可以逐步感受到语言文字背后所蕴含的情感和态度,这对于培养他们的社会责任感和家国情怀具有深远的意义。
文化"一特色"创建项目的评价和成果呈现形式	(1) 为确保学生日常了解时事,每日早自修将安排五分钟新闻播报环节,并由教师提供及时的跟进与指导,确保学生正确理解新闻内容。 (2) 为培养学生的团队协作与竞争意识,将定期组织新闻播报评比活动。学生需分组完成不同主题的新闻播报任务,从材料搜集到实际播报,全程进行小组间的竞争评比。 (3) 为提升学生的播报技巧与仪表状态,将定期布置观看《朝闻天下》《新闻天下》等新闻节目,使学生能够从中体味和学习专业的播报技巧及仪表状态。
备注	

表4-4 浦江三中2020学年第一学期八4班班主任工作计划

班级	八4班	班主任	瞿新忠	规划制定时间	2020.8
班长	倪心悦	学生数	35	团员数	0
1. 班级发展目标	学而有法,行而有规,积极进取				
发展目标内涵阐述	八年级学生正处于心智成熟的关键时期。为了有效促进学生的全面				

续 表

	发展和个人成长,我们将实施以"静以学习"为名的行规"一示范",以及以"自主学习,积累方法"为名的文化"一特色"。 这些项目的创建旨在引导学生积极学习并提炼出高效的学习方法,同时培养他们高雅端庄、文明有礼的行为举止。通过这些措施,我们期望学生能够更加自主地成长,最终取得优异的成绩。
2. 行规"一示范"创建项目名称	静以学习
行规"一示范"创建项目背景分析	七年级阶段,班级学生整体表现出较为活跃的特质,也存在不时出现的喧哗打闹等不文明行为,导致学习氛围尚不够浓厚。为了改善这一状况,我们提出创建"静以学习"这一行规"一示范"项目。此项目的实施,旨在引导学生从行为的"静"逐步过渡到内心的"静",从而培养良好的文明休息习惯,形成专注学习的优良班风和学风。通过这样的举措,我们期望为学生创造一个更加宁静、专注的学习环境,促进他们的全面发展。
行规"一示范"创建项目内容要求和举措	(1) 各位同学在出入教室时,请保持缓步慢行,以确保安全。纪律评价部将负责对此进行提醒和评价。 (2) 在课间休息时,请大家保持安静文明的行为举止。纪律评价部将负责对此进行提醒和评价。 (3) 在课堂上,积极举手发言,展现自己的思考和见解。学习评价部将负责对此进行提醒和评价。 (4) 课后作业是巩固所学知识的重要环节,请大家独立思考、认真完成。学习评价部将负责对此进行提醒和评价。
行规"一示范"创建项目在推进中的评价形式	(1) 在每周的班级总结中,各职能部门将对班级表现进行细致的点评。 (2) 在每月的班评比活动中,我们将对班级进行全方位的综合评价。 (3) 汇总学校大队部《一日常规》的检查评分结果,以此为依据对班级进行客观评价。
3. 文化"一特色"创建项目名称	自主学习,积累方法
文化"一特色"创建项目背景分析或理念支持	班级所倡导的"自主学习,积累方法"的文化特色,既契合年级组所推进的自立教育与"五四"争章活动的需要,又符合学生个体全面发展的迫切需求。经过两年的努力,我班学生的学业水平已有了显著的提升,班级内部也涌现出了一批在年级组表现卓越的学习佼佼者。我们期望这些优秀学生能在"自主学习,积累方法"的指引下,成

续 表

	为中等及中等以下学生的榜样,通过改进学习方法,共同提升学习成绩,实现共同进步。
文化"一特色"创建项目的评价和成果呈现形式	特色项目的成果呈现包括两方面:一是在学期期末时进行学习方法的交流分享,二是期末考试中班级整体水平有所提升。
备注	

围绕"四自"要求,班主任在制定计划时,既要关注学生的学习成果,更要致力于提升学生的校园生活能力和品德修养,特别是对学生自律、自信、自立和自强品质的培养和健全人格的塑造。关于行规"一示范"和文化"一特色"的创建工作,班主任需结合本班实际及学生个性特点,提出有益于班集体整体建设和学生个体发展的具体措施,并引导学生围绕这些目标和措施积极开展各类班级活动,以推动"四自"教育的深入实施与落实。

二、推进的措施与方法

为了更高效地促进班级整体发展并提升学生"四自"素养,各班级在每学期之初,严格按照学校的整体部署,围绕课程部、学工部等职能部门的指导精神及本年级组的特定需求,精心制定并落实"四自"教育计划。以下将以六至九年级部分班级为范例,详细阐述在推进"四自"教育过程中,班级如何精心策划并切实执行相应的教育措施与方法。以确保学生在班级的共同建设中不断完善自我,形成健全的人格(参见案例4-2、案例4-3、案例4-4)。

案例 4-2　六年级 1 班"自律"教育推进措施与方法（摘要）

1. 建立卫生专项责任制度

为提升整体卫生水平，确保卫生工作的有序、高效执行，特设立卫生专项负责制。此举旨在明确职责分工，提升工作质量和效率。具体职责如下：卫生岗位责任到人，每日由卫生委员负责检查并记录卫生情况，每周一进行汇总反馈，对于表现优异的同学，将予以表扬，对于卫生工作不到位的同学，将提出具体改进建议。桌椅及桌边卫生由使用者自行负责，每日由指定专人进行检查。如发现有同学未能做好个人卫生或桌椅摆放不整齐，将协助其进行卫生清理及桌椅整理。通过明确责任分工，加强监督检查，形成齐抓共管的良好局面，共同维护良好的卫生环境。

2. 成立纪律专项检查制度

为切实维护课堂纪律，确保教学井然有序，现特指派纪律委员与副班长共同担任纪律管理工作。具体部署如下：前三排座位与后三排座位分别设立一名纪律负责人，负责全面监督与记录课堂纪律情况。每日将进行纪律情况反馈，对于存在违纪行为的同学，将责令其进行静坐反思，并针对性地提出改进方案。此举旨在督促广大学生严格遵守相关规定，齐心协力共同维护和谐稳定的班级秩序。

3. 制定日常作业反馈制度

为切实提升学生的学习成效，保障作业反馈工作的规范与高效实施，特制定以下日常作业反馈制度。根据制度要求，各小组长需积极协助课代表，共同负责日常的监督与管理工作。每日作业需经过小组长的认真审核，确保作业质量符合要求后，再统一汇总至课代表处，以维持作业诚信记录。对于学习困难学生，应鼓励其自主自律地进行复习；对于学习成绩优秀的学生，应支持其自主自律地进行拓展学习。课代表需每日记录作业完成情况，并每周汇总至学习委员处，由学习委员进行一周总结。

4. 强化总结与反思

每日课程结束前,班主任需协同班干部,对班级行为规范执行情况进行细致梳理,具体到每位学生的行为表现。根据问题发生的频次及其影响程度,给予针对性的教育引导。同时,班长需负责监督礼仪情况,每天详细记录,并每周进行一次总结。每周一的早自习时段,班干部应围绕自律教育的五个核心方面,对全班上周的行为表现进行汇总分析,并客观评价自身工作成效,以期不断优化提升。

5. 设立"自律园区"专栏

在班级墙面上,我们特设"自律园区"专栏,展示每月"五四"雏鹰争章评比中荣获绿章的同学的事迹。同时,我们将配以相应的照片进行张贴,以具象化的形式,对同学们的自律行为给予表彰和鼓励。

(案例提供者:上海市闵行区浦江第三中学　赵虹)

案例4-3　七年级6班"自信"教育推进措施与方法(摘要)

1. 为培育学生的自信心,班级将开辟专门的朗读角,充分利用早读课时间,鼓励学生进行大声朗读练习。

2. 为确保每位学生都能明确自己的职责,每位学生需认真撰写个人岗位承诺书,并坚持每日打扫。劳动委员和值日班长将负责监督执行情况,并在月末举行劳动技能竞赛,以激发学生的参与热情,并进一步提升他们的岗位自信。

3. 为增强学生的自信心,班级将利用周一晨会时间进行点赞活动。每周将有3名同学获得点赞机会,他们将把赞送给本周表现突出的同学。

4. 为提高学生的自我管理能力,班级将建立互助小组,并实行轮流担任小组长的制度。这将使学生有机会管理并帮助指导其他同学的学习和生活。

5. 建立专属的"成功卡"。该卡片将记录学生取得的进步,包括具体事件、核心内容以及发生日期。每学期末,我们将向家长们集中展示学生的"成功卡"。以此进一步增强学生的自信心。

6. 班级将积极参与学校组织的各项活动,如运动会、十月红歌、艺术节等。此外,班级还将在班会课时间组织各类知识竞赛,如计算小达人竞赛、古诗文大比拼等,以寓教于乐的方式提升学生的自信心。

(案例提供者:上海市闵行区浦江第三中学　刘习习)

案例4-4　八年级3班"自立"教育推进措施与方法(摘要)

1. 推行值周制度,推选值周班长

为了促进班级自治自理事务的有序进行,我们决定推行值日班长制度。值日班长的职责将进行轮换,确保每位同学都能在不同岗位上得到锻炼。每周将由选定的值日班长负责处理班级日常管理事务。此外,值日班长需利用每天十分钟的自习课时间,对班级事务进行总结,并根据实际情况给予适当的赞扬或批评。这一制度的推行,旨在培养班级中普通同学的自主管理能力,同时增强他们的主人翁责任感和集体荣誉感。

2. 班主任点赞平台

为了培养八年级学生的自立学习意识,并激发其自主发现与自主建构的能力,我们决定实施一项班主任点赞平台的活动。鉴于班级内学生的性格差异,其中部分男生较为活泼好动,而女生则相对文静,还有几位同学性格内向,学习自觉性和主动性有待提升。为了营造积极向上的学习氛围,我们鼓励学生通过写日记的方式,每周记录身边同学或老师的闪光点。每周一的少先队活动中,每位同学将分享上周最有趣的2—3件事。次日早晨,班主任将挑选部分有趣且有意义的事迹,进行点赞,并将其张贴在教室墙面的专门版面上,以供全班同学共同欣赏与分享。

3. 红花少年评比

在诚信、体育、进步、自立、科学、劳动、礼仪之星评比的基础上,班级进一步推出评选红花少年(自立之星)。获得红花少年的学生将荣获相应的绶章,以表彰他们在自立方面的卓越表现。这一评选活动旨在激励同学们积极进取,不断提升自身素质,成为更优秀的少年。

(案例提供者:上海市闵行区浦江第三中学　许金梅)

以上是浦江三中六至九年级组部分班级在践行"四自"教育理念时精心制定的年级组及班主任工作规划,以及针对"四自"教育实施所采取的策略与方法。年级组与班主任们严格按照既定的工作计划执行,旨在更精准地把握教育导向,更深入地推进"四自"教育的实践,确保"四自"教育能够深入、有力、有效地得以贯彻实施。

第二节　评价跟进,持续强化

在推动"四自"教育的进程中,各年级之间的发展速度呈现出差异性,同时,各班级之间的具体情况亦不尽相同。因此,各年级和班级应根据自身的实际情况,制定有针对性的推进措施和差异化的评价机制,并持续优化完善。通过这样的方式,我们能更有效地激励学生积极参与班级自主管理,进而有效促进学生的个性发展和人格完善。

一、建立评价机构，完善评价机制

为全面、公正、客观地评价学生在德、智、体、美、劳等多方面的综合表现，各班级需在现有班委成员的基础上，设立专门的班级评价机构，并不断完善评价细则。

班级评价机构及职责如下。

经过班级讨论决定，特设立部门评价执行部，旨在更系统、更专业地推进班级各项工作的评价与执行。每个部门执行部由一名班委成员担任部长，辅以两名协助员（即干事，由普通同学担任），共同负责具体事务。为确保工作的有序开展，特选定纪律委员、学习委员、劳动委员、体育委员（文艺委员）、生活委员（宣传委员）为核心，分别成立"纪律部""学习部""劳动部""艺体部"和"生活部"五大评价执行部。具体职责如下：纪律部专注于"礼仪"方面的评价，确保同学们在日常行为中展现良好的仪态与风貌。学习部主要负责"学习"方面的评价，以促进同学们学习态度的进步和学习方法的改进。劳动部承担"岗位"方面的评价，旨在培养同学们的劳动观念和责任感。艺体部专注于"艺体"方面的评价，鼓励同学们积极参与文体活动，丰富课余生活。生活部主要负责"生活"方面的评价，关心同学们的生活需求，提升班级整体生活质量。班长将担任特殊加分和汇总的职责，确保各项评价的公正性、准确性和及时性。

评价指标及细则如下。

各年级"四自"评价指标涵盖了礼仪、学习、岗位、艺体和生活五大方面。为确保评价的公正性和科学性，年级管委会将联合年级班主任，依据《浦江三中学生"四自"要求》，分别制定详细的每日和每周计分细则。这些细则将作为评价学生

"四自"表现的重要依据,以确保评价的客观性和准确性。

"各组自律(自信、自立、自强)记分表"分为"每日""每周""每月"的记分表,以此全面追踪和评估各组的自律表现。此外,"家校沟通卡"将作为评价的重要参照,以确保评估的公正性和准确性。

"每日各组自律(自信、自立、自强)记分表"的记分项目详尽且全面,涵盖了学生在校园生活中的多个方面。具体项目包括"仪式表现、作业完成、上课发言、两操表现、劳动绩效、有序用餐、文明休息以及其他成绩"等多元化评价指标。为确保评分的公正与准确,各相关部门负责特定项目的分数记录工作。其中,"纪律部"负责监督并记录学生在"仪式表现"方面的得分;"学习部"则负责学生在"作业完成、上课发言"方面的评分工作;"劳动部"专注于学生在"劳动绩效"方面的表现并予以记录;"艺体部"则承担"两操表现"的评分职责;"生活部"负责学生在"有序用餐、文明休息"方面的表现评价。各部门将严格按照职责分工,确保评分过程的严谨、公正与高效,从而全面、客观地反映学生在各个方面的自律表现。

以下以七年级为例,具体阐述年级组运用积分制评价方式激励学生的具体实践方法。七年级管委会旨在通过实施积分制评价方式,公正、客观地评估班级内各大组学生的自信表现。为此,特别设计了"浦江三中七年级班级各大组每日(每周、每月)自信记分表"(详见表4-5、表4-6),每月自信记分表在每周自信记分表的基础上仅保留仪表自信、学习自信、岗位自信、艺体自信、生活自信几个大项进行积分汇总。这些表格以分数形式详细记录了班级各组每日、每周、每月的学生自信表现情况,确保了数据的准确性和完整性。通过促进班级内大组之间的竞争,我们期望激发学生的集体荣誉感,进而鼓励他们不断培养和提升"自信"品质。这种竞争机制不仅有助于形成积极向上的学习氛围,还能够让学生认识到自信在成长过程中的重要性。我们相信,通过这种方式,学生们将更好地发挥自身潜力,实现个人和集体的共同进步。

表4-5 浦江三中七年级班级各大组每日自信记分表

月　　日

	第一组	第二组	第三组	第四组
仪式表现				
作业完成				
上课发言				
两操表现				
劳动绩效				
其他成绩				
合计				

1. 每项基本分10分,"作业完成""上课发言"由任课老师根据小组课堂表现情况在基本分基础上累计加分。"仪式表现""两操表现"由班主任和辅导员根据小组当天表现进行评定。"劳动绩效"根据值周记录分值进行评分。
2. 其他有特殊奖惩的项目均纳入"其他成绩"。

表4-6 浦江三中七年级班级各大组每周自信记分表

		第一组	第二组	第三组	第四组
仪表自信	唱国歌声音洪亮,敬礼规范				
	能主动表达自己想法				
	坦诚接受表扬和批评				
学习自信	作业按时上交				
	敢于举手发言				
	参与课堂活动				
岗位自信	积极参与岗位竞选				
	高效完成岗位劳动				

续表

		第一组	第二组	第三组	第四组
艺体自信	参加集体活动				
	两操动作规范				
	展示艺体才能				
生活自信	有序用餐				
	文明休息				
	合理使用电子产品				
其他	特殊加分				
	合计				

七年级仪表自信分三条细则来评价，分别是"唱国歌声音洪亮，敬礼规范""能主动表达自己想法""坦诚接受表扬和批评"，其中"唱国歌声音洪亮，敬礼规范"的分数由"每日各组自信记分表"的分数汇总得来，另两项的分数由纪律部与班主任商量得出。学习自信分"作业按时上交""敢于举手发言""参与课堂活动"三条细则，其中"作业按时上交""敢于举手发言"的分数由"每日各组自信记分表"的分数汇总得来，"参与课堂活动"一栏由学习部综合任课老师的意见汇总得出。岗位自信分两条细则来评价，"积极参与岗位竞选"和"高效完成岗位劳动"，"高效完成岗位劳动"由"劳动部"负责每天从年级值周劳动记录表上摘录，汇总小组总分；"积极参与岗位竞选"则是根据每周岗位竞选的实际情况汇总分数。艺体自信分三条细则来评价，分别是"参加集体活动""两操动作规范""展示艺体才能"，其中"两操动作规范"由艺体部根据年级值周记录表分数汇总，"参加集体活动""展示艺体才能"则根据各小组在一周中的表现由艺体部会同班主任协商得出。生活自信分三条细则来评价，分别是"有序用餐""文明休息""合理使用电子产品"，"有序用餐""文明休息"由生活部汇总一周分数得出，"合理使用电子产品"由生活部根据家长

沟通卡和班主任的意见每周汇总得出。其他成绩和特殊加分由班长提出申请,班委讨论审定。

"五育四自"荣誉章将转换成相应的分值加入荣誉获得者小组总分。

"每月各组自信记分表"由班长根据每周的各大组所得分数汇总得出。累积分数最高的小组被评为"自信"小组。获得荣誉的小组,在下个月评选"自信"之星时将上浮一个候选人名额。

"四自"之星,即自律之星、自信之星、自立之星、自强之星获得者。

"四自"之星产生过程:小组无记名投票推选班级"自信"候选人;班委会评价执行部审核班级"自信"候选人;班级无记名投票,得票前两位的学生荣获"自信"之星,其他剩下同学将获得"自信"之星提名奖。

二、制定"五四"雏鹰争章细则

在严格遵循学工部所制定的"五育四自"雏鹰争章方案的基础上,本年级组经过深入研究与讨论,进一步细化了"五四"雏鹰争章的具体实施细则。以七年级为例,我们将详述如何制定雏鹰争章积分规则。七年级管委会明确指示,每个班级需以个人为单位,每日进行争章(绿章)积分的记录工作。班干部需根据每个争章的具体规则,为每位同学以加分的形式详细记录其所得积分。只有当学生在某一方面达到规定标准时,才能获得 1 个积分,若未达标则不计分。每周需对积分进行汇总,进而每月再进行一次总结。最终,将为每月累计总积分排名靠前的同学颁发绿章作为奖励。为便于记录,每位同学需自备一个本子用于敲章。具体的评价标准详见表 4-7、表 4-8、表 4-9、表 4-10。

表4-7 友爱章(生活委员)

姓名\要求	国歌礼仪		交往礼仪		穿戴礼仪		总分
	认真参加升旗仪式(1分)	认真唱国歌(1分)	尊敬师长,友爱同学(1分)	不说脏话粗话,举止文雅(1分)	穿戴好校服红领巾,不戴饰品(1分)	不留长发、长指甲(1分)	

第_____周 (_____月_____日~_____月_____日)

表4-8 合作章(劳动委员)

姓名\要求	岗位态度		岗位能力		岗位效果		总分
	认真打扫(1分)	听从劳动委员安排(1分)	及时完成岗位劳动(1分)	有需要时,能帮助完成其他岗位工作(1分)	检查无扣分(1分)	能维持自己及周边卫生(1分)	

第_____周 (_____月_____日~_____月_____日)

表4-9 健体章(体育委员和宣传委员)

姓名\要求	艺体态度		艺体能力		艺体习惯		总分
	广播操认真(1分)	眼保健操认真(1分)	积极参加活动(1分/次)	在活动中获奖(1分/次)	整队快、静、齐(1分)	认真参加快乐半小时及晨跑(1分)	

第_____周 (_____月_____日~_____月_____日)

表4-10 甄别章(纪律委员)

第_____周 (_____月_____日~_____月_____日)

姓名\要求	作息要求		用餐要求		自护要求		总分
	不无故旷课(1分)	课间文明休息(1分)	取餐用餐安静有序(1分)	不浪费食物,能光盘(1分)	自尊自爱,正确异性交往(1分)	合理使用电子产品,不传播不良信息(1分)	

在深化实施"四自"教育的进程中,各班级需构建班级评价机构,运用恰当且有效的评价方式,确立明确的评价指标及其细则,以优化整个评价机制。此举旨在激发学生的集体荣誉感和个人成就感,进而提升其自主管理的意识和能力。经过实施这一系列精心策划的举措,我们旨在促进学生的个性得到全方位的发展,进而实现其人格的日益健全与完善,最终让班级焕发出更加旺盛的生机与活力。

第三节 活动创新,重在体验

为深入推进"四自"教育,着力培养和激发学生的"四自"品质,各年级组管理委员会围绕"四自"教育目标,精心策划并组织了一系列富有年级特色、贴近学生身心发展的创意活动,如六年级的经典诵读活动,引导学生通过诵读感受传统文化的魅力;七年级的名著阅读活动,帮助学生拓宽阅读视野,提升文学素养;八年级的主题班会课设计和展示活动,让学生在参与中感悟成长;九年级的目标理想教育活动,引导学生明确人生方向,激发内在动力。这些特色活动不仅注重学生的自我体验和内化,更在潜移默化中推动"四自"教育的深入实施,为学生的全面发展提供了有力支撑。

六年级开展诵读活动。为了加强学生的自律教育,并使他们更深入地理解"六年级学生自律要求",年级管委会决定在六年级开展以《弟子规》为核心的深度阅读系列活动。此活动分为三个阶段。第一阶段,组织各班在每节课课前两分钟进行《弟子规》的朗读活动,并在班级内部进行朗读比赛,选拔出优秀的学生参加年级组决赛。第二阶段,开展《弟子规》征文比赛,每班评选出一等奖一名,二等奖三名,三等奖六名,其中获得一、二等奖的学生将参加说《弟子规》的决赛。第三阶段,各班将选取《弟子规》中的一个故事进行改编,编剧并排练,最终进行展演评比。我们希望通过这一系列活动,使学生们能够更深入地理解和应用《弟子规》中的道理,从而在日常生活中更好地践行自律精神。通过组织诵读活动,不仅能够有效提升学生的朗诵技巧,更可以借助精心挑选的朗诵材料,特别是那些富含民族智慧和人文精神的传统经典作品,深入传播和弘扬民族文化,传递民族精神。这些材料中所蕴含的自律精神和品质,也将在学生的心中生根发芽。此外,递进式的诵读环节设计,不仅是对学生诵读水平的展现,更是对他们行为自觉性和自律性的严峻考验。通过这样的活动,学生的自律品质将得到逐步地培养和巩固,为其未来的全面发展奠定坚实的基础。

七年级开展阅读名著系列活动。七年级管委会根据语文教材课外读物推荐,特别选取《西游记》作为主题,策划并组织了"玩转西游文化周"系列活动。活动旨在通过创意设计和现场比赛的形式,促进学生的深度阅读,品味经典名著。创意设计环节包括书签设计和扇面设计,旨在综合提升学生的阅读、设计和绘画能力。现场比赛环节则包括说书小达人、西游知识大比拼和你来比划我来猜三个项目,这些活动不仅要求学生深入阅读《西游记》,还通过说书、知识竞赛和团队合作演绎等形式,锻炼学生的语言表达能力、团队协作能力以及创新能力。整个"玩转西游"活动富有年级特色,让学生在参与中感受传统文化的魅力,激发对古典名著的阅读兴趣,全面提升学生的语文核心素养。

八年级开展主题班会课设计和展示活动。八年级精心策划和举办一系列的主题班会课设计和展示活动。鉴于八年级"四自"教育的重心是"自立教育",为了将"自立"精神内化为学生的日常习惯,我们通过组织一系列精心设计的班级活动来达成这一目标。班主任结合"自立"主题,充分利用自身专长与班级特色,开展班级活动。

第一阶段,我们主要聚焦于主题班会课教案的精心设计。为确保学生能够以独立且出色的方式完成教案设计,年级组精心组织了一场针对全体班委及班级骨干的专项培训活动。管委会特别强调,所有主题班会的设计主题必须紧密围绕"自立"这一核心要素展开。为了有效培养学生的"自立"品质,主题班会活动将全方位地涵盖从"设计构思"到"内容呈现",再到"形式创新"以及"效果评估"等各个环节。我们鼓励学生积极参与其中,勇于尝试与探索,以期通过实践提升自我管理与自我发展的能力。第二阶段,开展主题班会课的展示活动。在这一阶段,班长负责组织和协调全班同学进行前期的准备工作,包括情景剧的排练、视频的挑选、拍摄与剪辑、问卷调查的设计与实施。在此基础上,举办各班主题班会的集中展示,评选出前三名,并为其颁奖。第三阶段,我们将深入推进主题班会课的后续活动。各班级需根据参与评选的主题班会课教案,制定详尽的后续教育跟进措施,并由年级管委会负责统筹组织相应的评比工作。此次评比的目的在于遴选出最为优秀的方案措施,从而进一步提升和完善主题班会课的教育成效。

通过这一系列主题班会的教案设计与实施,我们期望能够培养和提升学生的综合能力,包括独立选择和设计主题班会教案、成功开展主题班会课、主动沟通与合作、寻找有效途径解决问题等各方面的能力。除此之外,通过举办各式别致而富有创意的班会活动,推动班集体建设。例如,王克豹老师所策划的茶馆式班会,对班级整体建设产生了出乎意料的积极效果。具体可参考案例 4-5。

案例 4-5　茶馆式班会让班级走向有序

在本学期伊始,陆续有任课教师向我反映,课间时分,教室内存在较为嘈杂的现象。对此,我进行了深入的观察,发现班级在下课期间确实存在较为严重的嘈杂现象,互相追逐、高声喧哗的情况时有发生。为深入剖析问题根源,我与班长进行了沟通,得知班级中有部分学生存在使用不当语言、口无遮拦的现象,进而引发学生间的追逐打闹等不良行为。针对这一问题,我及时召集班干部召开会议,经过充分的讨论,我们决定采取以下措施:自本周起,班干部将详细记录班级中说脏话的学生名单及具体内容,以收集不规范言语的相关证据和信息。从下周开始,我们将举办以茶馆形式为主的班会,持续关注并纠正这一问题,以期逐步改善班级的语言环境,促进班级整体文明素质的提升。

在接下来的班会课上,我们深入探讨了班级中存在的无序行为和不当语言表达。班干部小郑反映汪同学在体育课上使用了不当言语,汪同学则指责陈同学也有类似行为。经过讨论,我们发现说脏话并非个别现象,而是普遍存在于班级中,这是我之前未意识到的。随后,我询问汪同学是否喜欢受到同学指责。他表示不喜欢。我追问为何使用不当语言,他未回答。全班同学表示不喜欢听到脏话。因此,我们决定避免使用不当言语以维护班级和谐。在认识到班级存在的问题后,我意识到必须采取有效措施,否则类似问题可能会反复出现。于是,我引导大家思考如何纠正说脏话的不良习惯。同学们提出罚写作业、擦黑板、扫地等建议。

最后,我们决定对违反规定的同学罚擦黑板。改变习惯需要时间和努力。仍有两位同学说脏话,他们承认错误并愿承担一周擦黑板任务。接下来几周,我们每次班会都讨论说脏话问题。在之后半个学期的时间里,擦黑板的任务已经被所有同学"认领"完毕,班级中说脏话的问题逐渐得到了解决。

通过持续推行茶馆式班会这一举措,班级的整体状况已呈现出显著的改善趋势,且班风建设亦在稳步向前的道路上不断迈进。茶馆式班会中,班干部担任主导角色,而其他同学则提供必要的补充。这种形式鼓励同学们针对不规范行为进行自由而充分的讨论。由于学生们能够更全面、更细致地观察和了解周围的情况,实施茶馆式班会,更有利于问题的发现和解决,促进班级管理的改善和优化。推动班级健康、有序发展,提升学生的"四自"素养。

(案例提供者:上海市闵行区浦江第三中学　王克豹)

王老师的茶馆式班会,打破了传统班会模式,不仅富有趣味性,而且充满创意。这种班会形式为学生提供了充分的表达空间,在讨论和辩论中充分暴露班级存在的各种不合理现象和出现的问题,也引发学生对这些问题的深入思考和讨论,促使他们自主寻求解决方案。这一实践充分展现了八年级学生的独立自主意识和自我反思能力,对于班级管理和学生个人成长具有积极意义,值得广泛推广和应用。

九年级开展以目标理想为核心的教育活动,现以2020届所举办的"促进学生自我强化与成长"的挑战活动为例进行详细阐述。

一是组织"班级内挑战"活动。九年级是初中阶段的紧要时刻。至九年级,多数学生已顺利适应初中学习生活,并对即将到来的中考持有紧迫感。然而,仍有部分学生缺乏明确学习目标,学习动机不足,对未来尚无规划,也无明确的升学目标,每日浑浑噩噩,态度懒散且叛逆。鉴于此,年级管理委员会协同班主任商定,在各班召开主题班会,举办班级挑战活动,以引导学生确立个人目标。此外,学生撰写个人挑战书,并张贴于班级墙面,挑战书包括挑战对象、挑战学科、学科成绩、理想目标、挑战宣言等内容。此举旨在于班级内部塑造一种追求卓越、力争上游的积极氛围,为学生自强成长注入新的活力。详见案例4-6。

案例4-6 挑战四色卡

九年级伊始,我发现班级学生学习热情不高,学习动力不足。经过深入反思,我认为班级缺乏学习氛围和风气,原因在于学生缺乏明确的学习目标。因此我决定在班级中试行"四色挑战卡"阶段目标制定方案。该方案通过挑战卡的形式,帮助学生设立并跟踪阶段性目标。挑战卡包括挑战对象、学科、成绩、理想目标和宣言。每月的考试作为评估基准,利用不同考试检验学生是否达到设定目标。考后,学生收到成绩,反思评估并设定新目标。目标卡片设计成四种颜色,代表不同级别。每月阶段测试后,学生可重新设定目标并升级卡片颜色。这一设计旨在引导学生设定并追求实际可行、具有挑战性的目标。

这项活动引起了广泛关注。对于那些过去未曾设定阶段性目标、生活态度较为随意的学生而言,这种新颖的活动形式激发了他们的兴趣。他们热情高涨,甚至立刻向同学发起了挑战。为了确保活动的庄重性,我在班会结束时,特意安排学生集体大声宣读挑战卡,并将其逐一张贴在班级的PK榜上。在日常的班级总结以及个别教育过程中,我不断提醒学生铭记挑战,保持积极进取的态度。

十月份,学生们明确了学习目标,展现出更大的学习热情,并更加自主地投入学习。小易同学,尽管学业表现中等偏下,但态度认真。主要问题是学习不诚信,经常与同学对答案,甚至抄袭,导致成绩不理想。他深知问题所在,但难以自控。

在这次活动中,小易选择小辉作为自己的挑战对象。我安排他们同桌,并进行深入谈话,帮助他分析学习问题并探讨改进方法。小易决心向小辉学习,努力挑战成功。谈话后,小易变得更加积极主动,经常请教老师和课代表。小辉也感受到了小易的认真和挑战的压力,两人相互竞争,共同进步。

在11月份的期中考试中,虽然小易未能成功挑战小辉,但他的年级排名提高了20名,小辉也进步了8名。考试后,我引导学生进行反思,对比之前的成绩,检视自己的挑战卡片。根据"四色挑战卡"的规则,成功挑战的学生可以更换挑战对象。虽然只有三名学生更换了红色挑战卡,但班级整体成绩相较于上次考试有了显著的提升,我想这不就是班级的"自强"表现吗?再看着那些因未能成功挑战而沮丧的脸庞,我深感心疼,担心他们会因害怕失败而放弃制定目标。于是,我乘机引导学生:失败并不可怕,真正的懦夫是不敢接受挑战的人;不要为失败找借口,要为成功寻找方法,思考自己是否设定了不切实际的目标,或是学习方法和态度出了问题。课后,我重新发放了白色挑战卡,学生们调整目标后重新张贴在PK榜上。11月份,学生们继续沉浸在挑战的氛围中。到了12月的阶段测试后,又有9名学生成功将白色挑战卡换成了红色,更有2名同学将红色挑战卡换成了蓝色。

四色挑战卡活动取得了显著成效。其成功之处在于,四色挑战卡为学生提供了一个直观、可视化的工具,使学生能够清晰地看到自身的进步与不足。基于每月的测试结果,学生能够深入分析成绩波动的原因,反思自身学习态度的认真程度以及学习方法的适用性。进而,学生可以根据这些分析结果,有针对性地制定下一个月的学习目标。四色挑战卡活动不仅激发了学生的积极性,更点燃了他们的学习热情。无论是优秀生、中等生还是学习困难生,都能根据自己的实际情况,制定出切实可行的奋斗目标,并对当前的学习有明确的规划与目标。我坚信,学生若能养成设定阶段目标的习惯,将对他们未来的学习和工作产生积极而深远的影响。

（案例提供者：上海市闵行区浦江第三中学　张晋慧）

二是实施"班级间挑战"系列活动。年级组经过精心策划,成功开展了"课本剧表演""强班之歌"以及"篮球挑战赛"等多样化活动。此举旨在充分调动学生的积极性,促进班级之间的紧密团结与高效协作,并着力培养学生的集体荣誉感。同时,我们积极倡导班级之间进行学科挑战,既可以是班级间的单科或全科挑战,也可以是学生间的单科或全科挑战。这些挑战活动不仅为学生们提供了展现自我才华的舞台,也为他们紧张的学习生活注入了新的活力,有效缓解了学生的学习压力。更重要的是,这些挑战为学生们提供了实现自我突破与成长的重要机遇。在挑战中,各班级不断激发勇气和拼搏精神,展现出班级自强不息、奋发向前的良好风貌。

三是精心策划"挑战未来,灿烂六月"主题活动。在距离升学考试仅剩两个月的关键时刻,针对学生在学习过程中遇到的困难和瓶颈问题,年级组将组织一次全面而深入的总结活动。此次活动旨在为学生加油鼓劲,激励全体师生坚定信心,明确学习目标,并付出辛勤努力,以勇往直前的姿态迎接未来的挑战。同时,学生们将重温挑战书,再次明确个人的目标,为未来的奋斗之路注入更加坚定的信念和动力。并召开60天誓师大会,以此激发全体学生的学习积极性。期待每一位同学都能奋力拼搏、超越自我、挑战未来,全力冲刺中考,争取在中考中取得优异的成绩,实现个人的自强目标。

九年级的挑战活动,其形式多样化且富有趣味性,不仅涵盖班班间挑战、同伴间挑战,更有学生的自我挑战。这些活动改变了学生的学习态度、习惯,影响了他们的行为举止和处事方式。学生的竞争意识和自强精神得到了真正的激发和提升。

总的来说,各年级组所组织的丰富多样的创意活动,不仅融合了学科知识,还充满了情境趣味。六年级的诵读比赛、七年级的名著阅读、八年级的班会课设计和展示,以及九年级的挑战活动,都紧密围绕学生的学习生活,符合初中生的认知发展规律,有力地促进了学生"四自"品质的形成和人格的全面发展。

第四节 建班育人,夯实基础

一个杰出的班集体,其构建与发展必然离不开一套系统、科学的规划与实施策略。这样的集体,拥有自身独特的班级建设理念与管理方式,这些都在长期的班级建设与育人实践中得以深化、完善与创新。经过不断的探索与总结,我们逐步形成了以下班级建设与管理模式,并在此基础上,构建了班干部培训体系和以班主任为核心的教师教育团队,为班集体的持续健康发展提供了坚实的支撑,为学生的全面成长奠定了坚实的基础。

一、班级管理的几种主要模式

我们在实践中逐渐形成了以下几种班级管理模式。

大组长管理机制:大组长管理机制是一种有效的班级管理模式。在班级已经建立班委的基础上,从班委中精心挑选出最富有责任心、管理能力出众,同时在班级同学中享有较高威望的N位同学,担任N个大组的大组长。这些大组长可以由班长、副班长、中队长、纪律委员等核心班委成员担任,以发挥其领导力和榜样作用。在大组的组建过程中,采用大组长与组员双向相互选择的原则。大组长可以根据自己的管理风格和理念,自主选择适合的组员;同时,组员也可以根据自己的兴趣爱好和性格特点,自主选择心仪的小组。此种双向选择的模式,不仅有助于加强大组的凝聚力和向心力,更能有效激发学生的自主管理意识,进而提升他们的积极性和主动性,推动整体氛围的积极向上发展。每个大组设一名组长和两名副组长,负责大组的日常管理工作。组长和副组长需要具备一定的组织协调能力和责任心,能够引导组员积极参与大组活动,维护大组的秩序和稳定。值日班长负责提醒和督促各大组长及时履行管理职责。通过大组长管理机制的实施,可以有效提高学生的自主管理能力和团队协作能力,促进班级整体的发展和进步。同时,这种机制也有助于培养学生的领导力和责任感。

双值周班长制度:本校积极推行双值周班长制与值周班长轮换制。为积极响应这一号召,班级经过深入研讨,制定了详尽周密的实施细则。具体而言,一名值周班长主要负责班级纪律与学习的监督与提醒,而另一名则专责每日卫生状况的督导与检查。对于这两名值周班长的选拔,也有明确规范:其中一位可以从班委或中队委成员中产生;另一位则必须从非班委及中队委的同学中遴选,以确保成员构成的多元化。此外,为确保每位同学均有机会参与班级管理,规定每位同学每学年应至少担任一次值周班长。此举不仅有助于提升班级管理的效率,更能有效激发同学们参与班级自主管理的热情与积极性。

每周总结制:为了深入挖掘班级中的优秀范例,促进各组之间在管理方面的相互学习,以及识别并改进班级中的潜在问题,使班级工作更加规范有序、充满活力,各班实行每周总结制度。班级总结将由班长(中队长)召集全班同学,对上一周的班级运作情况进行全面的回顾与总结。各大组组长、值日班长、各班委职能部门负责人及班长,将分别就各自负责的工作内容进行详尽的汇报与反思。此外,鼓励其他同学在总结过程中积极发言,补充反映班级中的情况。班长或值日班长将当场处理同学们提出的问题与建议,并在随后的班干部会议中,对这些意见进行深入的探讨与分析,以期不断完善班级管理机制,提升班级整体运作水平。

每月总结制:总结并发放绿章。主要包括以下三个环节:①评选绿章获得者。各大组推荐候选人名单;汇总名单并投票;宣布并表彰绿章获得者。②评选最佳大组。各职能部门汇报本月班级情况;班长展示最佳大组本月成绩;最佳大组组长发表获奖感言。③献计献策,重新出发。学生为班级进一步发展提出建议;各职能部门汇报下月改进措施。

二、班干部培训机制

为了促进班级学生干部的全面发展,提升他们在班集体建设中的核心作用和管理效能,确保班级工作的高效有序进行,并让学生在参与班级管理的实践中锻炼和提升自我,增强管理能力,形成独具特色的管理方法,我校特制定了班干部培训方案。具体方案内容详见案例4-7。

案例4-7 浦江三中班干部培训方案

一、指导思想

班委作为班级的中坚力量,他们既是学生的楷模,也是班级管理的关键所在。为了确保班级管理的有效性和班级氛围的和谐稳定,班委的选拔和培养工作显得尤为重要。为了进一步提升班主任的德育工作水平,积累更多的工作经验和方法,学工部决定采取统一培训的方式,协助班主任培养班干部。通过这一举措,我们期望班干部能够更快更好地肩负起班级管理的重任,全面、准确地掌握班级动态,从而推动班级工作的顺利开展。

二、培训对象

六、七年级班委、担任班主任工作3年以内的班主任

三、培训时间、地点:中午12:00—12:30　多功能厅

四、培训内容及安排

时间	培训对象	内容	主讲
第2周周二	6、7、8年级班长、学习委员、文艺宣传委员	班级活动的组织	周佳懿
第3周周二	6、7年级班干部	班级总结怎么进行	瞿新忠
第4周周四	6、7年级学习委员、文艺宣传委员	学习委员、文艺宣传委员职责	钱敏
第5周周二	6、7年级班长、副班长	班长、副班长职责	蒋惠芳
第6周周二	6、7年级劳动委员、纪律委员	劳动委员、纪律委员职责	蒋惠芳
第7周周二	6、7年级班干部	如何有效开展班级自习	张晋慧
第8周周二	6、7年级体育委员、生活委员	体育委员、生活委员职责	蒋惠芳
第11周周三	6、7年级班干部	班干部会议怎么开	周佳懿
第12周周二	6、7年级班干部	班干部的胸襟和心态	蒋惠芳
第13周周四	6、7年级班干部	班级突发事件如何处置(主讲)	钱敏

在班级学生干部的培养过程中,除了依托学校学工部门组织的统一培训外,班主任还需进一步精心挑选并系统培养班级干部。针对实际情况,开展对班级干部的培养和引导。作为班级管理的核心力量,班主任应加强自我学习,提升自身的育人素养和班级管理水平,更好地指导班干部工作。

1. 选好班干部

选出优秀的班干部是建设良好班集体的前提。班主任欲组建高素质的班干部队伍,要从物色高素质的班委开始。对于新组建的班级,班主任要观察全体学生的特点,全面了解学生非智力因素,如爱心、个性、爱好和特长等。在选拔时,要看学生的档案、言谈举止、思想素质和语言表达能力,以及表现欲望和指挥才能。此外班主任还要倾听被物色学生原来所在班级的学生和老师对他的评价,以及本班同学对他的评议。在此基础上,班主任主动与该生沟通,了解其真实想法和思想根源。最后,班主任要做出客观、公正、正确的评价,以便在任用班干部时扬长避短、各尽其能,全面调动班干部的积极性,发挥其榜样作用和核心作用。在选拔班干部时,班主任还应综合考虑多种方法,如提拔法、民主推选法、毛遂自荐法等。

2. 培养班干部

加强班干部的思想教育。班主任有责任引导他们明确优秀班干部的标准,这可以从三个方面来着手:首先,作为学生,他们必须保持优秀的学习状态;其次,作为班干部,他们需要发挥表率作用;最后,作为负责人,他们需要积极主动地参与管理。在日常工作中,还应注重培养班干部的团结协作、敢于斗争、追求奉献的品质,确保他们能够分工合作,共同完成任务。在班干部的带领下,班级整体展现出风清气正、积极向上的良好风貌。

实施班干部例会制度,提升班干部工作效能。每周班级总结课,先听取班级值周生反馈上周情况,再由值周班干部全面回顾上周工作并提出建议。师生共同讨论热点问题,制定合理可行的措施指导下阶段工作。定期召开班干部会议,培训班干部制定计划和监督实施的能力,在例会中,班主任应定期发放管理艺术的相关资料,为班级干部提供丰富的学习资源,促进他们之间的学习交流与经验分享。同时,鼓励班级干部结合班级实际情况,深入探讨解决班级管理中遇到的实际问题,共同为班级的整体发展和进步贡献智慧和力量。

用"高标准、严要求"的原则促进班干部的成长。在开展集体活动中,要求班干部做到以身作则、严格自律,班干部需要通过严格的要求和锻炼才能成长。组织班级开展好活动,需要发挥他们的聪明才智,班主任对他们的工作要及时跟进,适时指导,在实践的工作和活动中提升班干部的管理能力。在严格要求的同时,也要帮助他们树立威信,让他们感受到信任和支持,在合适的范围内给予充分的自主权和责任,激发他们的干劲。

提升班干部之间的团结协作能力。集体的力量源于共同的行动,为此每月组织一次班干部集体公益活动,例如大扫除、志愿者服务等。通过此类活动,不仅能够有效扩大班干部在同学中的正面影响力,更能够深化班干部之间的协作精神与团队意识。这样不仅会在班干部的纪律和日常管理中产生显著效果,更有助于培养班干部之间团结友爱的习惯,为班级营造和谐融洽的氛围,使班级真正成为一个温馨美好的集体。

通过以上措施的实施,班主任可以进一步加强对班级干部的培养和管理,提升他们的综合素质和领导能力,为班级的健康发展奠定坚实的基础。

3. 用好班干部

为确保班干部的有效利用,沟通与信任是不可或缺的基石。班主任在日常工作中,应秉持信赖、交流与支持的原则,与学生干部建立深厚的信任关系。此外,班主任还应积极利用家长资源以及各类活动(如评选优秀学生干部、校运会、艺术节等),为班干部提供展示才华的舞台,充分激发其工作热情。通过这种方式,班干部不仅能够体验到工作成就带来的喜悦,更能深刻理解为他人服务的乐趣和价值。

增设管理岗位,充实班干部队伍。基于学校与班级的实际运作需求,除了维持现有的常规管理机制外,我们还增设新的管理岗位,如"班主任助理""班委干事""纪检员""意见征集员""纠纷调解员""陋习曝光员""财产管理员",等等,通过增设这些岗位,我们不仅能够有效地分散班干部的工作负担,还能构建一个更为多元化与高效的管理体系。此外,这也将鼓励学生之间形成更为紧密的互动与合作关系,共同营造出一个"干部管理同学,同学监督干部"的良性循环。我们相信,在这样的氛围中,班干部将更好地发挥带头作用,引导同学们朝着共同的目标努力,进而促进整个班级的持续进步与繁荣。

为了提升班级管理水平,我们必须重新审视并调整班干部的角色定位。我们需要明确一个观念:"管理水平的最高境界是授权"。这意味着我们要将班级的管理权归还给学生,使他们真正成为班级的主人。班主任在明确分工后,应给予班干部充分的信任和支持,让他们自主组织并安排班级的各项活动。班主任应避免过度干预班干部的工作,允许他们在实践中摸索和成长。同时,班主任也要为班干部提供必要的指导和支持,确保班级工作能够有序开展。通过这种方式,我们不仅能够培养班干部的自主管理能力和团队协作精神,还能激发整个班级的积极性和创造力,最终构建一个更加和谐、有序的班级环境。

总之,要组建一支团结、高效、向上的班干部队伍,我们需要关注每一个环节,包括班干部的选拔、培养和使用。在选拔过程中,我们需要慎重考虑,选择具备领导潜力和责任心的同学担任班干部;在培养过程中,我们需要精心指导,帮助他们提升综合素质和领导能力;在使用过程中,我们需要充分放权,让班干部在实践中锻炼和成长。

三、构建以班主任为核心的教师教育团队

为确保班级教育工作的顺利开展,班主任需组建以班主任为核心,由年级组

管委会主任及各科任课教师共同参与的班级教师教育团队。作为班级教育团队的核心成员,班主任需秉持清晰且坚定的教育理念和班级治理思路,引领任课教师深入参与班集体建设,充分发挥他们专业力量与智慧。这样的合作教育模式将极大增强班级的教育力量,让学生深刻感受到教师团队的温暖与关怀。我们坚信,充分发挥任课教师的教育合力,不仅有助于构建"温馨班级",更能有效促进学生的全面发展,完善其人格塑造。

首先,为了增强任课教师在学生中的影响力,班主任应全力支持他们参与班级教育。使学生认识到,任课教师的教育与班主任的教育具有同等重要性,且教育学生是整个教师团队共同的责任。当任课教师在学生中建立起威信时,他们所教授的学科也会相应地受到尊重,从而能够发挥最大的教育效果。以我个人为例,当接手新班级时,我通常会及时向学生介绍每位任课教师的优点,并对他们给予高度赞扬,以促使学生认同并尊重自己的教师。同时,我也会努力消除学生对任课教师可能存在的误解。其次,为了确保班级整体的学习水平提升,我们必须注重各学科的均衡发展。只有当各科都取得进步时,学生的信心才会得到增强。对于班级中的弱势学科,我会给予更多的关注和支持,确保学生有足够的时间和机会来加强学习,从而树立他们对这门学科的信心。这样的做法不仅有助于提升学生的学业成绩,还能够培养学生的综合能力和全面发展。

其次,为确保班级秩序井然、学习氛围浓厚,班主任需定期与任课教师沟通,及时了解并反馈班级内部情况。通过与任课教师的深入交流,能够准确把握学生的动态,共同探讨解决问题的有效策略和方法。班主任重视并积极采纳教师们的宝贵建议,努力构建一种共同管理班级的和谐氛围。目前,我校班级教师教育团队已形成每日交流班级情况的良好习惯,确保将任课教师们反映的问题及时传达给学生,并引导学生进行反思,进而形成班级内部的积极舆论,推动全体同学共同进步。

综上所述,年级组管委会和班主任们以严谨、稳重的态度,运用科学合理的方法,精心制定了年级组与班主任的工作计划。积极落实并推进"四自"教育的各项措施和方法,这为年级组和班集体的建设奠定了坚实的基础。同时,多样化的班级管理模式和班级评价机构的建立与运行,进一步规范并提升了班集体建设的效能。一支充满活力的班干部队伍,以及以班主任为核心的教师教育团队,他们的工作积极有效,显著提升了教育的效能。这样的管理模式使得年级组管理更具活力和张力,所开展的教育教学实践活动更加富有情趣,充分激发了学生的内在动力和发展潜力,对培养学生"四自"品质、健全学生人格起到了积极的推动作用。

第五章 人格教育的支持体系

人格教育离不开家校社三方之间的有效合作。在这个信息化、多元化的时代,家庭、学校和社会各自扮演着不可或缺的角色,共同塑造着学生的人格。完善的家校沟通机制、快捷的家校联系渠道,让学生真切感受时代脉搏,让他们在广阔的社会实践中长见识、增本领,锤炼"四自"品质,不断健全自我人格。

第一节 建立良好家校关系,共建"四自"教育共同体

家校合作,即家长与学校(及社区)共同承担学生成长的职责,是一种家庭教育与学校教育相互补充、相互促进的双向互动过程。其核心目标在于促进学生的全面发展,而学生则是这一合作活动的核心关注点。家校合作的具体内容涵盖:家校间的沟通交流、家长教育素质的提升以及家长对学校教育的积极参与。教育家苏霍姆林斯基在《帕夫雷什中学》中提到:"儿童只有在这样的条件下才能实现和谐的全面发展,就是两个教育者,即学校和家庭,不仅要有一致行动,要向儿童提出同样的要求,而且要志同道合,抱着一致的信念。"[1]因此,为了学生的全面发展,家庭教育与学校教育必须紧密合作,形成强大的教育合力,共同构建"四自"教育共同体,为青少年的成长奠定坚实基础。然而,当前的家校关系令人担忧,家校合作的现状并不乐观,亟待加强和改进。

一、立足现状,理清问题

目前,家校关系正面临着前所未有的信任困境,双方之间的误解和疑虑逐渐

---

[1] [苏]苏霍姆林斯基.帕夫雷什中学[M].赵玮,等,译.北京:教育科学出版社,1983.

增多。许多家长对学校和教师的信任度不断下降,这一现象的背后可能涉及多方面的因素。既包括学校方面的问题,也涉及家庭因素,甚至受到部分媒体不当报道的推动。家校之间的信任危机亟待引起各方的高度重视和积极应对。

学生来源的多样性是导致家校沟通合作效果不佳的一个重要因素。

目前,我校学生主要来源于三个途径:首先,浦江镇鲁汇地区的本地居民构成了我校学生的主体之一;其次,因市政建设需要而进行动迁安置的居民也是我校学生的重要组成部分;最后,来自外省市并在上海地区务工人员的随迁子女也为我校学生队伍注入了新的活力。

鲁汇地区当地学生,自幼生于斯、长于斯,他们及其家长普遍表现出善良、淳朴和厚道的品质,但同时也显现出胆小、缺乏自信的性格特点。近年来,随着城市化的推进,鲁汇地区也受到波及,当地学生家庭也面临着由农村向城镇集中的转变,其中包括部分家长由以土地为生的农民转变为拥有多套商品房及可观存款的城镇居民,这一转变使他们的经济状况得到显著改善。这些家长大致可分为两类。一类依然保持农民本色,与人为善,勤俭持家。另一类则在脱贫致富后,心态发生变化,失去了原有的自我认知。他们在性格上由原本的节俭、不计较面子,转变为追求面子、过度溺爱孩子,甚至不顾实际需求,一味满足孩子的愿望。他们对自己孩子的老师和学校表现出不满情绪,将过去曾感受到的"被歧视"和"被鄙夷"报复于社会、学校和老师,从而引发家校矛盾,影响家校之间的合作。

由于市政动迁政策,一些原本居住于上海市区的居民家庭在鲁汇地区购买了经济适用房,成为新的鲁汇居民,他们的子女逐渐成为学校的主要群体。然而由于鲁汇地区在出行、购物、就医等方面与市区相比存在诸多不便,这些家长往往感到不满和委屈,认为自己的生活质量受到了影响。因此,这些家长对学校的教育方式和办学举措持有怀疑态度,并经常提出批评和指责。他们往往不愿意与老师进行深入的沟通和交流,通常情况下,仅停留在口头上的应付,而缺乏切实有效的实际行动,这导致家校合作意愿薄弱,给学校教育工作带来了一定的困扰。在这种情况下,我们需要更加严谨、稳重、理性地处理与家长之间的关系,尊重他们的意见和想法,积极与他们沟通,以更好地推动学校的发展。同时,我们也需要加强对学生家长的宣传教育,让他们了解鲁汇地区学校的教育理念和办学特色,增强他们的认同感和归属感,促进家校之间的合作与共赢。

在上海地区,存在一定数量的外省市务工人员,他们因经济原因选择租住在较为偏远的市郊结合部——鲁汇,或直接在鲁汇地区工作与生活。对于这些务工人员而言,他们的子女多数就近进入浦江三中接受教育。由于这部分家长往往工作繁忙,甚至双休日也鲜少能陪伴在子女身边,导致他们难以充分关注子女的日常学习和生活情况。因此,他们与学校老师之间的沟通相对较少,即便有所联系,也往往仅限于简短的询问与交流,缺乏对孩子教育问题的深入探讨和有效沟通。

经过深入调研,我们发现我校存在一个值得关注的现象。随着外来务工人员的不断涌入,鲁汇地区出现了越来越多的跨地域婚姻。这些婚姻中,女方往往来自外省市,男方则是本地男青年。这些家庭的经济条件普遍一般,女方通常表现出较强的精明能干特质。然而,由于部分男方母亲对外省市女性持有偏见,导致婆媳关系紧张,家庭氛围不和。在子女教育方面,这种现象表现得尤为明显。强势的婆婆往往溺爱孙子孙女,而能干的媳妇则更倾向于严格教育孩子。这种教育观念的差异导致家庭教育意见不统一,难以形成积极有效的家庭教育环境。值得注意的是,外省市男青年与鲁汇当地女青年结婚的情况也并非罕见。针对这一现象,我们有必要进行深入分析,探讨如何促进家庭和谐,提高家庭教育质量。

家校沟通合作的不力,其中一个重要因素在于家长对孩子的过度袒护。

随着我国生育政策的调整,许多家庭迎来了二胎、三胎的新成员。然而,这也给家长带来了新的挑战。在繁忙的生活中,家长往往难以充分照顾和平衡两个或多个孩子的需求,导致对较大孩子的耐心教育和引导不足。特别值得关注的是,现代家长大多是独生子女一代,他们自幼受到较多的宠爱甚至溺爱。这部分家长对孩子的溺爱程度往往超过他们自身曾经的经历。因此,孩子们从小形成了以自我为中心的习惯,对家庭环境产生了较强的依赖性,稍有不如意便可能情绪失控。这种情绪化的行为模式在学校环境中也有所体现,孩子们可能难以承受轻微的挫折和委屈,难以接受来自教师和同学的正当建议和批评。在某些情况下,学生甚至可能与教师和同学发生冲突。当学生在学校遭遇不如意的事情时,即使是轻微的委屈和不满,家长也往往不问缘由为孩子出头,对教师进行斥责或谩骂,甚至采取威胁或暴力手段。鉴于上述情况,我们迫切需要通过开展家庭教育讲座等多样化的互动沟通方式,加强家长与学校之间的互信与合作。这不仅有助于增进家长对孩子成长过程的理解和支持,还能促进学校与家庭之间的有效沟通,共同为孩子的健康成长创造有利条件。

在自媒体时代背景下,负面报道对家校关系的紧张起到了加剧的作用。

当前网络媒体的发达使得负面校园新闻层出不穷,这些报道往往给教师形象带来负面影响,进而引发了家长对学校的信任危机。然而,在这些新闻事件中,真实的情况往往被夸大或歪曲,甚至有一些是媒体为了吸引眼球而编造的。这些不实报道的传播,不仅损害了教师群体的形象,也破坏了家校之间的信任。尽管浦江三中一直秉持着"尽我所能,为孩子们做些事"的教风,教师敬业爱生,得到了广大家长的认同和支持。但是,媒体对于校园和教师的负面报道仍然在一定程度上影响了部分家长的是非判断,使他们产生了对学校和教师的误解。这种误解导致学校和家庭之间、教师和学生家长之间出现了不和谐的音符,缺乏真正的沟通。在这种情况下,家长对于教师的真诚沟通和提出的合理性建议往往持怀疑态度,这使得家校合作变得名存实亡,无法形成教育的合力。

二、增进理解,融合关系

针对当前家校关系所面临的严峻挑战,改善并扭转家长对学校工作的不理解和不支持的现象至关重要。这并非一蹴而就的任务,而是需要我们自学生踏入校园之初,便始终秉持"爱生如子"的教育理念,将学生的成长与利益置于首位。作为教师,在与家长沟通时,应坚守"学高为师,身正为范"的原则,运用自身广博的胸怀和高超的教学能力,促进学生的全面发展。这样的做法不仅能让教师赢得学生的尊敬和爱戴,同时也能获得家长的认可与支持。浦江三中的领导和教师们正积极落实这一教育理念,以实际行动彰显师德师风,传播正能量。通过他们的努力,学校已经赢得了学生和家长的高度评价与赞誉,有效促进了家校之间的和谐关系,家校携手合作,共同致力于学生的全面发展,为形成教育合力打下了坚实的基础。

1. 评选先进,弘扬师德

评选优秀教师,以彰显师德之光。为了增进家长与教师之间的了解,提高教师在家长心中的形象,每年教师节之际,学校都会举行隆重的表彰大会,对年度表现卓越的优秀教师(师德标兵)进行表彰。此次活动不仅吸引全体师生参与,还特邀退休教师、家长代表以及社区相关人士共同参与。每年4月至6月期间,学校会通过官方微信公众号发布评选优秀教师(师德标兵)的通知。学工部将采取无记名问卷调查的形式,邀请学生和家长推荐心目中的优秀教师。同时,各组室也会推选出一名优秀教师代表,并在全校范围内再推荐一名。最终,得票数最多的前二十名教师将获得学年优秀教师(师德标兵)候选人的资格。为确保评选的公正性和透明度,学校工会将负责收集整理这些候选人的资料,并在学校橱窗和学校微信公众号上进行展示宣传,以便家长更全面地了解候选人的事迹和成就。经过严格筛选,最终评选出前 10 名的教师荣获学年优秀教师(师德标兵)称号,第 11 至 20 名的教师则获得优秀教师(师德标兵)提名奖。在教师节当天,学校将举行盛大的表彰仪式,对获奖教师进行隆重表彰,以激励全体教职工向他们学习。这一评选活动得到了广大学生和家长的热烈响应和积极参与。他们纷纷表示,通过这一活动,他们更加了解了教师的辛勤付出和敬业精神,对教师的尊重和理解也进一步加深。同时,评选活动也加强了家长与学校之间的联系和沟通,为学校的各项工作顺利开展营造了和谐、积极的氛围。

2. 传达真情,增进理解

为了有效传达真情并增进相互理解,我校广大教师积极行动起来,以优秀教师为榜样,致力于关爱每一位学生,深入理解家长对子女的深厚情感,以及他们在某些情况下的冲动行为,主动与家长建立沟通渠道,积极传达善意和关怀,用真诚和善意搭建起家校之间的桥梁。

上海市作为一座海纳百川的特大城市,浦江三中的学生群体多元且复杂,家长们来自五湖四海,性格和秉性各不相同。在与家长交流的过程中,我们有时会面对温文尔雅的谦谦君子,与这样的家长沟通让人感到舒适和愉悦。然而,有时我们也会遇到一些容易冲动的家长,他们可能因为各种原因而在情绪激动时来到学校,对教师进行指责和谩骂。面对这种情况,我们的教师始终保持冷静和理性,避免在家长情绪激动时与他们进行理论。因为此时的理论很可能会激化矛盾,使家校关系进一步恶化,甚至导致全面的崩溃,这对学生的教育引导并无益处。相反,我们坚持"与其理论,不如倾听"的原则,耐心倾听家长的诉求和不满。无论是由于家长的脾气、听信传言还是仅听自家孩子的一面之词等因素,此时的家长内心充满了负面情绪,他们可能无法理性地听取教师的解释。因此,我们选择倾听,让教师成为家长情绪的"受气筒",让家长充分发泄内心的不满和抱怨。等家长的情绪稳定下来后,我们再以平和的心态与家长进行深入的沟通和交流。当然,面对无端的指责和谩骂,教师可能会感到委屈和不快。但我们必须明白,任何的说理或"反击"都无法消除误会,也无法有效教育学生,反而可能为家校合作埋下隐患。因此,"与其不快,不如宽容"。

我曾亲身经历过这样一个案例:

某次,一位家长因故情绪激动地来到学校,要求班主任给予解释。遗憾的是,当时班主任并未在场。面对这一突发状况,我迅速采取了倾听的三项措施来化解矛盾。首先,我礼貌地邀请家长坐下,为其提供了休息的空间。接着,我递上了一杯热茶,为其提供了一个倾诉的平台。最后,我鼓励家长说出自己的不满和抱怨。经过一个多小时的耐心倾听,家长的情绪逐渐得到了平复。最终,家长深感歉意地表示,自己刚才的脾气过于冲动,希望我不要介怀。同时,家长也明确表示,如果孩子在学校有任何问题,希望班主任能够直接与其联系。通过我的积极倾听和妥善处理,原本一触即发的冲突得以顺利化解,为学校营造了和谐稳定的氛围。

在处理家长情绪方面,我秉持着理解和包容的态度,有效地化解了家长的不满和愤怒。同样地,面对学生犯错,教师也应展现理解和包容。毕竟,人非圣贤,孰能无过。面对学生的顶撞,教师应选择倾听,允许学生表达负面情绪,并以理智冷静的态度应对。学生的顶撞行为,实质上是一种应激反应,源于其内心对教师可能存在的戒备心理,而采取的自我保护措施。而面对学生的辱骂,尽管学生的这种行为是错误的,但教师仍需包容。

有一次,我找一位学生了解学生间发生矛盾的前因后果,这位学生突然大声地质问我:

"你为什么找我,而不去找他?"

"那你为什么不去找他?为什么偏偏找我?"

"我很不满,我现在很生气!我要发火了!"

"我的声音为什么不可以大?我就是要超过你的声音。"

"我就是要生气,因为你先找了我!"

面对学生对我的吼叫和质问,我包容了他,我相信,事出有因,经过事后调查,我们了解到这位学生曾经历过一段充满磨难和痛苦的童年。

上面学生的不当行为,其实源于他成长过程中的多重因素影响,我们不能简单地将责任归咎于学生本身。在面对学生对教师的冒犯时,作为教师,我们应有足够的包容和理解。从学生的角度出发,他们的言行背后往往隐藏着更深层的原因,尽管这些原因可能尚未被我们完全了解。只要我们保持关爱的心态,相信总有一天,学生会向我们敞开心扉。教师以善意对待学生的冒犯,展现出温暖与理解,这本身就是对学生和家长的一种信任。通过换位思考,家长也必然能理解教师的教育初衷,进而有效推动家校之间和谐关系的构建与发展。当后来该学生的家人知道了这件事情的原委后,对我的工作更加支持和信任了。

我们将始终把学生的身心健康作为工作的重中之重。当学生身体不适时,一句温暖的问候远比催促完成作业更能体现我们对学生的关心与情感投入;当学生因故迟到,我们轻声的询问与关心将比迟到本身更受重视;在集体比赛中,我们更注重的是学生的参与和体验,而非过分追求荣誉。这样的关爱与呵护,家长们看在眼里,记在心上,从而拉近师生之间的关系,缓解家校之间的矛盾,使教师和家长之间的沟通更为顺畅有效。

此外,教师也需积极与家长保持沟通,时刻掌握学生在家庭环境中的状况,并及时向家长反馈学生在校园中的表现。此举不仅确保了班主任与家长之间的有效交流,同时也让家校双方对孩子的在校及在家情况有了全面且准确的了解。这为家校双方合作教育孩子提供了坚实的依据,有助于形成教育合力,为孩子的发展提供坚实的保障。

3. 倾听诉求,赢得理解

浦江三中领导与教师始终将家长的意见和建议视为宝贵财富,积极为家长提供多种渠道,以便他们能够将自身诉求传达给学校管理层。校长,作为学校的领导者,特别在校长室楼梯口显眼位置设立了校长信箱,确保家长的声音能够直达管理层。每周有专人负责对收集到的家长意见和建议进行整理,并上报给校长。校长会根据具体情况,将问题分配给相应部门,要求部门迅速整改,并提出具体解决方案。若无法立即解决,校长会书面说明情况,向家长作出合理解释。此外,学校还制定了家校联系制度,以加强与家长的沟通与合作。参见案例5-1。

案例5-1　浦江三中家校联系制度(摘要)

1. 重视新生的接待工作,确保学生个人信息的准确填写和妥善保存。

2. 家校联系工作是教育工作的重要组成部分,家校联系是教育工作的重要一环,通过家访等方式向家长传达教育重点和要求,并邀请家长参与学校活动。为确保全面覆盖和深入执行,班主任每学年需完成100%家访率。

3. 为了更好地了解家长对学校的意见和建议,特设单周五为校长接待日。当天校长将亲自接待来访的家长,倾听他们的声音,为学校的改进和发展提供有力的支持。

4. 每学期,为家长学校安排二至三次授课活动,旨在帮助家长深入理解和熟练掌握正确的家庭教育方法。

5. 每学期将举办两次全校性家长会,以及多次各班级家长会,并设立家长开放周活动。这些活动旨在让家长更全面地了解学校和教师的工作,同时能够更清晰地观察自己孩子的学习和生活过程。

6. 借助校园家庭教育网站,构建一个促进家校互动和家庭间沟通的有效平台。该平台旨在提供一个优质的学习空间,使家长们能够持续汲取家教知识,不断充实和丰富自己的家教经验。

家长若有情况需反映,可经由班主任的渠道进行汇总,班主任会进一步整理并向年级组管委会提交。管委会则会将相关信息转达至学校学工部,最终汇集至校长室。对于家长所提问题,校长将在每周的学校行政例会上进行审慎讨论,并根据实际情况制定相应的解决措施。若存在问题,将立即改正;若无问题,以此为鉴,持续努力提升学校管理水平。

此外,本校在每个学期均会向全体学生和家长发放满意度问卷调查,积极征求家长对于学校办学状况的宝贵意见和建议。同时,我们诚邀学校家委会成员莅临学校进行实地观察与调研,他们也可主动来校巡视校园,以便及时发现问题并向学校行政部门反映。此举确保了学校工作的各个环节都受到家长的监督和检查,从而保证了学校各项工作的有序、稳定开展与实施,为学校教育教学的健康发展奠定了坚实基础。正因为家长的意见和诉求能够迅速且准确地传达至校长室及各个学校部门,学校领导得以在第一时间对家长反馈的问题进行解释、反馈和妥善处理,因此,家长们对于学校的办学情况普遍表示满意。

综上所述,社会的快速发展和生活水平的不断提高导致公众对教育的期望愈发高涨,甚至达到苛刻的程度,给家校关系带来了极大的挑战。面对这一复杂局面,浦江三中的领导层与教师群体采取了一系列措施,通过评选表彰优秀教师并大力宣传其事迹,有效提升了家长对教师工作的认知与理解,进一步加深了家长与教师之间的情感联系。教师们以关爱之心对待每一位学生,积极回应家长的关切,主动与家长建立有效的沟通渠道,用真诚的情感和友善的态度为家校和谐共进铺平了道路。这些举措不仅保证了家校合作的顺畅与高效,也为学生的"四自"品质培养和健全人格的形成提供了坚实的基础。

第二节 家校合作,培养学生"四自"品质

鲁汇地区学生群体多元化,其家庭背景及家长教育水平存在显著差异。为优化家庭教育质量,需深入探讨有效的家庭教育方法,并促进学校教育与家庭教育的高效融合,共同助力学生健康成长。通过双方协同合作,实现家庭教育与学校教育的共同发展,为学生创造更优质的教育环境,达到双赢的教育目标。

一、建立家校合作机制

刘力教授,我国知名学者,对家长参与学校活动的形式进行了深入研究,并划分为三个层次:"形式上的参与""人际的参与""管理式的参与"[1]。在多数情境下,

---

[1] 刘力.家长参与学校教育的功能及方式[J].教育研究与实验,1992(1):62—66.

家长与学校的互动主要停留在形式参与层面,常见的参与形式包括家长会、校园开放日、学生作品展示以及家长联系簿等。在家校沟通方面,部分教师和家长存在认识误区。一些教师仅在学生出现问题时才与家长进行沟通,而部分家长则认为家校沟通仅限于了解孩子的学习情况,忽视了其他方面的重要性。这种沟通方式未能充分发挥家长在教育中的积极作用,也无法实现家校之间的真正合作与共赢。为了改善这一现状,浦江三中特别制定了家校沟通合作的保障机制。该机制旨在促进家校之间的深入合作,提高教育质量,实现学生、家长和学校的共同发展。

1. 成立三级家委会,增强沟通交流

为了有效增进家校沟通交流,学校构建涵盖学校、年级、班级三个层级的家委会体系。对家委会的工作制度进行了全面的修订,旨在鼓励家委会成员更加积极地参与到学校的日常工作中,深入了解学校的办学理念和日常管理,以便协助学校与家长、社会之间建立更加和谐的沟通桥梁,从而为学生营造一个良好的教育环境。三级家委会协同发挥桥梁纽带功能,在校级家委会的引领辐射下,各年级、班级的家委会也将积极行动,鼓励更多的家长关注并重视家庭教育。各级家委会成员将承担起推荐家庭教育学习资料、促进资源共享、交流家教经验、监督建议学校事务以及参与"五四"奖章评选等重要职责。我们坚信,通过这样的参与和互动,将能带动更多的家长关注家庭教育,推动家校之间形成强大的教育合力,从而提高教育的整体效果。具体参见案例 5-2。

案例 5-2 浦江三中学校家委会组织机构及职责

(一)各级家委会组织机构

校级家委会:共由 17 人组成,设一正一副两位主任,一位秘书长。下设 3 个功能组:学习活动组、护校志愿组、功能监督组。每个功能组通常有3至4位负责人,负责召集全校家委会委员的积极参与,提供策略和建议,贡献人力物力。家长可以根据自己的时间安排自主选择参与的方式。

年级家委会:由本年级各班8—10位家长组成,并由担任校级家委会的委员牵头召集和主持相关会议。年级家委会发挥承上启下的作用,其主要职责是协助并组织本年级的各类活动,以推动年级内部的和谐与进步。

班级家委会:由各班级自行决定成员人数,以确保其灵活性和适应性。班级家委会的主要职责是组织并管理班级内的各类活动和学习小组活动,以促进学生的学习和成长。同时,积极支持和配合校级、年级家委会的工作,以形成教育合力,共同为学生的全面发展创造良好环境。

(二)校级家委会职能组的职责

学习活动组:

① 负责收集并整理家委会的内部资料,包括计划、总结以及各类活动资料等,确保资料的完整性和准确性。

② 负责宣传工作,定期更新家长宣传栏的内容,负责家长学校每月一题的出题与批阅工作,同时关注学校环境的美化与安全保护工作,确保相关工作的顺利进行。

③ 组织并邀请家长参与家校联欢活动,包括文艺节目和体育项目的排练,以及活动主持人的角色担当。

④ 及时掌握并反馈家长的需求,与学校共同策划家长学校读书活动,组织家长经验分享会、家长咨询以及家长开放日等多样化的活动。

⑤ 主动参与学校教育理念的探讨,对教育改革措施提出建设性建议,与教师协同开展各类亲子教育活动。

护校志愿组：

① 积极参与学校各类节庆、传统活动和外出实践等活动的策划、组织工作,包括后勤采购、经费核算、场地布置、车辆安排等,确保活动顺利进行。

② 在上学、放学时段,认真参与学校校门口秩序维护和安全保障,确保学生安全有序出入。

③ 积极收集家长和社会中的教育资源信息,为学校、家长和社区之间的教育互动提供有效的协调与支持。

④ 关注校园环境的美化和卫生工作,积极参与校园环境维护,为师生创造整洁优美的学习和生活环境。

功能监督组：

① 不定期莅临学校食堂用餐,对食堂的餐饮质量和用餐环境进行全面的评估,并将督查结果及时反馈给学校相关部门及家长,以确保食堂服务的持续优化。

② 接受家长的申诉,充分反映家长的合理要求,并通过积极的沟通和协调,努力维护学校与家长之间的良好关系。

③ 每学期开学之初,主动联系学校与服装公司,组织家委会其他成员共同参与学生校服的征订工作,确保流程顺畅,满足学生的实际需求。

2. 建立家访制度,增进家校关系

浦江三中十分重视家校合作,特别是班主任家访制度。学校明确规定,班主任每学期家访率应达到30%,而新接班的班主任需对学生进行全面家访。在寒暑假期间,对于特殊学生(包括学习困难、经济困难、行为偏差和心理问题学生),班主任的家访率要达到100%,同时其他学生的家访人数也要达到三分之一左右。此外,学校还鼓励任课老师在教师节期间以及平时与班主任协同,对学生进行有针对性的家访。

家访的普及不仅增强了家校之间的紧密联系,还使家长对学校办学的满意度逐年提升。作为班主任,新接手一个班级,在新学期开始前,必须对班级学生进行一次全面家访,以深入了解学生的成长环境、家庭背景以及家长的教育素养和经济状况等。随着社会经济的快速发展,学生家庭情况也在不断变化,这种变化往往会对学生的成长产生重要影响,同时也可能为教育工作带来新的契机。为了确保对学生家庭情况的全面了解,班主任每学期应保证至少对每位学生家访一次。这有助于及时掌握学生家庭的变化,避免在教育引导学生时出现信息不对称的情况,从而确保教育的有效性。在创建温馨教室的过程中,除了师生之间关系的和谐外,教师与家长之间的融洽关系也至关重要。充分利用家长资源是推动温馨教室创建的重要保障。通过团结班级全体家长,共同参与孩子的教育,可以达到事半功倍的效果。因此,经常进行家访、与学生及其家长保持及时沟通和交流、尊重学生和家长、建立和谐的家校关系,是建设温馨教室的重要途径。

在现代社会,家长们对于子女的教育方式持有各异的理念和观点。然而,家庭成员间教育观念的差异使得家庭教育措施难以统一,这给学生带来了很大的困扰和无所适从。另外,部分家长因工作繁忙,鲜少涉猎与家庭教育相关的书籍,这进一步加剧了问题的复杂性。作为教师,我们肩负着传授知识、教授技能和答疑解惑的职责,这一责任不仅针对学生,也延伸至家长。通过家访,我们能够直接与家长面对面交流,深入了解他们所遭遇的难题,并据此提供有针对性的家庭教育指导。这有助于促进家校合作,共同为学生的健康成长营造和谐的环境。

3. 开展家庭教育培训,提高家庭教育品质

从当前学校家庭教育情况来看,家庭教育主要面临以下问题:教育观念偏颇、教育环境不稳定、教育方式缺乏科学性及教育效果不佳。部分家长存在一种误

区,即片面地认为只要为孩子提供优越的生活条件便足矣,却未能充分重视并认识到家庭教育在孩子成长过程中所扮演的至关重要的角色;有些家长尽管对家庭教育有所重视,但由于缺乏有效的教育方法,导致教育成果有限;还有些家长采用不当的打骂式教育,反而加剧了孩子的抵触情绪;另外,一些家庭父母长时间不在家,导致孩子与父母的感情疏远,家庭教育严重缺失。不当的家庭教育或缺失会严重影响孩子的心理发展和人格健全。有些家长虽积极投入家庭教育,学习大量科学的教育知识和理论,但在鲁汇地区,这样的家庭教育依然存在问题。这并非教育理念错误,而是家长所采纳的教育理论和方法与家庭教育的具体环境和孩子的特殊个性之间存在脱节,导致家庭教育"水土不服"。因此,对家长进行家庭教育培训显得尤为迫切。

家庭教育培训是一项多元化且内涵丰富的活动。针对学生们普遍存在的共性问题,我们举办了专题讲座,以系统性的方式提供培训;同时,我们也提供分散式学习材料,这些材料可由学生带回给家长阅读,或直接上传至班级群里供家长下载和阅读。针对家长们关心的家庭教育议题,我们采取座谈的方式进行交流和解答。在家长会上,教师和家长围坐一起,鼓励他们自由发言,讨论可围绕特定主题,也可自由发挥;我们邀请在家庭教育中取得显著成果的家长分享他们的经验和心得,也鼓励遇到教育难题的家长提出问题,大家共同探讨,各抒己见,共同寻找解决方案。对于更具个性化的教育问题,我们在家访时与家长进行深入交谈,提供针对性的指导;此外,我们还利用微信平台与家长进行语音交流,传授家庭教育方法。通过这些丰富多样的培训方式,传递家庭教育的理念和技巧,帮助家长更科学、更有效地进行家庭教育,从而实现积极的教育效果。

通过家庭教育培训,逐渐改变了部分家长陈旧的教育思维。在初中生青春期逆反心理的背景下,许多家长过去常常受到急功近利和过高期望的影响,从成年人的视角出发,将自己的意愿和期待强加给孩子,却忽视了孩子身心发展的实际规律,导致孩子产生反感,双方难以相互理解,影响了亲子关系的和谐。另外,家庭中夫妻关系的和谐与否,也直接影响到孩子的心理情绪。经过家庭教育培训,家长们的教育观念得到了显著的提升,增进了亲子关系的和谐。经过培训,家长们开始关注自身的言行举止,逐渐改变了"家长式"的教育方式,用沟通交流代替打骂训斥,用"平等"取代"压制",不仅增强了学生对学习和生活的自信心和自立能力,还为他们营造了一个温暖、积极的家庭环境,成为他们全面发展的有力支撑。和谐的家庭关系有助于学生"四自"品质的养成,促进他们人格的健全发展。

家庭教育培训,还帮助家长精准地把握孩子的个性特征,从而找到最符合孩子特点的教育方式。正所谓"因材施教",每个孩子都有其独特的性格特点和问题成因,教师针对这些差异采取不同的教育策略,同时在培训中分析不同孩子的个性特点和教育方式,帮助家长选用最恰当的教育方式引导自己的孩子,能够取得最佳教育效果。

例如经过观察,学生小磊学业成绩持续下滑,从年级组三十三名降至五十五名。与任课老师讨论后,发现其学习态度和作业质量均不佳。为了探究原因,周六上午我前往小磊家与其父亲沟通。得知小磊在完成作业后自主安排晚间时间,包括玩游戏和看电视,这可能是导致作业质量下降和错误率上升的原因所在。周末时,小磊投入作业的时间有限,更多时间用于娱乐。针对此情况,我们提出以下建议:一是实施隔离措施,将电脑交由父亲管理并上锁,减少小磊对游戏的依赖;二是控制看电视时间,平时仅限新闻节目以拓宽知识面,周末可适度增加但须保证作业质量;三是父亲每天检查作业字迹并督促改正错误。经过我的"指导",小磊父亲认识到自己家庭教育的缺陷,欣然接受了我的建议。经过一个月的脱敏疗法治疗,小磊在第一学期期末考试中取得了显著进步,成功跻身年级组前三十七名。

经过一对一式的家庭教育指导,小磊的父亲已摒弃了过往"完成作业即可娱乐"的教育观念与做法。采取"陪伴式"的作业完成方式,通过"脱敏疗法"有效地减轻了小磊对电脑、电视的依赖。可以说,家长家庭教育观念的转变,为小磊营造了一个安心、专注的学习环境,显著提高了他在家中的学习效率。

二、丰富家校合作渠道,健全学生人格

家长们普遍对参与学校志愿者活动持积极态度,然而,目前家校之间的合作潜力尚未得到全面挖掘与利用。为了更有效地推动学生的全面发展,我们必须深入思考并实践家校合作的具体方法和途径。通过增强家校合作的力度,发挥家长在学生成长过程中的重要作用。"四自"教育的家校合作模式的探索与实践,正是为了充分发挥学校和家庭在学生教育中的主体作用,旨在帮助学生培养"自律、自信、自立、自强"的优秀品质,鼓励学生积极参与浦江三中"五四"好少年的评选活动,进而完善学生的人格。我们将继续致力于家校合作教育的推进,以构建更加和谐、有效的教育环境。

(一) 班级群(班级公众号)见证"四自"品质养成

"四自"教育的成功实施,离不开每个家庭的积极参与以及学校与家长之间的紧密协作。尽管家庭环境各异,家长的教育理念和方法也不尽相同,但家长与教师共同期望孩子健康成长的愿景是一致的。为此,教师们借助微信群、钉钉群、公众号等现代化通讯平台,与家长维持着便捷、迅速且高效的沟通机制,以确保双方信息交流的畅通无阻,及时将学生在校期间的"四自"表现反馈给家长。同时,通过家长在这些平台上的打卡记录,教师也能及时了解学生在家的学习与生活状

况,从而更好地促进家校合作,共同助力学生的全面发展。

家校合作目前尚存在表面化、缺乏深度融合与有效参与的问题。部分家长持有的观念是,教育是学校与教师的专属职责,但更深层次的原因在于家长对于学校教育和活动的认知不足,导致他们在参与时感到困惑,甚至担心自己的介入会干扰学校正常的教育教学秩序。作为家校联系的关键人物,班主任应通过多元化的渠道,全方位地展示班级形象,使家长群成为展示学生成长的窗口。此举旨在激发家长对学校各类教育教学实践活动的关注,并加强其对孩子在校表现的关心程度,从而进一步提升家长参与班级集体建设及共同培育学生成长的积极性,促进家校之间的紧密合作,共同为学生的全面发展提供有力支持。

下面将详细介绍如何利用家长群来加强家校沟通,促进家校合作。

教室布置展现学生"四自"精神风貌。一个整洁美观的班级环境,不仅能够为师生创造一个舒适宜人的学习和工作氛围,更是培养学生综合素质的有效途径。每学期伊始,各班级都会精心布置教室,以期达到以美育人、以文化人的效果。教室布置,首先培养学生的自立品质。教室环境布置方案的确定,充分征求学生和家长的意见,这既是为了营造美观合理的班级环境,更是为了凝聚班级力量,培养学生的自主意识和自立能力。在布置过程中,我们鼓励学生和家长积极参与,通过征集金点子、自发组织小组等方式,让学生在实践中锻炼自己的组织和动手能力,提升自立意识和责任感。同时,要求学生拍摄布置过程和成果,也培养了学生的摄影兴趣和技能。其次,教室布置还承载着激发学生自信心的使命。我们将学生的版面设计、布置照片和短视频展示在班级群里,供全班同学和家长欣赏。这些精美的作品不仅展示了学生的创意和才华,也拉近了家长与班级的距离,增强了家长对班级教育环境的信任感和满意度。这种信任和满意为学生未来的学习和生活奠定了坚实的基础,也为班级各项活动的顺利开展提供了有力保障。最后,教室布置还是展示学生"自强"精神的舞台。学校规定教室必须设置"四自"角,即"五四"争章版面,包括张贴"四自"要求和月争章荣誉榜。这一举措旨在让学生时刻铭记"四自"要求,通过不断努力和进取,争取荣誉和进步。同时,通过班级群和公众号等平台,让家长更多地了解"四自"教育和班级风貌,从而赢得家长对学校工作的支持和配合。综上所述,教室布置是一项富有深意的工作,它不仅美化了班级环境,更在潜移默化中培养了学生的自律、自立、自信和自强品质。这种品质的培养将为学生的未来发展奠定坚实的基础,也为家校合作和班级建设提供了有力的支撑。

作品选展彰显学生的"四自"精神。选展作品将一周更换一次,由不同小组轮流负责策划与布置。每周,各班学科老师将甄选出各自学科学生的优秀作品,并推荐给班主任。班主任汇总这些作品,交由当周负责更新的小组进行筛选、排版,并利用周末时间进行版面布置。每周一,精选出的学生作品将在班级群(班级公众号)进行展示。此种展示方式不仅为学生提供了一个展现自我才华的平台,更激发了他们的创作热情与积极性。学生们纷纷在各自擅长的领域努力提升,以期作品能够被选展出来。同时,通过班级群(班级公众号)的展示,也吸引了家长们的高度关注,使他们能够欣赏到班级学生的优秀作品,进而关心孩子兴趣爱好的培养与发展,了解孩子所取得的成绩与荣誉。综上所述,作品选展不仅促进了学生特长的培养与能力的提升,也加强了家校之间的联系与沟通,实现了教育资源的共享与互利。

活动纪实展现学生"四自"素养。自早晨踏入校门,至傍晚离开学校,学生在校园内度过每日最宝贵的时光。多样化的校园活动不仅为学生提供了丰富的实践机会,也创造了展示自我的空间。每日两次的体操与活动、早晨清扫与阅读、正式授课以及课间休息,均为学生日常生活的重要组成部分。每周的升旗仪式与班级总结，不仅为学生提供了回顾过去、展望未来的机会，更开启了他们新的一周。我校每年均隆重举办四大校园节庆活动，并精心策划组织各类创意活动，积极开展"五四"雏鹰争章评选活动，这些活动不仅为师生们提供了展示才华、交流学习的平台，更有助于营造良好的校园文化氛围。班主任积极引导学生收集、筛选并定期展示这些纪实照片，旨在让家长和学生共同见证学生在参与各项活动中的成长与收获。此外，我们还将评选出最佳风采奖和最佳摄影奖，以表彰表现优秀的学生和摄影师。

家校互动点评，共同培育学生的"四自"品质。在班级群（班级公众号）中，我们定期展示学生的作品和活动场面，此举不仅极大地提高了班级群（班级公众号）的活跃度，也激发了家长们对孩子们表现的关注和认可。家长们纷纷点赞，这种正向的反馈机制进一步激发了学生们的积极性，促使他们不断追求卓越，努力展现自我。为鼓励学生的创作热情，我们每周都会对展示的作品进行评比，评选出最佳作品，并为获奖者颁发小红花作为鼓励。学期末，我们将再次展出每周选出的优秀作品，邀请家长、老师和学生进行无记名投票评选。最终评选出的优秀作品将在下一个学期期初的教室版面布置中进行张贴展出，以供大家欣赏和学习。此外，我们还将对照片进行摄影评选，评选出最佳风采奖和最佳摄影奖，以表彰那些在活动中表现出色和捕捉到精彩瞬间的同学。通过这一系列活动，我们期望能够进一步推动家校合作，共同助力学生全面发展，培养他们成为具有"四自"品质的优秀个体。

班级群（班级公众号）对于提升家长对孩子在校表现的关注度，以及激发家长积极参与班级活动，具有显著效果。此外，该平台也有效促进了学生对个人兴趣科目的投入，提升了他们完成学科作品的自觉性和质量，从而培养了其认真学习的态度和习惯。同时，家长通过关注班级群（班级公众号）并与孩子分享班级动态，不仅增进了亲子间的交流，还有助于改善和增进亲子关系。

(二)教室——家校共育的舞台

针对当今社会中家长参与学校教育管理的意愿情况,经过与家长进行广泛深入的交流,发现家长们普遍持有积极参与教育管理活动的期望。然而,在实际操作中,他们也不得不面对一些困难。部分家长反映,由于日常工作的繁忙,他们难以抽出足够的时间来关注学校教育,甚至连自家孩子的教育都无法充分顾及,因此他们更倾向于信任并依赖老师。另一些家长则认为自己在教育方面缺乏必要的专业知识和方法,导致他们不知道如何有效地参与学校教育管理。此外,仍有部分家长持有一种观念,认为教育是学校老师的事务,与他们自身关系不大,因此缺乏参与的积极性。综上所述,家长参与学校教育管理的意愿虽然普遍存在,但实际操作中却受到多种因素的影响,导致他们的参与程度有所差异。

为了促进家校合作,我校设立三级家长委员会、定期举办家长会、设校长信箱收集回应家长建议、鼓励老师开展家访活动、设立家长开放日等。此外,为满足不同家长期望参与活动的个性化和多样化,学校向家长提供一个更全面的视角,以了解其子女在学校中的实际表现,我校决定实施一项新政策,鼓励家长在任何时间进入教室,直接参与课堂教学活动。这一举措不仅是对教师教学方法和效果的一种直观和即时的监督与评价,也便于家长深入了解子女在课堂上的学习状态以及作业的完成情况。通过家长这种"坐堂问诊"式的参与,家长和教师将逐渐形成对学生表现的统一的看法。所谓"坐堂问诊",即邀请所有学生的家长,不受任何限制,随时进入教室旁听,观察教师的教学过程,以及自己孩子在课堂和课间活动中的表现。这将帮助家长更客观、全面地了解孩子在校内外的行为和学习状况,同时也为家长和教师提供了对学生表现进行及时反馈和评价的机会。

家长参与"坐堂问诊"活动的流程如下:首先,班主任将发放"坐堂问诊"征询表,以便收集每位家长可用于参与学校班级教育教学活动的时间段信息。此举旨在确保活动的高效组织和家长的积极参与,从而共同促进学生的全面发展。请家长务必如实填写征询表,并提供准确的时间段信息。然后,家委会负责整理和分析所收集到的家长参与班级活动的数据,并将这些汇总数据及时发送给班主任,以供其参考与掌握。第三,班委依据家委会所汇总的每日参与"坐堂问诊"活动的家长人数,科学合理地安排教室内的听课座位。同时,负责发放并收集《家长"坐堂问诊"反馈表》,然后进行详尽的汇总与整理工作。最后,在教育教学任务完成后,预留半小时的时间,教师与参与"坐堂问诊"活动的家长及其子女进行互动交流。此项活动不仅有效促进了家长与教师间的信任与沟通,而且深化了家校间的协作关系。家长深入课堂,积极参与班级教学管理,有助于激发学生的学习热情,提升课堂教学质量。同时,这一活动也有助于培养学生的良好习惯,促进他们形成自主、自律、自强、自立的品质。

(三) 家庭——家校合作的阵地

不少家长持有一种观点,一旦孩子进入学校,教育的责任便完全转移至学校,而家庭的任务仅限于确保孩子的物质需求得到满足。这种观点忽略了家校之间在教育过程中的相互作用。实际上,班主任和任课教师对学生在家中的学习和生活情况了解有限,同样,家长对孩子在学校的表现也知之甚少。为了加强家校之间的沟通与协作,培养和巩固学生的"四自"品质,促进学生人格的完善,年级组推出"打卡互动,助力成长"的家校互动机制。此机制以"打卡互动,助力成长"表格为依托,加强家校之间的联系沟通。

表格设计的目的在于全方位、多角度地评估学生在平日及周末的行为表现。其评价维度包括尊重家长、主动沟通、主动学习、作业质量、家务劳动、家务质量、体育锻炼和生活自理等多个方面,旨在全面了解学生的综合素质,为家校双方助力学生成长提供有力的参考依据。评价形式包括学生自评和家长评价,这样既保证了评价的客观性,也确保了评价的准确性。在周末,学生不仅需要完成自我评价,还需对一周的表现进行书面总结;家长也需对孩子一周的表现进行评价,并提供综述性反馈,以便班主任全面了解学生的表现。

此外,"打卡互动,助力成长"的家校互动机制,弥补了班主任和任课教师在了解学生家庭表现方面的不足。同时,鼓励家长积极参与孩子的成长过程,促进亲子间的深度互动,为构建和谐的家庭关系提供了有力支持。"打卡互动"机制不仅实现了家校沟通的即时性与持续性,还显著增强了家校间的联系与合作,为学生的全面发展创造了有利的环境。我们期待通过这一机制,共同促进学生的健康成长和全面发展。

综上所述,为优化家校关系、提升家庭教育品质,我们采取以下策略:其一,构建学校、年级、班级三级家委会体系,以加强家庭与学校间的联系与合作;其二,实施家访制度,深入了解学生家庭背景,为个性化教育提供依据;其三,开展家庭教育培训,提升家长教育理念和技能。此外,充分利用班级群(班级公众号)的功能,通过"坐堂问诊"和"打卡互动"等形式,增强家校间的互动与沟通,共同培育学生的"四自"品质,促进其人格的健全发展。这些措施将构建一个学校与家庭共同培养学生的紧密合作体系。

第三节 社校合作,培养社会情感和责任

教育的根本任务是立德树人,培养个性独特、全面发展、富有社会责任感的新

时代人才,健全学生人格。为响应时代对人才培养的新要求和新趋势,上海市教委于2018年推行了《初中学生综合素质评价实施办法》。作为综合素养评价的首要组成部分,"品德发展与公民素养"特别重视学生的认知能力、思想觉悟以及生活实践的有机结合。该办法鼓励学生通过参与社会实践活动,不断自我完善,推动德智体美劳的全面发展。学校积极响应综合素质评价改革的总体要求,充分利用社会和社区资源,结合实践基地等教育力量,强化"四自"教育,从而进一步完善学生的人格发展。

一、走进社会社区,体验责任担当

社会是一个广阔的学习平台,通过深入社会,我们能够更加深入地了解社会的运作机制,同时在观察和分析社会现象的过程中,反思和调整自身的行为和观念,从而更好地融入社会大家庭。为了培养学生的爱国情怀和优秀品质,学校积极利用龙华烈士陵园、宝山烈士陵园、宋庆龄故居、陈云故居、革新村等丰富的爱国主义教育基地资源。通过精心设计社会考察任务、组织多样化的主题活动,以及分享和交流考察成果,旨在引导学生挖掘、学习和践行先进人物的优秀品质。这种潜移默化的教育方式,有助于学生在内心深处认同"四自"要求,明确成长方向,塑造健全人格。

为了更好地传承红色基因,每年暑期,学校均组织各班级学生,以个人、家庭或小组的形式,参与红色基地的实践研学活动。同学们在酷暑之中,不畏炎热,积极前往中共一大会址、顾振烈士纪念馆、鲁迅纪念馆、张闻天纪念馆等红色教育基地进行参观学习,亲身感受先辈们为国家和民族事业英勇斗争的壮丽篇章与无私奉献的精神。同时,学生们还主动申请担任红色故事的讲解员,进行义务讲解工作。在2022年暑期,参观中共一大会址的学生群体中,部分同学承担了讲解员的角色。他们从原先的聆听者转变为讲解者,通过深入学习和准备,将红色故事传递给更多的人,从而获得了不同的心灵体验。这一讲解员活动不仅使同学们对中国共产党的光辉历程有了更加深入的了解,也激发了他们铭记革命先辈英勇事迹,为中华民族伟大复兴贡献力量的决心。同时,通过讲解的实践,学生们的组织能力、语言表达能力和自信心都得到了显著的锻炼和提升。

为培养学生寒暑假期间的自主管理能力和合理安排学习与娱乐时间的习惯,倡导居住地相近的学生自主商议并组建假日小队。同时,欢迎有空闲的家长担任志愿者,协助管理学生假日小队的各项活动。每周,小队将安排两次活动,涵盖学习、娱乐、健身和志愿者服务等多个方面,旨在让学生在实践中体验责任担当,提升其自律、自信、自立、自强的"四自"素养,进而促进学生人格的全面发展与健全。上午的时间通常被规划为学习、休闲以及身体锻炼。在学习方面,学生们不仅要完成老师布置的假期作业,还需根据小队安排进行额外的学习活动。以语文学习为例,小队在上次活动中为每位成员指定需完成的文言文阅读训练篇目,将在下次活动时集体讨论;重点聚焦于文言实词与句式的研究,通过翻译整篇文段,深入探究文章的主旨;学生们还需从书报中挑选精美的文段进行赏析,从细节描写、修辞手法以及字词句特点等多个方面进行深入分析与品味,挑选其中的佳句进行朗读与背诵。在数学方面,学生们需从课外辅导书中挑选一些难题,通过集体讨论,共同探索解题的思路与方法,从而巩固与提高数学能力。对于英语学习,学生们应利用各种英语资料,选取优质文章进行朗读,以提升英语朗读水平;同时,进行文章的翻译,积累其中的重要词组;每位同学还需根据对文章内容的理解设计问题,以锻炼其他同学的理解与应答能力。此外,校外辅导员(由学生家长担任)开展时政教育与人生观教育,使学生在轻松的氛围中积累更多的课外知识,理解做人的道理,从而培养他们的家国情怀、社会认同与责任感。

在学习间隙,假日小队还开展一些娱乐健身活动,如打牌、下棋、跳绳、踢毽子、放风筝、打羽毛球、排练自编的节目等,在校外辅导员的指导下学刻纸、包饺子、练书法等,让学生在假期中不仅能够享受生活的乐趣和甜蜜,还能够巩固和提升"四自"品质,促进他们的全面发展和成长。

二、组织职业体验,明确成长素养

职业体验是一种重要的教育手段,它通过观察、实践、交流等多种方式,使学生深入了解各个职业的工作内容、方式、要求和规章制度。通过职业体验,学生可以更加客观真实地认识到不同职业的特点和要求,理解职业素养对于未来职业选择的重要性。这种体验不仅对学生的成长具有积极的教育导向作用,还能帮助学生在实践中发现自身的职业兴趣和优势,同时也能暴露出一些潜在的弱点和缺陷。通过自我认知和不断改进,学生可以更好地完善自我,形成强大的内生成长动力。因此,职业体验对于促进学生的全面发展和自我提升具有重要意义。

在正义园艺有限公司、区青少年社会实践基地等机构的鼎力协助下,我校特别安排六年级学生深入参与现代农业职业体验活动。同学们参观了现代化种植园,亲身体验了流水线操作,并亲手进行了除草与种植等农业活动。通过体验,学生们不仅掌握了农业劳动的基本知识与初步技能,更深刻理解了农业劳动的基本规律与要求,这对他们的成长具有深远影响。同时,为了丰富七、八年级学生的劳动教育体验,我校积极利用区教育主管部门和学校家委会的资源,组织学生在群益职校、企业工厂参与服装设计、手工制作、产品包装等实践活动。这些活动使学生们深刻体验到了现代工业对生产者在产品创意、产品质量等方面的严格要求,对于培养他们的职业素养和综合能力具有重要意义。为了培养六、九年级学生坚韧不拔、自律自强的品质，以及强健的体魄和坚定的理想信念，我校在每年暑假八月都会组织为期 5 天的军营生活体验活动。学校邀请消防中队指战员担任各中队的辅导员，共同为学生们提供军事与体能训练。如今，"强健体魄，铸就理想信念"的军政训练已经成为我校与消防中队共享共建的传统项目，对于促进学生的全面发展和提升综合素质起到了积极的推动作用。

在参观上海爱登堡电梯总部的过程中，同学们深入了解了电梯的工作原理以及各部件的具体功能，并亲身体验了不同类型电梯的运行过程。同时，他们还认识到电梯具备高度的安全性，若遭遇电梯故障等突发状况，保持冷静、避免恐慌，并耐心等待专业救援，是应对此类情况最为理智且安全的做法。值得一提的是，上海爱登堡电梯在智能化研究方面已取得了初步的成功。这一创新技术一旦投入生产，将对人们的出行方式产生深远的影响。在爱登堡的创新工作室里，整齐排列的证书和奖状不仅见证了公司的辉煌成就，更凝聚了众多爱登堡工作者无数个日夜的辛勤付出和不懈努力。通过这次参观活动，同学们深刻感受到了劳动者的伟大精神。爱登堡员工所展现出的那种持之以恒、勇于探索未知、敢于直面挑战的精神风貌，无疑为我们这些即将步入社会的劳动者树立了宝贵的学习榜样。经过职业体验，学生们深刻领悟到，只有掌握劳动技能并严格遵守劳动纪律规则，才能保障自身在劳动过程中的安全，实现劳动的规范化、高效化和有益化。此外，职业体验活动还锤炼了学生们的坚韧意志，培养了他们守纪自律、自信自强、好学自立以及抗挫抗压等优秀品质。

三、开展安全实训，掌握自护技能

在当前社会背景下，学生普遍缺乏法律意识和安全意识，这给我们的教育工作提出了更高的要求。为了增强学生的法治观念,浦江三中积极与君悦(前海耀)律师事务所、鲁汇派出所合作,共同构建了一个法律保障学生安全的合作机制。每个学期,君悦(前海耀)律师事务所都会派遣专业律师来我校,为学生们举办系列讲座,内容涵盖"拒绝毒品,健康身心""拒绝网络谣言,不信谣不传谣"等法律知识。这些讲座旨在提升学生的法律意识,引导他们自觉学习、遵守和维护法律,成为遵纪守法的好公民。同时,鲁汇派出所也定期为我校学生举办交通安全讲座。他们运用生动的案例,从反诈骗、道路交通安全和突发事件应急处置等方面,教育学生们增强自我保护意识,提高自我保护能力。警官们还为学生们提供了一些在校园内或校园外遇到危险时的应对策略,帮助他们更好地应对突发情况。

学校精心组织的安全教育培训内容丰富全面,采用多样化模拟场景和虚拟现实技术,帮助学生深入理解校园安全问题。学生们在火灾模拟区域操作灭火器,体验灭火;在交通安全区域学习过马路方式和交通信号含义。通过实际操作,学生提升了应对安全事故能力,培养了自我防护意识,确保个人安全。学校安全教室在提升学生安全意识方面起关键作用。通过参观展览、观看影片,我们普及了安全知识和预防措施。我们还设立了安全教育体验馆,运用高科技手段如互动多媒体、VR等,模拟威胁人类安全的情境,让学生在虚拟世界中体验并应对紧急情况。鼓励学生分组合作,共同应对挑战。这种合作学习方式不仅培养了学生的团队意识、沟通技巧和协作能力,还让他们深刻体会到团队合作在保障安全方面的重要性。此外,我们在学校操场或体育馆组织了紧急救护演练活动,并邀请专业救护人员现场指导。通过参与这些活动,学生可真实体验紧急救护工作,了解救护知识并掌握技能。每年,我们还会结合4月25日、5月12日、11月9日等主题教育日,精心策划并组织各种安全逃生演练,如防震抗震演练、消防逃生演练、防空防灾演练等。这些活动不仅大大提高了学生的安全意识,还提升了他们的应急救护和自救互救能力。

东方绿舟，一座规模宏大的学生教育基地，致力于提供全面的校园应急救护实训。在2023年10月，我校七年级的学生们前往上海市东方绿舟进行为期一天的安全实训。实训内容涵盖了"客车自燃逃生演习""电梯故障自救演练""日常生活安全演练""地震灾害自救演练"以及"地铁火灾逃生演练"等多个项目。在基地专业指导老师的引领下，学生们通过合作、体验、动手、动体等多种方式，深入学习了应急自救技能，并树立了强烈的危机意识。整个实训过程注重理论与实践相结合，使学生们真正做到了"真学真练、真懂真会"，同时也达到了"识险避险、自救互救"的公共安全教育目标。在这一天的实训中，学生们不仅获得了丰富的公共安全知识，还亲身体验了模拟逃生场景，如地震来临时的室内躲避和火灾发生时的有效应对与逃生。这些模拟演练让学生们对地震、火灾等灾害有了更加真切的感知，进一步认识到自我保护的重要性，并掌握了基本的自我保护方法。通过这次实训，学生们在今后生活中遇到类似灾害时，将能够更加从容应对，为自己的生命和生活提供坚实的保障。

为了切实关注学生心理健康问题并科学实施心理干预举措，浦江三中携手上海市闵行区利群社会工作事务所（以下简称"利群社工事务所"），共同致力于农村公办初中学生心理健康教育实践活动的深入推进。双方将发挥各自优势，形成合力，确保心理健康教育活动有序、有效地开展，为学生的健康成长保驾护航。在项目启动之际，浦江三中与利群社工事务所成立项目工作小组，明确工作内容、任务时间节点，分配指标和要求给各负责人，细化任务，确保每项工作有专人负责，任务得到落实。项目开始时，利群社工事务所对浦江三中500余名学生进行调研，使用MSSMHS量表筛选出30名存在心理健康问题的学生，并提供分组服务。在团体辅导和小组工作中，聘请专业心理辅导老师，针对患有强迫症和轻度情绪困扰的学生进行辅导,帮助他们认识、表达和处理情绪,认识并记录强迫行为或观念,进行暴露练习,缓解症状。这些措施保障学生心理健康安全,促进健全人格形成。

本校有幸邀请到荣获第六届全国道德模范称号的王海滨先生,为广大师生带来一场题为《生命的色彩》的深刻演讲。王先生以亲身经历诠释了生命的真谛,向同学们展示了何为如夏花般绚烂、如繁星般璀璨的人生。在演讲中,同学们被王海滨先生的英勇行为所深深打动。面对突如其来的灾难,他毫不犹豫地投身于救援工作,即使在意识模糊的情况下,仍坚守着拯救他人的信念。他拼尽最后一丝力气,挨家挨户敲门,为他人带去平安与希望。这种舍己为人的崇高精神,使同学们深受震撼。在治疗过程中,王海滨先生展现出了惊人的意志力和顽强的生命力。面对艰难痛苦的烧伤治疗,他从未放弃,以乐观的心态和坚定的信念战胜了重重困难。王海滨先生的坚强品质不仅拯救了他自己,更给予了同学们强大的精神力量。他的事迹激励着广大学生自律自强,勇敢面对生活中的挑战。

四、公益服务,提升成长品质

公益服务活动不仅为学生提供了接触社会的机会,更在劳动服务的过程中帮助学生深刻认识自我价值,进一步培育他们的自立自强品质。

积极参与大治河保护行动。浦江三中位于大治河畔,大治河作为鲁汇地区人民的母亲河,孕育了无数两岸子民。维护大治河环境的优美与生态的平衡,是浦江三中全体师生的崇高责任。为了进一步强化环境保护,浦江三中的青年教师志愿者携手六年级学生志愿者,共同启动了大治河保护行动。我们清理河道垃圾,用专业工具捡拾废弃物,确保河道水质清澈,河岸环境整洁。此外,我校与闵行区浦江镇水务站建立了紧密的合作关系,共同致力于大治河的保护工作。水务站的专家定期为我校师生提供水资源保护知识的讲座,指导我们如何更有效地保护大治河。这一活动不仅让大治河焕发出新的生机,也极大提升了学生的实践能力和奉献精神,锤炼了学生的自主自立精神,促进了学生人格的健全发展。同时,我们的志愿者团队还深入社区,开展水环境满意度调查。在调查过程中,我们还特别设置了节水妙招征集环节,向社区居民普及节水知识,分享节水小窍门,倡导大家从日常生活做起,珍惜每一滴水。这一系列活动不仅增强了学生的社会责任感,也激发了他们服务社会的热情和动力。综上所述,大治河保护行动不仅保护了鲁汇地区的母亲河,也培养了学生自信自立的品质,激发了他们自觉奉献社会、服务人民的意识和激情。

假日小队在活动。在每个活动日的下午,各假日小队都会自发组织志愿者服务活动,具体内容则由各小队根据自身特点自行策划与安排。这些服务涵盖了多个方面,如为小队活动场所进行清洁工作,为附近居民小区的绿化地带捡拾垃圾并整理花坛,走上街头分发各类宣传资料,以及前往敬老院为老人们提供服务,如捶背、修剪指甲、陪伴聊天、表演节目和整理物品等。通过这些假日小队活动,学生们不仅学会了如何自主规划自己的学习和休闲时间,还积累了丰富的知识。更重要的是,他们在实践中体验到了团结友爱的力量,感受到了帮助他人的快乐,并在不断努力中取得了成功。这些活动不仅提升了学生的综合能力,还在无私奉献中不断完善了他们的人格素养。

为了有效应对永丰村特殊家庭孩子在暑期所面临的"看护难"与"看护贵"等挑战,学校积极挖掘潜力,依托"永丰星冉学堂"平台,开展公益性质的暑期辅导活动。此次活动自暑期开始,为期两个月,旨在让村里的孩子们无需离家,便能享受到优质的教育资源,确保他们度过一个既安全又充实的暑假。暑期辅导活动采用

"公益+专业"的模式,由学校党支部负责策划并监督执行。每周四的下午1点至3点,村老年活动室都会变得热闹非凡,王玉才、徐云、梁杰、王炳华、陈齐斌、王开等教师轮流开设各式各样的兴趣课程,教师们均倾注了极大的心血,准备了包括"我爱阅读""书法入门"等深受家长欢迎的基础课程,以及"象棋大师""模型创智"等拓展型、研究型课程,充分满足了学生的兴趣爱好。值得一提的是,每节公益课堂均有两名教师合作执教。其中一位学校专业学科教师负责教学内容,另一位村里的教育干部则负责点名和课堂管理。这种双教师模式保证了课程的紧凑高效,让学生在120分钟内获得最大化学习收益。在社会环境中浸润与成长,透过社区服务,学会了奉献与服务的真谛;通过职业实践,掌握了初步的劳动技术,并进行了职业规划的初步设想。同时,在安全实训的过程中,深入学习了安全知识,提升了自我保护的能力。社会的广阔熔炉不仅锤炼了学生的"四自"品质,更培育了他们的家国情怀与社会责任。

学校、家庭、社会是塑造学生全面发展的三大支柱。学校承担着传授知识、培养技能、答疑解惑的核心任务;家庭是学生启蒙教育和巩固学校教育的基石;而社会则是学生拓宽视野、锻炼能力的重要平台。学生的德智体美劳全面发展以及自律、自信、自立、自强的品质培养,均需要学校、家庭、社会的共同关注和紧密合作。只有如此,我们才能切实贯彻立德树人的教育理念,全面健全学生的人格发展。

第六章 人格教育的个别关注

个别教育是促进全体学生形成健全人格的重要途径。"四自"教育通过集体教育、家庭教育、社会教育等多种外部因素作用于学生个体,进而激发其内在因素的变革。唯有当各种外力协同作用,学生的内心世界方能逐渐明澈,其行为举止得以逐步规范,知识得以慢慢积累,从而学业不断进步,"四自"品质得以逐步培养,人格也因此不断健全。

第一节 个别教育的内在旨趣

一、个别教育的内涵

叶澜教授在她的《"新基础教育"论》中,旗帜鲜明地提出了"新基础教育的学生观",即主动性、差异性和潜在性。①

学生的主体性要求我们把学生视为有独立人格、有尊严的人,要求我们尊重学生的人格。班主任在工作中贯彻主体性,就要尊重并发展学生能动性、自主性、创造性,承认学生抉择的权利,并想方设法提供有利条件,培养学生在复杂情况下进行正确选择的能力。这样做不仅有利于培养学生的良好个性,调动学生的主人翁意识和积极性,从深层次上讲,其教育意义还在于确立人对自然和社会的主体地位。通过我们的教育使学生增强责任感,认识自然,改造自然,做自然的主人;认识社会和历史发展,做社会的主人。在教育过程中教师引导、教育、促进学生主体得到充分的发展,这正是我们要追求的教育目标。②

学生间存在差异性,班主任的教育魅力与教育智慧恰恰体现在对这些差异的

---

① 叶澜."新基础教育"论——关于当代中国学校变革的探究与认识[M].北京:教育科学出版社,2006:221.
② 王晓春.今天怎样做班主任——点评100个典型案例[M].北京:教育科学出版社,2010.

巧妙应对上。教育应以尊重个体差异为前提,针对每个学生的个性与兴趣提供适宜的教育路径。在同一班级环境中,我们必须正视一个事实:中等及中等以下的学生,在短时间内难以超越优秀学生。若这些学生的努力与勤奋得不到应有的认可,不仅是对他们付出的否定,更可能引发他们内心的挫败感,认为无论如何努力都是徒劳。因此,教师应给予这些学生充分的肯定、鼓励与表扬,使他们感受到温暖的关怀与尊重。此举不仅有助于学生正确评估自我,更能激发他们的积极性。通过评选"每周进步之星",我们旨在肯定学生在一周内的认真、努力和勤奋,承认他们的成长与进步,使他们体验成功的喜悦,从而增强自信,明确通过努力能够获得成功。

从人生的角度来看,中小学生都具备着潜在的能力。教师的核心任务便是发掘并促进学生的这种潜能。学生在成长过程中遇到的各种问题,都是他们认知世界和自我的必经之路,是他们学习和心理发展的自然体现。作为班主任,我们需要从学生的角度出发,用他们的思维方式去理解问题,尊重、理解和关心他们,满足他们合理的需求,满腔热情地帮助学生,引导他们,用我们的爱心和智慧将问题化解在他们的成长过程中,激发他们的潜能,使他们的发展更加和谐健康。即使是那些被标签为"问题学生"的学生,也同样有着进步的渴望。他们可能只是在成长过程中缺失了某些教育元素,因此他们更需要我们的关心和帮助。作为教师,我们应该持续地关爱他们,帮助他们认识到什么是善良,什么是良心,什么是教师的期望。只要教师用发展的眼光看待学生,给予他们激励和希望,并尽我们所能去发展他们的潜能,他们最终会在适当的时机明白这些道理。故而,班主任的核心职责在于充分激发学生之潜在能力,以推动其实现全面而均衡的发展。

每个学生均具备其独特性,实施教育必须注重"个别教育"的重要性。个别教育,指的是学校或教师依据学生个人的思想认知、学习态度、行为规范以及学习成效等方面所存在的具体问题与实际情况,或针对不同类型学生的独特特征,进行有目的、有针对性的教育。个别教育的实施,体现了其针对性、灵活性和发展性等多重特点,从而确保每个学生都能在最适合自己的方式下接受教育,实现全面发展。针对性:经过深入了解和掌握每位学生的独特性格与个性特点,教师能够准确识别学生在思想认知、学习态度、日常行为和学习成效等方面所存在的具体问题与独特需求。基于这些详尽的分析,教师能够采取具有针对性的教学策略,因材施教,引导并启发学生进行自我反思与成长。通过这种个别化的教育方式,教师致力于推动每一位学生在其原有的基础上实现更大的进步和发展。灵活性:初中阶段,学生正处于身心迅速发展的关键时期,其学习、身体、心理、兴趣爱好、行为习惯、性格情绪及思想品性等方面均处于持续变化之中。鉴于每个学生成长背景与环境的差异,他们各自展现出独特的性格习惯与兴趣爱好,且在成长过程中所面临的挑战也不尽相同。因此,教师在实施个别教育时,需秉持具体问题具体分析的原则,针对不同类型的学生及其个性特点,灵活采用恰当的教育策略,以取得最佳教育效果,并致力于培育学生健康全面的人格发展。发展性:发展性是个别教育的核心理念,它致力于推动学生全面、健康、快乐地成长。个别教育通过为学生树立优秀榜样,利用榜样力量激发他们的成长动力,对每位学生的健康发展都起到了积极的推动作用。此外,针对不同类型的学生实施个别化教育策略,有助于优秀学生进一步提升自我,困难学生逐步迎头赶上,中间学生实现稳步上升。最终,个别教育的核心理念旨在确保每一位学生都能获得健康快乐的成长环境,从而为他们的未来发展奠定坚实而稳固的基础,这一目标的实现对于学生们的全面发展具有至关重要的意义。

二、个别教育的意义

个别教育其目的在于在尊重每个学生独特个性的前提下,推动学生人格的全面发展与完善。对于学校而言,个别教育能够优化教育环境,提升教育质量;对于班级而言,个别教育有助于构建和谐的学习氛围,促进学生间的共同进步;对于学生个体而言,个别教育更是塑造其独特个性、实现自我价值的关键路径。因此,个别教育在学校、班级和学生个体三个层面均具有不可忽视的重要价值。

首先,个别教育是国家推进素质教育的必然要求。近年来,我国正致力于全面发展素质教育,并在义务教育课程标准中明确指出:学科教育应以立德树人为核心目标,致力于全面培养学生的核心素养。那么,何为素质教育?简而言之,素质教育是依据人的发展和社会发展的需求,旨在提升全体学生的基本素质,尊重学生的主体性和主动精神,重视开发学生的智慧潜能,并努力塑造学生健全个性的教育。为了真正贯彻国家教育方针,我们需确保所有适龄儿童和少年都能接受学校教育,并融入班集体中。教育应当面向全体学生,确保每个学生都能在自身基础上取得发展,并在其天赋允许的范围内得到充分发展。个别教育则是在集体教育的基础之上,针对具有特殊才能或行规偏差的学生进行个性化的教育。实施个别教育不仅是国家落实素质教育的重要举措,更是实现立德树人根本目标的有效途径和基本要求。

其次,个别教育对于学校及班级的整体发展具有不可或缺的作用。本人所任职的学校为一所地处乡村的普通中学,学生来源主要涵盖本地居民、因城区改造而搬迁的家庭以及来沪务工人员的子女。鉴于家长们的教育水平参差不齐,对孩子的教育关注度与投入亦不尽相同,因此家庭教育质量存在显著差异。这导致学校中部分学生出现行为规范上的偏差,学业表现也不均衡。因此,教育工作者需针对学生个体特点,依托教育理论深入剖析其在思想、品德、学习等方面的现实状况及其成因,实施精准有效的教育引导,以促进学生的健康发展。个别教育的重要性具体体现在以下三个方面:其一,个别教育有助于推动每位学生实现全面健康发展,树立正面榜样,同时促进表现欠佳学生的转化。其二,通过个别教育,能够激励优秀学生追求卓越,激发表现不佳学生的上进心,引导中等生向更高目标迈进,从而确保学生群体的健康成长。其三,个别教育能够为学生树立成功的典范,激发其追求成功的内在动力。班主任应充分认识到个别教育在集体教育中的补充作用,以及其在塑造优秀班集体、帮助学生形成正确人生观和价值观方面的重要作用,并予以高度重视。

总之,个别教育对于促进学生的个性发展至关重要。鉴于每个学生成长环境和家庭教育的独特性,他们的成长轨迹也呈现多样化特点。面对这些各具特色的学生,特别是那些需要特别关注的孩子,教育者应当深入了解他们的个性特点,并据此制定个性化的教育方案。以一位学习基础薄弱的孩子为例,他因自我怀疑而认为自己什么都学不好。然而,教师观察到他对篮球的热爱,便通过学校的篮球课程为他提供了展现自我、获取自信的机会。在篮球课程中,教师不断鼓励他,肯定他的进步与成绩,使他逐渐找回自信。这种以孩子兴趣为出发点的个性化教育,不仅帮助他重拾对自己的信心,更在潜移默化中培养了他的自信品质。因此,教育者应当根据学生的个体差异,灵活运用各种教育方法和手段,以促进他们的全面发展。

作为教育工作者,我们肩负着重要的使命,应全面关心并深入了解每一位学生的成长需求及其内在潜能。在坚持集体教育原则的基础上,我们必须为个别学生提供量身定制的个性化教育方案,助力他们在学业和个人发展上实现全面而充分的进步,以塑造他们健康的人格,促进其生命的全面成长。

三、个别教育的原则

个别教育是一套经实践总结的教育策略。实施个别教育需遵循三大原则:科学性原则,发展性原则,差异性原则。

科学性原则。个别教育的确定与实施必须以科学为依据,确保教育方法符合教育规律和学生身心发展的特点。举例来说,面对存在行为偏差的学生,我们可以依托学校的身心平衡课程,由专业教师根据学生的实际表现进行测试,了解其真实情况。班主任在实际教育过程中,应根据学生的具体情况,采用科学有效的教育方式。

发展性原则。个别教育着眼于满足学生的独特需求,尽可能促使学生的个性、特长发挥到最大潜能,得到最大限度的发展。在集体中,不管是"学困生"还是"行偏生",每一个学生的内心都渴望进步,都有一个乃至几处引以为傲的闪光点,这些闪光点可能是学生的领导能力、创造力、艺术天赋或其他方面的才能。他们无论是班干部还是普通学生,都具备进步的潜力。作为老师,我们要相信这个闪光点能不断扩大,并且照亮学生前进的方向,让学生不断发展。魏书生老师当班主任有这样一个观点:凡是一般学生能干的事情,普通班委不干;凡是普通班委能干的事情,班长不干;凡是班长能干的事情,班主任就不做了。[①] 这样为不同层次不同特点的学生提供发展和展示的舞台。

差异性原则。即强调尊重每个学生的个性差异,因材施教,确保每个学生都

---

① 魏书生.班主任工作漫谈[M].桂林:漓江出版社,2014.

享有平等的平台和机会。在实际教育中,学生之间的差异不可避免,包括家庭背景、学习成绩、身体条件、性格特质等各个方面。作为教师,我们不能忽视这些差异,而应积极与学生建立平等的沟通渠道,让他们感受到关爱与尊重。特别是对于存在某些"缺陷和不足"的学生,我们应给予更多的关注和鼓励,帮助他们以积极的态度面对挑战。尊重差异,意味着我们不能用一成不变的标准去衡量所有学生。相反,我们应关注每个学生的特点和需求,为他们提供个性化的教育方案。这样,每个学生都有机会展示自己的才能和潜力,实现自我价值,同时也有助于塑造他们积极向上的形象。

综上所述,为确保个别教育的合理性和有效性,以及推动"特殊"学生的全面发展,我们应始终遵循科学性、发展性和差异性原则进行个别化教育。

第二节　个别教育的实施路径

由于学校所在地的独特性质,学生间的个性化差异显著。在三十余年的教育生涯中,我接触到了形形色色的学生,他们各自背后都蕴藏着独特的家庭背景,而孩子无疑是家庭的微观体现。针对这一现实,我一直在深入探索和实践:如何针对每个孩子的特性,实施个性化的教育策略?个别教育的具体路径又该如何设计?我认为首要步骤是对学生的教育档案进行系统化整理、深入分析和科学归类,以期在细节中洞察他们的特殊性与潜在规律,从而为个别教育提供坚实的数据支撑和实践指导。

现梳理有关学生个别教育的档案,分析归类如下。

一、个别教育中学生个案归类

1. 档案整理,初识学生

学生1:小婷,班级中一名普通学生,各科成绩中等偏下。

学生2:小丁,成绩尚可,学习新事物的能力较强,但在做题过程中常常出现不规范的情况,过程缺乏完整性和细致性。

学生3:小磊,在完成家庭作业后,有较多自由时间用于网络游戏和电视娱乐,因此其作业态度敷衍,质量不佳,错误率极高。学业成绩呈现连续下滑趋势。从原本生病期间取得的年级组第三十三名的优异成绩,下滑到期中考试时的第四十四名,又下滑到12月调研的第五十五名。

学生4:小华,过去在班级中,其学习习惯与学业成绩均处于较为薄弱的状态。在家长眼中,他被视为难以取得学业进步的孩子,家长选择放任其不完成家庭作业,对其学业不再有所期望。

学生5:小徐,原本是个性格开朗、活泼的孩子,然而,近期却出现了明显的情绪变化,显得沉默寡言。同时,其作业的准确率也出现了下降。经过深入了解,发现其家庭环境中存在家长频繁争吵的情况,甚至出现了离婚的苗头,这可能是导致他情绪变化的主要原因。

学生6:小伟,每天放学后,并未直接返回家中,而是去网吧进行娱乐活动,直至晚上八时许才归。家长对此情况深感忧虑,多次尝试通过打骂等方式进行纠正,但效果不佳。在家访过程中,我们了解到小伟的父母在菜市场经营一家小摊位,繁忙且艰辛。同时,孩子的父亲每天下午会参与麻将活动,导致两人通常较晚才能回家。

学生 7：小海，自幼由祖辈抚养，形成了较为明显的自我中心倾向。其母在教育过程中感到力不从心，采取的教育手段常表现为严厉体罚或放任自流。

学生 8：小馨，外貌清新，嗓音甜美，受同学们喜爱。自七年级开始，学习成绩明显下滑，逐渐陷入自卑情绪。她与同学的关系也变得愈发疏离，朋友逐渐减少，她开始孤立自己，怀疑自己的能力和价值，认为自己曾经的优秀仅仅是运气使然。在自我否定中，她逐渐接受了自己的平庸和落后。

学生 9：小欣，在家庭教育的过度指责下，逐渐形成了胆怯的性格，有时甚至会装作理解以逃避责任。

学生 10：小 E，存在对老师进行不当指责的行为，并拒绝承认错误。他可能需要通过心理宣泄来舒缓情绪，并期望得到他人的尊重。

学生 11：小童，表现出倔强的性格，除父亲外，他不太愿意听从他人的意见。在开学初期，他未能按时完成作业。

学生 12：小哲，在作业完成方面存在不认真的问题，在被批评时常常表现出无辜的态度。他聪明但懒惰，理科和英语成绩较好，但语文成绩有待提高。

学生 13：小钱，个性鲜明，表现出强烈的叛逆特质与高度的敏感性，自尊心十分强烈。对于学校和老师，他持有明显的不信任态度，展现出极强的自我保护意识。他的成长环境为单亲家庭。小学时期的一次身体伤害经历导致他在学习上遇到了困难，成为所谓的"学困生"。

学生 14：小 A，成长于三代同堂的家庭环境中，主要由爷爷抚养长大。家长的溺爱使得他长期习惯于以自我为中心，缺乏对他人的理解与尊重。在学校中，爷爷经常为他出面与老师发生争执，这种行为导致小 A 在面对老师或同学的批评时，难以正视自己的错误，内心深处拒绝承认并面对犯错的事实。

2. 观察询问,全面了解

作为教师,特别是肩负重要责任的班主任,在每周与学生共度的五天时光里,细致入微的观察显得尤为重要。通过观察,我们能更敏锐地捕捉到学生面临的困惑和身心状态的变化。一旦学生出现异常或问题,首要任务是深入了解其背后的原因。尽管从学生同伴处获取信息是一个有效途径,但教师更应深入到学生的家庭环境中,与家长交流,以全面了解学生发生变化的深层因素。这些因素可能涉及家庭变故、矛盾,亲子冲突,同伴关系紧张,或是个人成长中的迷茫等等。

青春期的学生正经历身心的巨大转变,他们的生理发展迅速,而心理成熟度却相对滞后,这导致他们对外部世界充满好奇、忧虑和困惑。只有深入了解学生的内心感受和困惑,教师才能有针对性地寻找解决方案,并与家长紧密合作,为学生提供最大的支持和安慰。这样的做法不仅能帮助学生摆脱内心的困扰,还能增强他们的心理韧性,使他们能够从容面对学习和生活中的各种挫折和挑战。教师应该主动关心学生的成长困惑,给予他们必要的帮助,并积极与家长沟通,共同探讨和制定应对策略,引导学生走出困境,重新扬帆启航。

我曾任教班级的学生小磊就发生过这样的转变。针对小磊学业成绩呈现持续下滑趋势的问题,我与任课老师进行深入研讨,发现主要是由于他在学习态度和作业质量上存在明显缺陷。在与小磊家长的沟通中,我们了解到其父亲秉持着"自主性"和"民主性"的教育理念,允许小磊在课余时间自主安排学习及娱乐活动,包括玩电脑游戏和观看电视等。经过与小磊父亲的深入沟通,他逐渐认识到在家庭教育过程中存在"过于放纵"的问题。为此,我们共同为小磊制定并实施了为期一个月的脱敏疗法治疗方案,即实施"隔离电脑"措施,并对观看电视的时间进行了合理限制。最终,在期末考试中,其学业成绩也又回归到他该有的位置。

在第二学期3月的月考中,小磊成绩滑落至年级组第五十七名。我随即开始猜测,小磊是否又沉迷于电脑游戏?于是,我邀请了几位任课老师一同讨论对策。大家一致认为,从小磊的作业来看,他每一项都完成得非常认真,正确率也相当高。而且,他上课时的眼神总是炯炯有神,闪烁着智慧的光芒。这些表现都说明,小磊在开学这一个月的学习中是非常认真且有成效的。因此,考试成绩并不能完全反映他的实际水平。

作为班主任,我认为应保护小磊的学习状态,避免考试结果打击其积极性,同时防止否定其努力的舆论。因此,我与小磊进行了深入谈话。我全面肯定并表扬了他这一个月的学习表现,赞赏他的学习态度和上进心。在班级月考分析会上,我公开表扬了小磊的学习态度和作业质量,并表示我相信他一定能在期中考试中发挥出自己的水平,取得满意的成绩。同时,其他老师也通过各种方式,如谈心、笔谈、课上或课后,给予小磊积极的肯定和鼓励。这些努力让小磊的眼神重新焕发出了自信的光芒。现在,期中考试的成绩已经揭晓,小磊的表现果然不负众望。他的语文成绩为80分,数学成绩为90多分,英语成绩为85分,年级名次提升到了第32名,我为此感到十分欣慰。同时,我也认识到对一个学生出现的变化进行全面而深入的了解,可以找出问题症结,并进行有针对性的个别教育。

经过深入分析相关案例,我们不难发现,每个孩子内心深处都渴望实现自我提升。然而,受多种因素影响,他们可能会面临成绩下滑、自信心受损等困境。此时,教师的细致观察、全面了解和精准指导显得尤为重要。只要孩子能够积极配合,付出努力,其成绩必将得到提升,自信也将逐步建立。这是一个需要耐心和毅力的过程,但只要我们共同努力,相信每个孩子都能实现自我突破,迎接更美好的未来。

3. 撰写个案,归类存档

根据目前对于相关学生案例的观察与梳理,学生情况主要可以分为以下几类:

(1) 各科基础均比较薄弱。经过评估,发现部分学生(如学生 1 和学生 4)的学习基础相对薄弱,并且长时间内未能实现显著的学习进步。尽管他们在各个学科中的表现并未出现明显的短板,但整体学业成绩仍然不够理想。针对这一问题,我们计划从提升学习积极性和优化学习习惯两个方面进行干预。我们将通过调整他们的日常学习状态,努力改善他们的学习质量,以期最终实现提升整体学业成绩的目标。

(2) 学习成绩突然下滑。针对学生成绩连续或短时间内显著下滑的现象,需要进行深入的剖析。首先,从学生成绩发生变化的具体时间点入手,仔细探究该时间段内学生可能面临的心理和生理层面的变化。通过这种细致的分析,我们能够更加精确地找到导致学生成绩下滑的潜在因素。接着,基于这些识别出的原因,我们需要制定并实施相应的有效策略,旨在帮助学生尽快恢复学习状态,进而提升学业成绩。例如,针对学生 3 连续的成绩下滑和学生 8 自进入七年级后学习成绩明显下滑的情况,我们应当根据他们的具体情况采取相应的措施,以帮助他们解决学习上的困难。

(3) 学习偏科。经过全面评估,学生在学业上的总体表现达到预期,但仍存在某些学科的明显短板。对于这类学生,需要深入剖析他们在薄弱科目上的具体问题。从学习动机、学习态度以及理解接受度等维度进行深入分析,同时比较学生在不同学科间的学习行为模式,以便发现学生在薄弱科目与其他科目学习上的差异性,进而明确问题所在,从而能够有针对性地制定教学方案和辅导措施。例如,针对学生 12 在语文学科上的困难,可以根据以上分析制定具体的提升计划。

（4）行为性格突变。学生原本性格稳重，但近期出现了明显的性格波动。针对这种情况，我们有必要深入剖析其背后的原因，全面了解学生的心理变化及其当前状态。在此基础上，我们将根据相关分析，提供有针对性的引导措施，旨在有效解决问题，帮助学生重新找回稳定的心理状态。例如，针对学生5的具体情况，我们将根据其性格波动的特点和原因，制定相应的引导方案，以确保其能够顺利度过这一心理波动期，恢复稳定的学习和生活状态。

（5）行为不当。部分学生在校园内的行为表现存在不符合规范要求的现象，针对这些现象，需要深入剖析学生的行为特点，并结合其在学校和家庭中的实际表现进行综合分析。在明确具体原因后，应制定并执行有针对性的教育和引导措施，以帮助学生纠正不当行为。例如，涉及学生2、学生6、学生11、学生13、学生14等个案，需要具体对待，制定个性化的教育方案。

（6）性格缺陷。经过观察与分析，我们发现部分学生性格发展存在明显短板。针对这一问题，我们认为首要任务是深入剖析其性格缺陷的成因。根据既往案例的总结，家庭环境往往是影响学生性格的关键因素。因此，我们将从家庭背景入手，结合学生在校园内的行为表现及家庭状况，系统探究性格短板的形成原因。在明确原因后，我们将制定一套家校联动的教育方案，旨在为学生提供个性化的引导与教育支持。以学生7、学生9、学生10为例，我们将根据他们的具体情况，制定相应的干预措施，以促进其性格的全面发展。

二、个别教育中学生个案分析

在初中学生的教育工作中，我们观察到普通学生在优缺点及其成因方面往往表现出一定的共性。然而，也有少数学生表现出独特的问题，其背后的成因也较为复杂。针对这一特殊情况,我们必须对这些学生进行深入、细致的分析,以制定出符合他们个性化需求的教育方案,并寻求多方面的合作与支持,确保方案的有效实施。接下来,我们将通过两个不同的案例,阐述如何实施个别化教育。

1. 优秀学生的培育与激发

经过对"四自"要求的系统学习,学生们深入理解了其内在含义。在日常生活中,他们开始自发地以"四自"为镜,审视和调整自己的行为和态度。通过持续的自我反思和总结,他们不仅更加清晰地设定了优秀学生的目标,而且更加坚定地追求自律、自信、自立、自强的精神境界。学校所组织的多样化活动,有效地培养了学生的勇气和决断力。在这些活动中,学生不仅体验到了精神的满足和个人能力的提升,更为关键的是,他们逐步形成了"四自"的优秀品质。这一品质的培养,无疑为学生未来的中学生活乃至整个人生奠定了坚实的基础。

家、校、社三者的紧密结合,为优秀学生的成长提供了无比广阔的天地。这种合作模式确保了教育不仅仅是学校的责任,而是家庭、社区乃至全社会的共同任务。这种全方位、多层次的教育环境,真正实现了教育资源的优化配置,使得整个社会都成为学生们展示才华、锻炼能力的舞台。案例6-1、案例6-2便是这一理念的生动体现。

案例6-1 我把学生推上舞台

重新接任曾经教过的班级,有一种久别重逢的喜悦、亲切,从学生们甜甜的微笑中我感受到他们对我依然认可,在学生一声声"老师好"的问候中我品味到学生的真情厚意。但我惊异地发现长着一张甜甜笑脸的小馨给人一种熟识而又疏远的感觉,我尝试着与她交流,看到的是惶恐的眼神,我尝试着与她"邂逅",见到的却是躲避的身影,她怎么了……小馨虽不漂亮,却清新;成绩一般,但嗓音甜美;字迹潦草,作文中却会时不时冒出一两句文质优美的语句,让我也时不时点个赞。如今……

走出雾霾期

在与同学的闲聊中,我获悉小馨在刚过去的一年中遭遇了学习成绩的滑坡,情绪上的自卑,同学关系的疏离……朋友越来越少,也只能顾影自怜了,她认定曾经的优秀只不过是运气好而已,自己充其量是"混在白天鹅中的丑小鸭"。不知不觉她已经"正视"自己的"无能",甘于自己的平庸,坦然成绩的落后,她误入了人生中的雾霾期。

小馨陷入了"消极的自我暗示—放弃努力—进一步失利—继续消极的自我暗示"的恶性循环的怪圈,面对此种局面,如何改变小馨这种强烈的自我否定和极度的自我"鄙视"呢?记得有人说过:每个人的心灵深处,都存在着一种心理暗示"能量场",它所传递的积极的或消极的信息会直接影响到他人的情绪乃至自信。小馨太需要积极的信息反馈,需要老师和同学的肯定,需要享受成功的沐浴,从而摆脱这种自我否定的心理,从心里认识自己拥有的才华。作为教师我要尽我所能为小馨构建属于她自己的"能量场"。于是,语文课上,我开始改变上课的策略,经常有意无意地让几个朗读比较好的同学进行示范朗读,小馨同学是我每次必点名朗读的学生,并且还给予高规格点评,表扬她对文本的理解,朗诵出了人物和作者的情感,小馨的朗诵也获得了同学们的掌声和赞许,小馨脸上的冰霜开始融化,有了暖意。

一次写作训练,她的《我和茶的故事》,文笔优美,我请她当堂朗读了她的作文:"拈上一小撮干枯的花瓣撒入壶中,皱巴巴仿佛七八十的老妪,斑驳无力。再执起水壶,轻柔浇上,朦胧中花瓣四下散开,更像是七仙女下凡的模样。花瓣该是舒展开来了。变得光鲜亮丽,娇艳得像是少女的皮肤吹弹可破,令人垂涎欲滴。她们唱着小曲儿,在水中欢乐地嬉闹着,不知疲倦。沁人的香隐隐约约渗透进我的五脏六腑,好像给灵魂洗了个澡一般的舒爽。"她陶醉于自己的朗读中,仿佛她就是那本已干枯斑驳的花瓣,在水中逐渐散开,天使般娇艳欲滴。朗诵结束,教室里顿时响起阵阵掌声。

慢慢地,小馨的朗读越来越声情并茂,作文越来越富有亮色,她的眼里流露出喜悦和满足,我知道小馨心中的雾霾终于开始散去,"能量场"在小馨的周围慢慢形成,其实我只是给予她一小块泥土,是她自己埋下了种子,驱散了雾霾。

重拾信心

每年一届的市作文大赛开始报名了,虽然班级中不少同学的写作实力超过小馨,但我第一时间想到的还是小馨。

为了能帮助小馨更好地进入竞赛状态,我有意把她这学期的几篇作文进行了梳理,分析每一篇文章的精彩之处,"一位落入了凡间的天使,褪下羽衣,她便成了母亲……刚柔并济,智勇双全,集美貌与才华于一身的女子——我眼中的母亲"(摘自习作《我眼中的母亲》),文章开头直接点题,把母亲比作天使,反映出母亲在一个女孩心目中的美好,结尾小结全文,揭示出母亲美的内涵——"刚柔并济,智勇双全,集美貌与才华",并且文章还做到了首尾呼应。"人生不过一呼一吸之间,幸福之事不必苦寻。回眸,幸福便在灯火阑珊处。"(摘自《幸福就在身边》)一句化用辛弃疾《青玉案·元夕》中"蓦然回首,那人却在灯火阑珊处"词句,恰到好处,不仅形似,更是神似,"幸福"犹如一个小精灵,你可以去抓它,它从人们的指缝间溜走了,你苦苦寻觅,却杳无音信,而当你筋疲力尽时,突然发现其实它就在自己的身旁。看着小馨惊讶的目光,似乎在问我,她真的有那么优秀吗?我肯定地点点头,竖起大拇指,给予她一个大大的赞,她的笑脸顿时如阳光般灿烂。

……

作文竞赛的成绩出来了,小馨脱颖而出,获得了上海市作文大赛闵行区初中组二等奖,这让小馨欣喜若狂,她终于意识到:原来自己并不愚钝,自己曾经的优秀并不是偶然。是的,作为老师,我没有改变她真正的写作技能,只是为她提供了一次竞赛的机会,帮她梳理写过的文章,引着她去体验回味习作中的亮色,是她自己在作文竞技的舞台上自由驰骋,是她给了自己足够的自信!

再次辉煌

苏霍姆林斯基曾说:成功的欢乐是一种巨大的情绪力量,它可以促进儿童好好学习的愿望。请你注意无论如何不要使这种内在的力量消失。缺少这种力量,教育上的巧妙措施都是无济于事的。

小馨拿着刚刚到手的二等奖习作的文稿,我趁热打铁,问她:你看看你这篇文章的亮点在哪儿?

她自信地说:"第一角度新,第二之前我看了很多的书,积累了很多的素材和技巧,特别是鲁迅的文章,受到很多的启发,所以这次竞赛我模仿着用鲁迅的笔法写作,结果成功了。"

我接着说:"是的,你的文章很有特点,确有鲁迅的风格,你文章的语言同样很有特色,语言凝练,富有古典色彩,文章中运用了很多新颖别致的比喻,反问句式的运用让文章中的议论抒情极具情感。那你在写这篇文章时,自己认为能获奖吗?"

"我感觉可能会获奖,但没想到是二等奖。"

"你为什么会感到自己能获奖?"

"老师您在课堂上分析我的作文,我对自己的写作越来越有信心了,竞赛时好多好词好句和灵感一起向我涌来,一气呵成。"

"这说明你的写作功底不错啊,而且你从一开始就相信自己擅长写作,你能获奖,这是实力和自信的结果,你的表现十分完美。"

我乘势问道:"你觉得学习成绩提高的秘诀是什么?"

她想了想说:"是认真和自信。认真让人更好地掌握学习的知识,自信让人更好地发挥出自己的水平,或许还有点创意吧。"

"了不起,你从写作中感悟出很多道理。老师相信你会越来越优秀的。"

果然,在之后的历次大大小小的考试中,她的学习成绩一路飙升,年级四十名、三十名、二十名,现在稳居年级前十。在区优秀队员的测评中,她一路过关斩将,成功当选。问她获奖感言,她说:"相信自己,就会全力以赴,直至成功。"法国教育家卢梭曾经说过:自信心对事业简直是一种奇迹。有了它,你的才干便可以取之不尽,用之不竭;一个没有自信的人,无论他有多大的才能,也不会抓住一个机会。小馨从自卑走出,拥有了自信,她也就很好地把握了一个个机会,再造了自己的辉煌。

学生思想的改变不是一朝一夕可以实现的,但作为教师可以为学生提供成长的舞台。推学生一把,让学生勇敢地登上本该属于他们的舞台;推学生一把,让学生自信地在自己的舞台上展现自我;推学生一把,让学生在展现自我中收获成功和幸福,老师自身同样在学生收获成功和幸福的同时,收获自己的幸福。

小馨同学在写作方面展现出了独特的天赋,但在学习历程中,她的自信心受到过打击,从而陷入了消极的自我否定之中。针对这一问题,我经过深入观察与细致分析,为小馨量身打造了一套个性化的教育方案,利用语文课堂展示她的特长,借助市区级作文竞赛平台给她展示自我的舞台,旨在逐步帮助她重建信心。必须强调的是,学生的转变并非一蹴而就,而是教师和学生共同努力的结果。作为教师,我的职责是尽可能发掘学生身上的潜力和优点,寻找能够激发其积极变化的关键点和可能性,并在其成长道路上提供必要的支持与引导,从而助力学生逐步迈向进步与成功的彼岸。

案例6-2　自信是这样炼成的

胆怯的女孩

去年新接一个班级，其中有一位女孩引起我特别的重视：上课问她是否听懂，她点点头，可抽她起来回答，却是一副漠然的表情；作业做错了，找她个别辅导，当费尽九牛二虎之力讲解完，微笑地问她懂了吗，她点点头轻声说："懂了。"然而让她重新订正，她又无能为力了。我十分奇怪，也万分纳闷，明明不懂，可为什么偏偏点头说懂了；说她有意欺骗老师，可那真诚的脸，怯怯的目光，明明告诉我她对老师的尊敬，以至于到诚惶诚恐的地步。

苏联著名教育学家苏霍姆林斯基在《给教师的一百条建议》一书中，曾把儿童比作一块大理石，他说，把这块大理石塑造成一座雕像需要六位雕塑家：家庭；学校；儿童所在的集体；儿童本人；书籍；偶然出现的因素。其中家庭被列在首位，这充分说明"学生问题的背后折射出的往往是家庭的问题"。为了解开心中的谜团，我走进了小欣的家。

家里摆设十分整齐，一看便知小欣的妈妈是个料理家务的能手，聊起小欣的情况，小欣的妈妈一脸怒气。说起教育女儿的事，大有有力无处使的感叹。每天晚餐后，小欣做着功课，妈妈料理家务，等妈妈料理好家务，便开始检查小欣的功课，小欣的妈妈在学生时代就是一个优秀生，当发现女儿的数学做错时，就指导小欣，但几乎每次都教不会，于是不由自主地发起脾气，开始责骂女儿，妈妈越责骂，小欣就越听不懂，妈妈也就越生气，最后在妈妈的打骂和女儿的哭哭啼啼中勉强完成当天的回家作业。

其实妈妈做学生的时候学习十分优秀，并不代表她教育女儿的能力也同样优秀。妈妈作为一个成人，用成人的眼光审视女儿的作业，当然觉得十分简单，何况妈妈还曾经是个优等生。于是她用看似十分简单的方法教女儿完成作业,可在女儿的眼里这些作业犹如一座座大山,一只只拦路虎。当妈妈教了后问女儿懂不懂,会不会时,女儿回答不会,便会遭到指责。轻者被骂"笨""蠢""猪""十三点""脑子全是浆糊",重者就挨"栗子""耳刮子"。女儿在妈妈的威逼之下,为免遭皮肉之苦,只得假装懂了,此时妈妈也因时间比较晚了只得草草收场。长此以往,逐渐塑造了一个胆怯而又以装懂混日子的小欣。若要改变小欣的现状,必须先改变小欣妈妈的教育方法和教学方式。

于是我与小欣的妈妈商量:妈妈停止教小欣做作业;不打骂小欣;把教小欣数学的任务交给老师。小欣的妈妈爽快地表示:只要小欣能取得进步,让她做什么都可以。再看小欣,眼中的恐惧似乎在慢慢地消退。

一张国画

新班级建立的第一件事便是布置班级墙面,如何既能把班级布置得赏心悦目,又能让小欣这样的同学有展示自己"我行"的机会。"罗森塔尔效应"不断在我的脑海中闪现,学生需要爱,更需要理解信任,需要体验成功和赏识。成功的教育必然是教师主动走进学生的心灵,去智慧地激发学生的信心和热情。突然想到小欣曾学过国画,能不能在教室里辟出一块版面来展示学生的作品,让她感受到我对她的爱,让她体验成功和赏识。于是我试探性地问她"是否愿意把自己作品贡献出来布置教室",她怯怯地说"我的画画得不好","我看你在家里的画就相当有水平的,假如你能把你的画带出来,就是为班级做贡献了,将来班级布置评比获奖也有你的一份功劳呢!"我兴奋地说。在我不停的撺掇下,小欣终于把作品带到了教室,看着教室墙面"作品坊"中的学生作品,同学们笑了,小欣的脸上也有了一丝丝笑意。

我是冠军

有人说:批评伴随着孩子,他学会谴责;鼓励伴随着孩子,他信心倍增;赏识伴随着孩子,他明白人生终须一搏……一年一度的学校运动会即将举行,每天傍晚,我带领班级运动员来到操场进行跑步训练,小欣报名参加1500米的长跑,看着她那柔弱的身材,我笑着对她说,你的跑步姿势是最标准的,一定可以取得好的名次,她听了疑惑地看着我,似乎在问"真的吗?"我给予她一个坚定的点头外加一个有力的拳头表示对她的支持,这之后,她训练得更加投入了。当1500米比赛小欣第一个冲过终点,她直接冲向我,高兴地喊着:"老师,我是冠军!"我竖起两只大拇指,同学们把她簇拥在中间,直夸她,甜蜜的微笑浮现在她脸上,我知道我在她心里埋下了自信的种子。

老师,我想出来了

小欣的妈妈不再教小欣了,可小欣的学习不能耽搁。小欣妈妈教育的失败在于用自己的思维代替了女儿的思维。记得苏霍姆林斯基《给教师的一百条建议》中有过这样的描述:在学生的脑力劳动中,摆在第一位的并不是背书,不是记住别人的思想,而是让学生本人进行思考……我的任务在于激发小欣对数学的思维,让她的思维动起来。于是每天放学后,我请小欣留下来,让她在办公室完成数学作业,"这个题目很简单,你再读读题目,你肯定会做的""你的基础掌握得不错""这回你又进步了""这个题目马上就要做出来了",在我不间断的指导和循循善诱的启发下,她越来越会做题目了。有一次,她碰到一个题目不会做,来请教我,可还在我考虑之际,她突然叫道:"老师,我想出来了。"忽然发现,有时小欣对数学题目有着自己独特的见解,而我这个老师也有考虑不周全的时候,这让我感到无比欣喜,再次凝视那双曾经怯懦的眼睛,自信充溢着那张稚气未脱的脸,我知道,我成功了,不,是我和小欣、小欣的妈妈一起成功了。

笑声回荡在天空

小欣进入中学已经满一年了,她的数学成绩由最初的不及格到现在的稳居班级前十。她也由原来的怯懦蜕变成自信的女孩。作为老师,在小欣最缺乏自信的阶段我给予了她鼓励、肯定和指导,给她搭建属于她的舞台,舞台上她尽情挥洒自己的能量,她开始接受自己,接受老师,融入同学,她拥有了自己的崭新天地。现在每天放学,小欣做完数学作业后,便与我结伴而行,路上,我们比赛竞走,比赛猜谜,比赛背诵,笑声回荡在天空。是的,小欣不再怯懦,自信已在小欣心里扎根。

学生自信的养成并不是通过简单的说教或开展几个活动就可以实现的,它需要我们时时刻刻又不露痕迹地渗透培植呵护,只有通过每天点点滴滴的积累,学生的自信心才会一天天地增强。我庆幸自己在刚接触小欣时,就敏锐地发现了小欣的与众不同,及时进行家访,扭转了小欣妈妈错误的家庭教育观念,我庆幸我从一张国画开始为小欣培植信心,一路伴随小欣走向进步,走向自信,更庆幸自己用行动赢得了一个孩子的心,尝到了作为一名教师的甜蜜。

小欣同学是众多缺乏自信的学生中的一个代表,此类现象在我校这样的农村地区学校中具有一定的普遍性。导致学生缺乏自信的原因有多方面,包括家庭教育的误区以及学生自身对自我价值和能力的错误评估。鉴于此,学校教育及班级活动在塑造学生自信方面扮演着关键角色。为此,加强家校合作形成家校合力,积极为学生创造展现自我的平台与机会,发掘他们的潜能与特长,使他们在班级建设和学校活动中体验成功的喜悦,进而树立自信,实现全面而健康地成长。这正是我们学校推行"四自"教育的核心理念与目标所在。

2."四自"教育下困难学生的辅导与转变

正如叶澜教授所言,学生具有主体性、差异性和潜在性。[①] 我们在实施"四自"

---

① 叶澜."新基础教育"论[M].北京:教育科学出版社,2006:221.

教育的过程中,充分尊重学生的个体差异以及他们在某些方面的暂时不足,积极肯定学生的优点和长处,同时采取多样化的教育方法,以逐步激发学生的自律、自信、自立和自强精神。通过这种方式,学生能够勇敢地面对挑战,克服困难,追求进步,从而实现健康成长。

针对学习困难的学生(非智力因素导致),任课教师需共同制定个性化的教学辅导计划。在此基础上,运用鼓励、表扬等手段,肯定学生的点滴进步,激发他们的学习信心。逐步引导他们从依赖中摆脱出来,养成独立的学习习惯。这一过程漫长而复杂,不能急于求成。学生从他律逐渐转向自律自强,从不会到会,从不愿做到独立完成,这是一个逐步积累和提高的过程。对于行为规范偏差的学生,教师需避免偏见,以公正、平等的态度对待。此类学生的改变往往是一个渐进且反复的过程,他们对于来自教师、同学及家长的批评教育可能会产生抵触心理。因此,我们应给予他们更多的尊重和理解,给其提供倾诉的机会,深入剖析其言行可能带来的负面影响,从而激发其自尊心和自信心,促进其自律和自强精神的养成。若该生同时面临学习困难,我们可制定个性化的教学辅导方案,使其行为规范与学习能力相互促进,逐步迈向自律、自信、自立、自强的目标。案例6-3便是此策略有效性的有力证明。

案例6-3 从极富叛逆到卓尔不群
极富叛逆的个性

当我还沉浸在新接一个六年级班的新奇喜悦中时,一个中午,班干部跑到办公室反映小钱同学在发脾气,我赶忙跑进教室,看到怒气冲冲的小钱,我没有说什么,把他请进办公室。

在办公室,倔强的他硬是不肯坐下,我也只能随他,询问他刚才发生了什么事,不知为何,他大声责问道:"你为什么找我,不找他啊?"我说:"先找你是因为有同学反映你……,所以想听你说说事情的经过……""那你找他说啊!为什么找我?"

我再次向他说明找他就是想了解一下事情的具体经过,不想只听其他同学的一面之词,可小钱仍然不听我的解释,始终瞪着双眼,满脸怒气,紧握双拳,给人一种似乎随时要用他那双有力的拳头揍人的感觉。"你怎么了?"我问他。他说:"我生气了,我要发火了!""你的声音为什么那么大?""我的声音为什么不可以大?我就是要超过你的声音。""老师也没有批评你啊?你干吗要生气?"我说。"我就是要生气,因为你先找我!"他说。

第一次碰到因为老师先找其中一名学生了解事情经过而发火生气的,也第一次听到学生说自己的声音就是要超过老师的。我一时语塞,暗叹自己"秀才遇到兵"的窘境。但问题还得解决。显然,小钱同学属于那种敏感性极高,自我保护意识极强的学生,对老师常怀戒备之心,遇有对自己不利的事情首先想到的是予以反击。

美国教育家杜威说过:"把全班儿童笼统地看作一样,不去辨别他们的个性,绝不会有真正合于科学原理的教育发生。"学生由于生活环境和过往经历的不同,逐渐养成了属于自己的个性,作为班主任要了解不同学生的个性心理,把握学生的个性心理,运用适当的方法,不失时机地教育学生,提高教育效果。反之,我们便会犯下如杜威所说的错误。我决定第二天去小钱家里一探究竟。

不堪回首的往事

来到了小钱的家里,从与小钱的妈妈交流中了解到,小钱从小生活在单亲家庭中,在读小学四年级时,在一次与同学打闹中,被班级同学踢中了裆部,导致整个四年级小钱同学每天早晨到校,不到九点钟,裤子早已经尿湿,不得不让家人领回去换裤子,一来二回,小钱渐渐地落下了许多的功课,成绩每况愈下。虽然此后经过一年多的治疗,病情终于有了好转,并逐渐痊愈。但到五年级毕业时,小钱已经是一个地地道道的学困生了。

在患病的那段煎熬的日子里,由于患病的原因,导致小钱每天必须游离于班级之外,尿湿的裤子封闭了他的内心,滋长了自卑的心理,似乎感觉到班级中的许多同学,包括老师都在议论他尿裤子这件事。这件事的发生,很有可能导致了小钱的家长对学校的不信任,并逐渐影响到小钱同学对老师和学校的偏见。也正因为有着这样一段不堪回首的往事,所以凡是遇事,首先考虑的是老师和同学有没有在说自己,采取的自我防卫手段就是用发怒让同学和老师"知难而退"。

这不由得让我想起两天前打电话给他妈妈,告诉她开学仅仅几天,小钱同学的作业就已经缺交好几次了,询问小钱小学时学习的情况。他妈妈讲述了小学时也是如此,有时妈妈也想督促检查作业,小钱就是不让,如果硬是要检查,小钱就要冲他妈妈发火,他的妈妈也只能作罢。

了解了小钱的家庭情况和曾经的故事后,我不由生出怜爱之情,小钱的童年是不幸的,由于2岁开始父母离异,从小缺少了父爱,四年级又遭此厄运,不仅学习跟不上,而且因为尿湿裤子之事又常常遭受嗤笑,心中自卑之感越发强烈,又始终无法摆脱。家长对学校和老师的不满,乃至些许的"敌意",不知不觉感染了小钱稚嫩而孱弱的心灵,对老师和同学怀着固有的戒备之心和敌视情绪。作为老师,我必须伸出援助之手,帮助他除去心中的魔障。

拨动心弦的助力

像小钱那样自尊心极强,对于别人对自己的评价特别敏感的同学,我感到首先要消除的就是他对老师和同学的戒备之心和敌视情绪,平时要给予更多的关爱,尊重他的感受,多采用肯定性评价,让他体会到老师的友善,逐渐消除他对老师的敌意。

一个下雨天,小钱同学与另一同学发生了矛盾,一怒之下他把那位同学的雨伞砸在地上,再也无法打开,伞是新的,必须得赔,解决起来似乎挺简单的,请家长,陈述经过,照价赔偿。可问题真正解决了吗?对小钱的教育能起到作用吗?我当即表态:砸坏了伞应该赔偿,小钱的行为虽然不对,但比之前动手打人已经有了很大的克制,让一个尽最大努力克制自己的人来赔偿损失不是最妥当,所以我处理的意见是双方相互道歉自己存在错误的地方,伞由老师来赔偿。这件事之后,小钱对我的态度有了很大的改变。

小钱和小磊是两位体态较为肥胖的同学,班级集体跑步时经常会落在最后面,有一次跑步前我鼓励了小磊,所以那次小磊跑得很好,我大大地表扬了他,小钱似乎有所触动,在跑第二圈时,也是拼尽全力,冲刺到终点,他对我说了一句:"老师你今天表扬了小磊,那我呢?"我说:"今天你们跑得都很好,真是太棒了!我要给你们每人奖励一个本子。"自此之后,跑步时,他每次都能与其他同学一样跑完全程。小小的表扬和小小的奖励让小钱开始喜欢起跑步,爱上了体育。

语文课堂上,我十分关注他的情绪反应,偶尔他的回答似乎灵光乍现,我便当着全班的面大声称赞道:小钱的回答十分精妙确切,大家为他鼓掌。说着自己带头鼓起掌来,此时小钱的双眼和脸上突然出现不曾见过的惊喜和羞涩。之后我十分注意上课时他的举手,只要小钱举手,在我判断他基本能回答出时,我就理所当然地把这样出彩的机会让给他,这样他被表扬的次数越来越多,获得的掌声越来越响,在小钱的脸上,幸福和自信渐渐地替代了愤怒和不满。

在一次次的交往中,小钱同学感受到了我对他的善意和友好。我决定在小钱燃烧的心里再添一把火。春节前夕,我带着节日的问候来到小钱家,天寒地冻,却又阳光明媚,我毫不吝啬称赞小钱在一个学期中的巨大变化,发自内心表达自己对小钱的喜欢。可当我询问他妈妈小钱在家的表现时,从小钱妈妈嘴里蹦出的几乎都是对孩子的不满,我故意问道:和开学初相比,小钱是退步还是进步呀?她说:那还是进步的。于是我劝小钱的妈妈首先要看到孩子的进步,虽然可能这种进步微不足道,但仍需表扬,才能让孩子的进步变成习惯,变成好的品质。小钱的妈妈承认自己的急躁,表示会改正自己。在我的鼓励下,小钱还主动拿出作业请我帮他指导,指导颇为艰难,数学他几乎什么也不会,但没关系,我拿起数学教材翻到涉及的章节,与他一起朗读,帮助他理解,时光飞逝,一个小时只完成了两个题目,我的心里却十分满足,因为两个小时的家访,在我和他之间建立起了真正的情义。告别小钱和他妈妈时,小钱一定要把寒假中自己拼装的一架木制马车送给我,看着激动而真诚且带着少许稚气的脸,我笑着收下了,我收到的岂止是一架木制马车,更是一颗学生火热的心。

卓尔不群的花朵

一个极富叛逆的孩子,在短短几个月中有了天壤之别的变化:

第一,老师的评价。一堂语文课后,听课老师给了我巨大的欣喜。她说:印象中的小钱是一个经常惹事、脾气暴躁、总是被老师请到办公室教育的学生,他甚至会用激烈的言语顶撞老师,甚至用拳头威胁老师,让老师们很是头疼。但是,这次听课他在课上的表现却让我刮目相看。他坐姿端正,听课专注,老师提出的问题,他总能第一时间举手发言,字正腔圆,声音洪亮,思路清晰,表达流畅。他的回答里甚至不乏创造性的思考,这让我感觉很惊讶,想不到一年不到,他就有了脱胎换骨的变化,有了那么大的进步。

第二,同伴的评价。同桌这样说:小钱刚开始做我同桌的时候,一点都不听我的劝,我说他一句,他就要顶我一句,后来慢慢地他就改变了,变得乖了很多,不再和我拌嘴,上课也很少说话,也渐渐听我的劝告了。火爆的脾气也好了,对同学和老师的态度温和了,在学习方面也有了很大的进步。

班委如此说:小钱同学这个学期以来(六年级第二学期)表现很不错,在和同学交往和控制情绪方面有了很大的进步。同时他有着不少其他同学欠缺的品质,那就是十分讲礼貌,让我们感受到小钱是位很友好的同学,大家都愿意和他做朋友。他在体育方面进步也很大,希望他在学习方面更加努力,他一定会更优秀。

第三,自己的评价。我(小钱)有现在的进步,有着许许多多的原因,其中我要感谢我的妈妈,感谢她平日里不断的鼓励和不知疲倦的督促,另外我更得感谢我的老师,不管做什么他都会最先想到我们,不管他有多累都会谋求让我们有更好的发展。老师每天课堂上对我的回答的表扬,每天放学后单独给我辅导功课,给了我很多的信心,让我的成绩也在不断进步。同时也多亏我的同学们,平日里不断地帮助我学习,提醒我避免犯错误。我要感谢他们,没有他们,我不可能会有现在的进步。此外,学习的进步还在于,上课多举手,勤记笔记,多举手回答问题可以让我的大脑思维快速运转,让自己可以更有效地回答问题,而勤记笔记可以让自己对所学知识产生更深的印象,这样同样可以提高自己的学习效率。所以,我的学习取得了进步。

确实,每一颗种子均怀揣着生根发芽的愿景,每一个花苞都怀抱着绽放的期待。尽管过去的经历在小钱心中留下了痛苦的痕迹,使他在面对可能的指责和批评时,本能地选择先发制人,包括向家人和老师发起攻击。这是他在试图倾泻内心长期的困惑和委屈,是一颗年轻心灵深处的呐喊。他在挣扎中不甘于沉沦,努力寻求重新站立的勇气。我听到了他渴望得到认可、追求进步的强烈心声,就像向阳花渴望绽放的呼唤——"我要开花"。因此,我们应当尊重每一个孩子的内心诉求,让他们在成长的道路上感受到亲情的温暖、师长的关怀以及同伴的陪伴。相信这些充满个性的孩子,最终会绽放出各自独特的光彩。

三、个别教育与家庭教育的合作机制

1. 了解学生成长环境，衔接家校教育

家庭是塑造孩子性格和行为的摇篮，父母作为孩子的启蒙教育者，其道德标准、思想倾向、教育水平、职业态度和家庭内部的互动关系等，均深刻影响着孩子的成长轨迹。家长的综合素质及自我修养，直接决定了家庭教育的成败。因此，为了促进孩子的全面发展，提升家长的素质显得尤为重要。然而，现实中，许多家长因工作繁忙或教育水平有限，难以有效掌握科学的教育方法。为此，教师应积极与家长建立沟通桥梁，提供有针对性的教育指导，共同为孩子的未来奠定坚实基础。

小海在成长过程中，主要由爷爷奶奶负责抚养，这一经历使得他逐渐形成了"以个人为中心"的性格特点。其母亲在尝试对小海进行教育时，深感困难重重，往往采用打骂或放任自流的方式，收效甚微。我决心和小海的妈妈取得沟通，尝试着给小海的妈妈发去了一条短信：小海长得很帅气，脑子聪明，字写得漂亮，将来肯定能考进理想的高中。随后就收到了回信：谢谢老师的关心。过几天，我给她回短信：你的孩子近期进步很大，是您对小海关心的结果，感谢您对我工作的支持。当考试成绩出来时，我第一时间用微信告诉她小海又进步了。一段时期后，小海的妈妈主动发短信给我，了解小海在校的情况，我总是肯定小海的表现和他的进步，有时还把他那些细微的进步分析给她听，微信的结尾总不忘提醒她孩子回家时不要忘了表扬他的进步。渐渐地，小海与他妈妈的关系越来越好，小海的学习动力越来越足。通过微信联系，我让学生和学生家长都看到学生的进步，从而使家长对自己的孩子充满信心，也使学生对自己充满信心，家庭充满着温馨。

作为班主任,我深知在协助学生家庭营造"温馨和谐的家庭氛围"的过程中,我所扮演的角色至关重要。我始终致力于搭建起家庭成员间沟通的桥梁,以促进他们和睦相处,共同营造融洽的家庭氛围。同时,我也时刻保持与学生家长的紧密联系,通过及时沟通了解学生的家庭状况,为他们提供必要的精神支持和关怀。除此之外,我还积极提供家庭教育指导,为家长们提供专业的建议和帮助,以确保学生能够在一个健康、和谐的家庭环境中茁壮成长。

2. 了解家长教育特点,融入家庭教育

鉴于不同家庭背景的复杂性及学生父母知识水平的不一而足,我们深入研究并积极探索适切的家庭教育模式与策略。此举旨在使学校教育与家庭教育能够相辅相成、形成协同效应,进而产生一加一大于二的积极效果,为学生的全面发展与健康成长奠定坚实基础,创造更为有利的成长环境。

一次,接到一位家长的电话,他们的儿子小伟放学后,从不回家,而是去网吧玩游戏,到八点左右才肯回去,家长恨铁不成钢,打骂都无济于事。放学后,我直接去了小伟家,按了半天门铃,也不见有人开门。我在台阶上铺上随身带的报纸,席地而坐,耐心地等待着小伟一家人。七点半左右,小伟的爸爸回来了,他一见我便生气地说道:"小早死(乡下骂人的话),到现在还不回家,让老师在外面等。"然后把我引进家门。八点左右,小伟终于回来了,他爸爸看到儿子回家了,便是一顿臭骂,甚至要打小伟,被我劝住了,接着是喋喋不休的训斥。不久,小伟的妈妈也回来了,看到我在,忙不停地打招呼,向我述说菜市场摆个摊走不开,随手拿出在市场买的熟食,边准备晚饭边责怪小伟爸爸傍晚的时候也不早点回家,小伟的爸爸则不满地说,每天半夜起来,就下午出去搓一会麻将,回家早有什么用,儿子又不回来。

了解情况后,我便顺着小伟妈妈的话题说开去,认可他们这种在菜市场摆摊工作的艰辛和不易,接着提出我的想法:第一,小伟爸爸下午玩一会儿麻将作为消遣是应该的,只不过要赶在小伟放学之前回家准备晚餐,免得小伟回家总是一个人冷冷清清的;第二,小伟每天放学后必须及时回家,不在外游荡,不让父母担心;第三,为确保小伟每天放学后回家而不去游戏机房,建议小伟的爸爸每天放学时间到学校门口接小伟回家,也可以由小伟爸爸到市场看菜摊,让小伟的妈妈负责晚餐和接小伟回家;第四,今后不得打骂小伟,小伟做错事可以批评,但不能动手打人;第五,若孩子确实不听话,可以给老师打电话,老师一定前来家访,一起帮助教育小伟;第六,小伟作为孩子,不可以出言顶撞父母,如果认为父母有不对的地方,可以采用恰当的方式表达,也可以告诉老师。我还向小伟的爸爸妈妈介绍卢勤在《告诉孩子,你真棒》一书中提到的爱孩子的八种方式:用爱的眼睛发现孩子;用爱的鼓励调动孩子;用爱的感觉滋养孩子;用爱的行为影响孩子;用爱的理由拒绝孩子;用爱的责任惩罚孩子;用爱的意志磨炼孩子;用爱的激情回报孩子。并向他们推荐《不输在家庭教育上》这本有关家长如何教育子女,与子女进行沟通的家庭教育指导书,希望他们能经常肯定表扬自己的儿子,使小伟向更好的方向发展。经过家校双方的共同努力与协作,小伟家曾经存在的打骂教育方式已经得到彻底消除,小伟也成功升学至高中,这充分彰显了家校合作所取得的显著成效。

作为班主任,我致力于通过专业的家庭教育指导,构建出一种适应复杂多变家庭环境的家校沟通模式。通过这种模式,我持续引导家长改善和优化他们的教育方式,从而实现家校之间的深度合作,为孩子们的成长和发展奠定坚实的基础。

3. 寻找个别教育中家校教育的合力点

在家校共育的过程中,我们应以教师为引领,学生为核心,指导家长建立协同合作的家校关系,共同为孩子营造优质的教育环境。在家校共育的协同育人过程中,教师的引领作用至关重要。他们不仅是知识的传授者,更是学生成长的引路人。教师应当通过专业的教育知识和经验,引导家长和学生形成正确的教育观念和方法。例如,教师可以定期举办家长会,与家长分享孩子在校的学习情况和成长进步,同时听取家长的意见和建议,共同制定适合孩子发展的教育计划。而学生作为教育的核心,其主体地位不容忽视。在家校共育的过程中,我们应当尊重学生的个性差异,关注他们的兴趣和特长,鼓励他们积极参与各类活动,培养他们的综合素质。同时,我们也要引导学生认识到家庭教育和学校教育的重要性,学会主动与家长和教师沟通合作,促进自己的全面发展。

在指导家长建立协同合作的家校关系方面,我们采取多种措施。首先,引导家长积极参与孩子的教育过程,了解孩子在校的学习情况和表现,与教师保持良好的沟通。其次,指导家长关注孩子的心理健康和成长需求,为他们提供温暖的家庭氛围和必要的支持。最后,主动与教师建立信任和理解,共同为孩子的成长提供有力的支持。为了共同为孩子打造更为优质的教育环境,我们尚需进一步强化家校之间的协同合作与紧密联系。学校可以邀请家长参与学校的各项活动,如运动会、艺术节等,让家长更深入地了解学校的教育理念和文化氛围。同时,家长也可以利用自身的资源和经验,为学校的教育活动提供支持和帮助。此外,学校和家长还可以通过共同制定教育计划、开展家庭教育指导等方式,加强双方的沟通和合作,共同促进孩子的全面发展。

总之,在家校共育的过程中,我们应当以教师为引领,学生为核心,指导家长建立协同合作的家校关系。通过加强家校之间的合作与联动,共同为孩子营造优质的教育环境,促进他们的健康成长和全面发展。同时,我们也要不断探索和创新家校共育的方法和途径,以适应新时代教育发展的需求。

小徐同学近两天状态不太好,原本活泼的她变得沉闷起来了,作业的准确率也下降了。我把她叫到僻静处询问原因,当我点到是不是父母关系不和时,她痛哭起来。原来最近几天小徐的父母吵架，还闹着要离婚，她感到在家里很烦很难过，就每天留在学校做完部分作业后再回家，昨天一回到家，妈妈就不问青红皂白地骂她回家那么晚，肯定在外面野。她感觉自己的家让她感到痛苦。中午我来到小徐家，正好小徐的父母都在，我向她父母反映最近小徐的学习状态有些退步，上课有些恍惚，作业质量也比较差，询问小徐的父母是不是家里有什么事情发生，小徐父母吞吞吐吐，但还是说出了夫妻吵架以致闹离婚的事情。我痛心地说：你们的吵架已经影响到你们孩子的学习，以至于不愿回家而宁愿待在教室里做功课，本来孩子有希望考重点高中的，现在退得厉害，发展下去，连高中都危险。如果在你们的心里孩子是第一位的，那么两个人都退让一步，不要让孩子整天提心吊胆的，连学习也没有心情。听了我的话，他们都不好意思起来，表示一定避免吵闹，给孩子一个清静和谐的学习环境。第二天，看到笑颜重新扬起在小徐的脸上，我知道小徐的父母和好了，温暖又将呵护着她。和谐的家庭成员关系，将带给学生一个温暖的家，一个给力的发展场。

本案例中，教师以学生的未来发展为着眼点，妥善处理了家庭矛盾对学生学习的潜在干扰。教师和家长双方均以学生的健康成长为核心目标，共同寻求合作契机，最终取得了积极的成效。

第三节 个别教育与集体教育融合

马克思说："只有在集体中，个人才能获得全面发展其才能的手段，也就是说，只有在集体中才可能有个人自由。"此言深刻揭示了个性与集体之间的紧密联系。

若个体与社会脱节,失去与他人的联系,其个性将不可避免地走向消亡。每一个学生都蕴藏着巨大的潜能,集体教育的核心在于充分激发这些潜能,推动学生个性在集体中得以全面、健康地发展。而个别教育则侧重于针对特殊学生的个性化教育,旨在促进他们个性的全面发展。在教育实践中,我们应充分认识到集体对每个学生的深远影响,既要通过集体教育引导个别学生,也要借助个别学生的成长来推动集体的进步。

一、个别教育与集体教育的关系

优质的集体教育有助于构建和谐的环境与氛围,促进学生心理的健康发展,完善其人格塑造。同时,这样的教育能够培育学生积极向上的竞争意识,促进合作精神的养成和合作习惯的形成,深化学生对于团队协作意义的理解。此外,这种教育还能够加强学生的时代责任感和社会责任感,为其将来成功融入社会、服务社会奠定坚实基础。

第一,个别教育源于集体性教育。班级正能量的核心传播渠道在于集体教育,缺乏这一环节,班级便无法确立正向的舆论导向与氛围。在某些情境下,为了促进个别学生的教育成效,需有意识地构建一个有利于集体教育的环境。以考试作弊为例,我们既要开展覆盖全体学生的诚信考试教育,以杜绝此类行为的发生。然而,当考试作弊现象确实发生时,我们必须深入探究每个学生背后的作弊动机,以便进行有针对性的个别教育。类似地,在处理学生顶撞教师的情况时,我们要加强全体学生的尊重友善的礼仪与品质教育,培养他们尊重他人的文明习惯。然而,一旦出现顶撞教师的个案,我们必须充分考虑学生的个性差异及背后原因,从而实施精准的教育措施。

第二,个别教育是集体性教育的重要组成部分。叶澜教授在《新基础教育论》中提出了"新基础教育的学生观",即学生具有主体性、差异性和潜在性。[①] 集体性教育虽然面向全体学生,但每个学生均具备独特的个性与成长背景,这些因素包括不同的成长环境、家庭教育差异、个人成长过程中的特殊经历等。因此,我们不能将教育方法简单地标准化和统一化,如同制造产品时使用固定模具。面对个别学生出现的特殊问题,教师应灵活应对,采用符合学生个体特征的教育方法,以达到积极有效的教育效果。

鉴于此,我们必须同时注重面向全体学生的集体性教育和针对个体差异的个别化教育。唯有如此,我们才能全面照顾到每一位学生的独特性,实现精准有效的教育。在某种意义上,个别化教育是对集体性教育的重要补充和完善,两者相辅相成,共同构成完整的教育体系。根据多位教育学者的实证研究,相互协助是一种高效的学习手段,相较于单纯竞争或独立学习,学生在班级中相互帮助往往能取得更佳的学习效果。在一个班级中,学生的能力和学业成绩必然存在差异,集体性教育的核心在于利用集体的智慧和力量,通过互帮互助的方式,促进各层次学生的共同提升。

二、个别教育中发挥集体教育的功能

1. 集体氛围影响个别学生

集体氛围,即一种由班级成员间共享的社交环境,其形成源于学生群体内部的价值观、态度、期望与行为的相互影响。经过时间的沉淀,这种影响将逐渐演化

[①] 叶澜."新基础教育"论关于当代中国学校变革的探究与认识[M].北京:教育科学出版社,2006:221.

为一种独特的气氛,深深植根于班级的日常生活中。这种氛围具有两种截然不同的特性:一种表现为温暖、友善、放松、自由和无拘无束,另一种则显得冷淡、敌对、紧张、严肃和控制欲强。对于班级氛围的积极塑造,尤其是友善和积极的氛围,对个别学生的成长具有深远的影响。班主任在塑造班级文化时,应当努力营造自律、自信、自立、自强的环境,使这种集体氛围成为推动个别学生发展的重要力量。

以我曾经指导过的一位学生小欣为例,她原本是一个身体柔弱且缺乏自信的女孩。然而,在她报名参加运动会1 500米长跑项目后,尽管她对自己的能力持怀疑态度,但在我和同学们的鼓励与支持下,她逐渐找到了自信和动力。通过共同训练和持续的正面反馈,小欣不仅在比赛中获得了冠军,更重要的是,她在这个过程中收获了宝贵的自信。详见案例6-2《自信是这样炼成的——我是冠军》。

2. 集体活动转化个别学生

集体活动,作为班级生活中不可或缺的一部分,通常涉及大多数学生的共同参与。这些活动既可以是班级层面的,如温馨的教室布置、班干部的选举与换届,以及每周的总结会议;也可以是学校层面的大型节庆活动,如运动会、读书节和艺术节等。每个学生都全力以赴地参与这些活动,不仅能使活动本身更加丰富多彩,还能促使学生在集体环境中实现个人成长与进步。此外,集体活动不仅为学生提供了一个展示自我才华的平台,同时也是对个别学生进行教育和转化的有效手段。以一位喜欢绘画但缺乏自信的学生为例,鼓励他参与班级教室的布置工作,让他在实践中逐渐建立了自信,实现了人生的华丽转变。这一成功案例充分证明了集体活动在学生个人成长中的重要作用。详见案例6-2《自信是这样炼成的——一张国画》。

曾经有一位在家庭环境中缺乏重视、自我评价偏负面的学生小菲。在一次整理内务的集体活动中,班主任给予了她一个展示自己的平台,使她有机会展现自己在内务整理方面的能力。班主任对她的表现给予了充分的肯定和赞扬。在这一过程中,小菲逐渐改变了原本叛逆和排他的性格,形成了全新的正面自我认知。她不仅对自己有了更深的了解,也对他人产生了更加积极的看法。这一系列的变化,使得小菲能够自信地迎接生活的挑战,扬帆起航。具体案例如下。

六年级开学前,我对班级里的学生进行了家访。小菲是一个在原生家庭里缺少爱的孩子。她的父母长期在外工作,外婆要求严格,老是表扬弟弟,批评小菲,还会时不时威胁小菲——不听话就送回老家;长此以往,小菲在缺少父母陪伴的环境里自然感受不到家庭给予的温暖,变得叛逆起来,老是和外婆作对,形成恶性循环。经过深思熟虑,我计划在未来的学校教育中,逐步引导孩子进行转变。

家访几天之后,我们六年级前往崇明进行的入学教育,大多数孩子第一次离开家,独立在外照顾自己,需要每天自己洗衣服、自己收拾床铺、整理房间。经过上次的家访,我知道小菲很会做家务,因此我便安排她担任我们班级的生活委员,负责管理班级女同学的内务卫生,想借此机会让她感受到老师对她的信任及肯定,以此融化心中的坚冰。

入学教育第一天,我们班的内务评比倒数第一,这让我大跌眼镜,立马找来小菲了解情况,她一脸无辜地告诉我:"她们都不听我的安排,让她们早点起床整理内务,却没几个人起来整理,有的根本不会整理。"我耐心地追问道:"你觉得应该怎么解决同学们不会整理内务这个事儿呢?"她想了想,说道:"今天训练完了,晚上吃完晚饭后我们班级聚在一起,我教大家整理内务。"我欣然答应了。

当晚,小菲在寝室中细心地为大家传授内务整理的要领,从毛巾的摆放方法到鞋子合理放置的技巧,每一项细节都进行了深入的阐述。在场的同学们纷纷对小菲展现出的专业与细致投以敬佩的目光。我看了看小菲,她脸上挂满了笑容,这还是我第一次见她笑得这么开心。有了小菲这次教学,班级里同学们整理内务的速度和整齐度大大提高,接下来的入学教育我们班级的内务评比每天都夺得第一。入学教育结束那天,我当着全班的面表扬了她,全班同学用热烈的掌声肯定了她。这件事以后,小菲逐渐发生了变化,在校内关心班级、乐于助人,在家懂得理解孝顺外婆,她对自己也有了新的认识和评价,走向友爱,走进阳光。

(案例提供者:上海市闵行区浦江第三中学　吕希)

存在一部分孩子,例如小欣和小菲,他们拥有独特的才能,却往往未能获得应有的认可。然而,通过积极参与集体活动,他们能够在集体环境中获得肯定,甚至赞赏。这种集体的认可使他们有机会发现自己的独特之处,进而摆脱自我怀疑和消极情绪,逐步建立自信。在老师和集体的共同支持下,他们将能够朝着积极的方向持续努力,不断塑造和完善自己的人格,最终实现自我价值。

三、个别教育促进集体教育

个别教育与集体教育之间存在一种相互依存、相互促进的关系。集体教育能够对个别学生产生积极的影响,促使其发生改变。同时,针对个别学生的精准教育也对集体教育的实施起到推动和优化的作用。赵老师在中途接手班级后,面对班级中出现的各种问题,采取了每周为一个学生撰写周记的策略。通过在班队会课上朗读这些周记,赵老师不仅悄然改变了被关注的个别学生,还成功地扭转了班级中消极的氛围。具体做法和效果,可参见案例6-4。

案例6-4　一果一世界　千果千芬芳

这次我中途接了一个新的班级,从刚接手第一周就发生的吃饭呕吐事件引发了家长在班级群里泄愤、学生拿凳子校门口堵校长讨说法、学生对老师的教育录音并散播等,到周末因班级同学聚会致使新冠疫情在班级内蔓延而导致整个班级被封控。此外,部分学生与社会人员交往过于频繁而引发打架、抽烟、喝酒、失恋、进医院等。更为严重的是,班级内部还出现了传播黄色视频和书籍、做出不雅动作等低俗行为……这些学生都是"久经沙场"的了,面对班主任一般的教育引导,他们轻车熟路,应对起来游刃有余。于是,我决定改变教育方式,尝试用写随笔(周记)并读随笔给学生听的方式来引导某位学生并以此来对班级学生进行集体教育,每周写一个典型学生,以表扬的方式把我想要改善的问题通过写这个学生表达出去,班会课上读给全班学生听,以此来触动他们的内心,达到集体教育的效果。

第一次我写了一个成绩比较靠后但热心善良的女生小胡,我想告诉大家,每个人都是独特的,身上都有自己的闪光点。我选择她正是因为班级中缺乏这种无私奉献的精神了。此举旨在向全班同学传递一个信息:每个人的独特性都应得到应有的认可和尊重。同时为我选她做宣传委员做铺垫,告诉所有班委:老师选班委不是随便找个人做事情,而是因为某方面优秀才让他们有展示和锻炼的机会,要好好珍惜,并不断严格要求自己。

班会课上,我一边读着我的教育随笔,一边观察着学生们的表情,小胡同学聆听得极为专注,并且流露出意外的喜悦之情,其他班委成员表现出一丝羞愧之情,而部分原本在活动中持观望态度的同学也悄悄向她投去了理解与鼓励的微笑。自此,小胡同学在学习态度和行动上都展现出了显著的积极变化,不仅主动,而且更加认真。此后,我持续关注她的学习状况,以确保她能够保持这种积极向上的态势。

教育随笔(周记)的尝试,取得了显著且积极的成效。本次教育随笔(周记)不仅是对小胡的赞扬,也是对全班的集体教育。学生们意识到,老师不仅关注他们的学习表现,也会注重他们在其他方面的表现,如为班级贡献、参与活动、工作态度和责任心等。班级的部分班委成员开始转变了自我定位,不再将自己仅仅视为普通学生,而是更加注重工作态度和效率的提升。值得一提的是,原本有意辞职的一位班委成员,在本次班会后主动找到老师,表示愿意继续留任并努力改进自己的工作表现。班级里成绩不佳的学生变得热情起来,尤其是在劳动岗位和给老师帮忙方面。

随后,我特意去学习了《教育学原理》,书中提到个体个性化,就是在人的共同社会性的基础上,发挥人的自主性和能动性,充分把人的差异性和独特性彰显出来,实现个体我与社会我的统一和生命的个体价值与社会价值的统一。看到这里,我意识到这不就是我想要的吗?个体教育和集体教育有机地结合起来,学生因此而发挥出他们的主观能动性,整个班级的风气能够得到有效的扭转,班级的发展也可以走上正轨,这个教育随笔就太有意义了!

经过深思熟虑,我选定昊昊作为第二周教育随笔的撰写对象,因为他是班级许多事件的关键人物。我相信,通过他的稳定表现,班级的整体状况将得到进一步改善。昊昊来自单亲家庭,渴望得到关注和认可,因此有时会用行为吸引别人注意,这影响了部分同学。我决定以他能接受的方式引导他,并向全班传达信息:昊昊虽有不当行为,但也有目标和努力。我们不应只看表面,而应深入思考。我也鼓励每位学生,无论过去如何,现在的改变都是积极的。只有实践,才能获得回报。如果迷茫,就按照老师的要求行动,在实践中找到适合自己的方法。

读完关于昊昊的随笔之时,我可以明显感受到昊昊的自豪之情。尽管文中指出了他的一些问题,但同时也详细肯定了他的努力和进步。这对于昊昊而言,无疑是一种极大的荣耀和激励,能够得到老师的认可和鼓励,无疑是对他付出努力的最好回馈。自那以后,昊昊开始接纳并认同我这个老师,甚至在私下里称呼我为朋友。他的行为也发生了积极的转变,不再带头参与不良行为,而是主动向我反映班级中出现的问题,并积极配合老师和班委解决这些问题。在学习方面,昊昊也展现出了明显的进步,学习更加主动,在历史中考中,他从以前的 3 分提升到了中考的 22 分(满分 30 分),这一显著的突破充分证明了他的努力和成长。看到昊昊的进步,他的一些朋友们也会不时抽空向我咨询一些中考、毕业等相关事宜。另有一些朋友开始默默努力。当班级中出现消极氛围时,总有人会挺身而出,阐明正义,引导集体走向正轨。

到了第三周,越来越多的学生开始关注我接下来会表扬哪位同学,并经常向我询问。我明确告诉他们,我会关注那些表现出进步的同学,并鼓励他们通过积极表现来获得认可。随着时间的推移,班级的氛围逐渐发生了变化。之后,我逐步把行规的重要性、求真务实的价值、良好家庭教育的影响、逆境中的积极态度、踏实认真的勇气以及班风学风的建立等方面渗透进每一次的随笔中,学期即将结束,学生个体在成长和进步,整个班集体在个体的成长进步中也正悄然发生着变化。

经过一个学期的精心观察和记录,我深刻体会到班级内部正在发生的微妙变化。班级,作为一个微型社会群体,自然具备其独特的社会属性。然而,在激发每位学生的自主性和能动性方面,我们必须充分尊重并彰显他们的差异性和独特性。每个人,无论年龄大小,都渴望在集体中得到关注和重视,期待自己的价值和贡献得到肯定。学生们尤其如此。当他们从学习和生活中获得成就感时,他们会更加积极地强化自己的优势,以吸引更多的关注和赞扬。而当某个学生在某些方面被树立为榜样时,他的表现将在各方面受到更多关注。这种关注会促使他更加努力地完善自己,悄然改进自己的不足,以保持其榜样形象。这种良性的互动和循环,对班级的整体进步和氛围营造具有深远的意义。

(案例提供者：上海市闵行区浦江第三中学 赵健琦)

每位学生都如同一枚未熟的青涩果实，象征着无限的潜力和可能性。正因为这份青涩，他们才拥有了向上生长的动力和勇气。而当我们看到满树硕果累累的景象时，这恰恰是学生个性得到充分尊重和发展的结果。为了培养出自信独立、自主奋进的学生，我们需要充分认识到学生间的个性差异，并为其个性发展创造有利条件。若每枚果实都能健康成长，那么整棵大树必将枝繁叶茂，硕果累累。因此，教师的个别教育技巧不仅对个体学生成长至关重要，同时也能为集体教育的发展起到积极的促进作用。

第四节　全员导师制助推个别教育

孩子是国家和民族发展的希望所在。在当今时期，随着"双减"政策的深入实施，以及上海地区积极落实党的教育方针，致力于实现"立德树人"的核心任务，我们有必要且必须积极推进中小学全员导师导育工作。此项工作的开展，不仅要求全体教师对学生的健康成长与全面发展给予更高程度的关注，而且需要他们为学生和家长提供切实有效的引导和指导。全员导师制的实施，对于个别化教育的推动具有显著作用。它强调每一个学生都应得到个性化的关怀与指导，以便他们能够更好地发掘并发展自身潜能。在此制度下，教师们将更容易掌握学生的需求、兴趣及特长，从而为他们提供更具针对性的教育支持。正如苏霍姆林斯基所言："在关注教育整体的同时，我们必须深入每一个儿童的内心世界，为他们提供细致入微的关怀与教育。"个别教育不仅关注学业后进生的转化,更着眼于优秀生的培养,特殊才能学生的扶持,以及有特殊困难学生的帮助。此外,对于突发事件中的学生,我们也应妥善处理。作为导师,我们必须深入了解学生的情况,充分考虑到他们的个性与年龄特征,以热情耐心的态度开展工作。

在儿童的成长过程中,健康人格的塑造占据着至关重要的地位。身为教育者,我们肩负着引导青少年塑造正常、健康人格的重任,这是教育工作的核心目标。在教育实践中,师生关系是教育者与受教育者在教育教学过程中形成的互动关系。在这种关系中,教师担任着引领者的角色,每一位教师都应当致力于成为学生健康成长的引路人和指导者,成为学生的"良师益友"。因此,导师在开展工作时,需坚持以人为本的原则,根据学生的身心发展规律和个体差异,与学生建立一种尊重平等、相互理解、亦师亦友的师生关系。在正确的价值观引导下,为每个学生提供个性化的成长指导。同时,我们要为每个学生提供温暖的陪伴和关怀,帮助他们缓解学业和情感上的压力,增强他们面对挫折的能力,提升他们的自信心,从而促进他们的全面成长。

初中生在青春期的成长阶段,随着第二性征的发育,性意识逐渐觉醒。他们开始产生成人感,注重外貌,并对异性产生好感。在这一时期,他们可能表现出所谓的"叛逆"行为,容易倾向于冒险。同时,他们的情绪感知力较强,但控制能力相对较弱,容易放大对事物的情绪体验,导致情绪波动大且直接。对于初中生而言,他们非常在意同伴的看法,并期望在观念、行为、习惯等方面与同伴保持一致,以获得认可、尊重和群体归属感。这种心理需求使得他们在表面上可能显得叛逆,不听从老师和家长的意见,但实际上他们并未完全摆脱对成年人的依赖,内心深处渴望得到成年人的理解和支持。因此,导师在与初中生沟通时,应采取主动、坦诚的态度,减少过多的说教,注重对话的平等性。这样做可以降低学生的抵触和对抗情绪,使他们感受到导师的信任,从而在遇到问题时愿意寻求导师的帮助。

因此,全员导师制工作的全面开展显得尤为必要且至关重要。每一个学生均具备独特的个性与特质,导师在承担导育职责时,首要任务是深入了解每个学生的性格特征、兴趣爱好、学习方式和内心需求。其次,基于学生的个体差异,量身定制个性化的导育策略。此外,积极整合家庭、学校和社会的资源,形成多方协同育人的格局,确保每位学生能在和谐、健康的环境中快乐成长。

学校方面,应给予教师全方位的支持与指导。构建完善的培训和专业发展平台,助力导师提升教育技能与知识储备;定期组织工作坊、研讨会和培训课程,引导导师不断吸收新的教育理念和教学方法;确保导师拥有充足的时间和资源,以便他们更好地了解并指导学生。总之,学校应着力打造一支科学规范、高效务实、经验丰富且富有责任感的导师队伍,以推动教师职业成长,促进学生的全面发展。

一、导师导育小技巧

深入学生群体,积极开展多维度的沟通与交流。身为导师,应主动获取学生的基础信息,包括学生的身心特征、学业表现、班级活动参与度以及家庭背景等。同时,与班主任和其他任课教师的交流不可或缺,以全面了解学生在校园内的各种表现。为更全面地掌握学生的成长轨迹,导师还需主动与家长建立联系,深入了解学生在校园外的生活环境及其在这些环境中的行为表现。此外,与学生个人的直接交流亦至关重要,通过对话,可以更好地掌握学生的兴趣爱好、特长才能、人际关系以及对导师的期望等信息。在此基础上,导师还应善于观察,以发现学生的独特个性和潜在能力。无论是在课堂上还是课外活动中,都应对学生保持敏锐的观察力,尤其对于那些性格内向、不善交际的学生,更应耐心细致地观察,以发现其隐藏的闪光点。

巧用时间，丰富交流。鉴于导师在校工作繁忙，时间紧张，导师可以利用课余时间，如课间休息、午餐时间或课后空档，与学生进行面对面的沟通。此外，导师也可邀请学生一同用餐，以轻松的氛围增进彼此的了解与信任。同时，导师应积极参与学生的各类活动，如主题班会、社团活动及运动会等，借此增加与学生的交流机会与时间，逐步拉近师生距离。除面对面的交流外，导师还可以利用小卡片等媒介，与学生进行书面对话，鼓励学生分享心得、倾诉困扰或寻求帮助。通过上述方式，导师将能够更好地理解学生，提供有针对性的指导与支持。

共同经历，丰富话题。导师与学生可以共同创造丰富的交流话题。现实中，双方可以精心策划和组织小型团体活动，如师生见面会，营造轻松愉悦的氛围，分享兴趣爱好、成长趣事和时事热点，从而深化了解，拉近心理距离。同时，导师应敏锐把握生活中的沟通契机，从生活、家庭、学业、未来等多个维度寻找聊天话题。此外，共同体验生活也是增进了解的有效途径，如共同漫步校园、参观博物馆或共读一本书等，这些活动不仅丰富了师生交流的内容，也促进了彼此之间的深入了解。

二、导师导育心陪伴

导师导育需要"走心"，意思是导师在育人过程中，应深入到学生的内心世界，倾听他们的声音，理解他们的需求，以真心换取学生的信任。在面对学生的个人隐私问题时，导师需要保持随时待命的状态，提供个性化的关怀与指导。特别是在特殊时期，如疫情期间，导师需要主动关心学生的健康状况，及时为他们提供心理疏导和支持，如分享有助于缓解焦虑的文章或公众号。同时，当学生与家长之间出现沟通障碍时,导师应迅速介入,通过视频家访等方式,搭建家庭与学生之间的桥梁。对于存在心理障碍的学生,导师不仅要耐心倾听,还需提供专业的心理咨询途径。针对沉迷于电子产品的学生,导师应联合家长进行监督,要求学生按时反馈作业,同时反馈使用电子产品的时间表,以帮助学生形成健康的生活习惯。

导师在育人过程中,应以真诚的态度和智慧的方法去帮助学生解决问题,与学生共同努力,探索适合每个学生的个性化教育路径。导师应成为学生的心灵导师,让他们感受到温暖与支持,不再孤单无助。通过因材施教、因势利导、因人而"育"的方式,导师提供学生真正需要的关心与关爱,实现真正意义上的个别化教育。见案例6-5。

案例6-5 爱的交换和传递

我和学生小泽结对,他虽在学习和行为上让老师头疼,却对篮球充满热情。他选择我作为他的导师,我决定家访以了解他的生活和学习情况。家访中,我发现他的问题在于父母忙碌,自觉性不足,行为散漫,且因父母监督不足而有些叛逆。因此,我决定以他喜欢的篮球为突破口,帮助他改正缺点。

在暑期,我与小泽同学约定定期共同参与篮球运动,期望能借助体育的独特魅力,激发他内心的热情与活力。我经常鼓励他:你一定能行的,你篮球打得这么好,学习克服不了吗?我还用自己高中时期逆袭的亲身经历告诉他,要相信自己可以,并且拼尽全力去做。在我的鼓励下,小泽好像渐渐地变得阳光开朗了。

一天,一个突如其来的消息打破了宁静。一位平日里与我们共同在篮球场上挥洒汗水的同学,竟被诊断出患有白血病。这个消息如同晴天霹雳,让我一时间难以置信。尽管他并非我校结对帮扶的对象,但这位阳光开朗的大男孩罹患如此严重的疾病,仍让我感到震惊与悲痛。我迅速行动起来,加入了为他筹集治疗资金的行列。同时,我召集各方同学、篮球馆的老师、朋友们祝福他,给他鼓励和信心。希望他能以坚定的信念战胜病魔。面对这位同学的不幸遭遇和勇敢抗争,我不禁联想到了小泽。相比于他,我们都是幸运的,拥有健康的身体。这让我们更有理由珍惜生命,远离懒惰与抱怨,以积极向上的态度面对生活的挑战。

在八月的一个晴朗日子,我驾车载着小泽前往松江的医院,探望正在接受化疗的那位同学。我为他带去了他最喜爱的篮球,希望能为他带来一丝力量与勇气。回家的路上,我收到了一张照片——是他与篮球的合影。看着照片中他灿烂的笑容,我的眼眶不禁湿润了。小泽也默默地看着照片,我深知,这次经历一定在他心中留下了深刻的印记。出乎意料的是,他在视频里说道:"王老师,您放心吧,您的鼓励我已铭记于心,我会不断努力,逐步取得进步。"他朴实的话语中,让我感受到做一名教师的成就感和幸福感。

全员导师中,我确实是老师,但在导育过程中,我也经常受感动着。因为爱是相互的,全员导师,用爱治愈,被爱治愈。

(案例提供者:上海市闵行区浦江第三中学　王开)

案例6-5中,学校教师在实施全员导师导育活动时,结合常规与自选措施,包括谈心谈话、家访活动、学期评价和特色导育,将对学生的关爱与呵护融入每一次导育实践中。无论在课堂内外、校园内外,这种导育都伴随着深厚的情感交流,形成了亦师亦友的关系。导师在个别或集体的育人活动中,针对学生的不同特点,制定了个性化的导育方案。谈心、益智、实践和研学等多种形式的导育活动,不仅调节了学生的心理状态,也拓宽了学生的视野,提升了学生的能力。学生也在导师们用心、用情的关怀下,不断取得进步,不断突破和超越自我,人格不断得到健全。

三、线上云家访

因为疫情,全体师生开展了在线教学,全员导师活动也由线下面对面的交流、陪伴、家访改为在线"云"呵护。空间与屏幕的隔阂,并未妨碍师生间真挚的情感交流。为确保导师工作的有效性和针对性,我们明确了各项任务与要求。在此基础上,为深化师生联系,缓解疫情期间的心理压力,确保学生的学习生活平稳有序,导师们致力于成为学生们在线学习的坚强后盾和温暖依靠。导师们积极开展了云家访活动,全面了解学生的居家生活状况、情绪心理变化、线上学习进度、课余活动安排、亲子陪伴情况以及体育健身习惯等。针对这些问题,导师们不仅提供了具体的指导和建议,还通过积极的互动与沟通,帮助学生调整心态,适应新的学习方式。在居家隔离期间,面对客观环境的变化和学习方式的转变,如何引导青少年培养积极的自我效能感、增强成功体验、提升情绪管理能力,以及形成健康的网络人格,成为我们关注的焦点。为此,导师们不断探索和实践有效的导育方式,为学生提供实质性的帮助与支持。

1. 线上云家访

由于突发疫情形势,学生的学习方式、心理状态、情绪调控以及时间分配等方面均将发生变化。原本可以面对面进行的导师活动,现只能借助屏幕进行远程沟通。结合过往疫情期间居家学习的经验,我们预判学生在居家学习生活中可能面临以下问题:

①在居家学习环境中,如何确保足够的体育锻炼量?②如何制定合理的时间规划,以平衡居家学习和生活?③在家期间,如何与父母进行有效的沟通?④如何培养自主学习的意识?⑤当父母不在家时,如何合理安排饮食?⑥如何有效调

节网络学习与电子产品使用之间的潜在冲突？⑦在网络学习环境下，如何确保学习质量和数量？……

鉴于当前存在的一系列潜在问题，全员导师团队立即组织了一场视频会议。经过审慎的讨论，我们一致认为有必要开展云家访活动。云家访作为一种面对面的可视化沟通方式，能够赋予家长和孩子以庄重感，使他们真切感受到导师的关爱与温暖。相较于传统的电话、短信沟通方式，云家访能够直观地展现双方的状态，进一步提升家校双方的重视程度，从而使家访活动更加富有成效。同时，这也为导师们提供了一个提升家校沟通能力的宝贵机会。虽然疫情打断了正常的学校生活，但也为师生们带来了成长的新契机。为确保此次线上家访取得实效，我们精心制定了四个实施步骤，以确保云家访活动的顺利进行。

第一步，对全体导师进行云家访培训。为确保家访活动的专业性和高效性，首要任务是对全体导师进行云家访培训。我们将利用腾讯会议平台，组织全校教工大会，对家访的各个环节进行细致入微的梳理，包括预约家访的时机、沟通时的语气与语调、展现出的精神风貌、家访的核心内容以及家访后的引导与教育等。值得注意的是，无论是线上还是线下家访，其核心都在于实现双方的可视化交流，从而能够清晰地感知彼此的神情与态度。因此，导师们应当时刻注意自己的仪容仪表，以展现最佳形象。在沟通过程中，导师们还需注重言语的表达，善于倾听，并适时给予引导，确保家访活动既周到细致，又能让家长和学生感受到温暖与支持，特别是在他们迷茫或困惑时，能够及时给予指导和帮助。

第二步，家访之前进行问卷排摸情况。学校领导小组将就此展开讨论，并制定出相应的问卷调查方案。学校心理咨询室也将负责设计心理问卷量表，以便更准确地评估每个孩子的心理状态。此外，每位导师将负责定期更新孩子的信息，重点关注他们在疫情期间的家庭状况、居家学习情况、生理及心理健康问题，以及家庭亲子沟通等方面的情况。通过这些措施，我们将更好地了解每个孩子的需求，为他们提供更精准、更有针对性的指导。

第三步，根据排摸结果，明确家访方式。鉴于学生情况的多样性和需求的差异性，老师需采用灵活多变的帮助方式。对于部分情况特殊的学生，导师需及时上报学校，并协同专门的心理咨询小组和帮困小组提供个性化导育及长期跟踪支持。针对同学们出现的共性问题，导师可设计群体化项目，以集体疏导的方式加以解决。此外，对于集体共有问题，学校层面将安排相应的讲座和活动，以协助同学们共同应对成长过程中的挑战。整体而言，我们致力于实现因人而异的智慧导育，确保每位学生都能得到适当的关注和帮助。努力做到因人而异，智慧导育。

第四步，填写云家访反馈单，以促进实施优化。在家访活动告一段落后，教师们应细致整理并汇总每一次的家访记录表，全面梳理并总结孩子们及家长们的各类需求。基于这些需求，制定科学、合理且有效的解决策略，确保帮扶工作能够按计划、有步骤、有针对性地展开。值得强调的是，云家访并非一次性的活动，而是需要持续进行的"常访"工作。教师们应持续关注学生的动态，深入了解他们的内心世界，帮助他们消解因疫情而产生的焦虑，以及解决期间所遇到的各种问题。

2. 线上云导育

居家隔离，学生身上会出现各种情况，这些情况既有共性又有个性，有的需要个别指导，有的需要群体服务，有的需要整班跟进。我们根据学生情况呈现的范围的大小，及时跟进，进行不同形式的线上云导育。如个性问题私人定制、群体任务相互共进、集体问题全员激励。个别教育，其中也包含个性化教育的含义，根据不同学生的特点导育，不仅能激发学生的学习热情，而且能够拉近师生距离，是尊重学生、尊重生命的集中体现。

在居家隔离期间，学生所展现的情况复杂多样，既存在普遍性，也有其独特性。针对这些不同的情况,我们需要采取不同的策略进行应对。对于个别学生的特殊需求,我们需要提供个性化的指导;对于群体性的问题,我们需要统一进行解答和指导;而对于全班共性的问题,则需要我们全面介入,统一进行引导和纠正。根据学生的具体需求和问题的范围,我们将灵活调整线上云导育方式。对于个别学生的个性化问题,我们将提供一对一的解决方案;对于群体任务,我们将鼓励学生间的相互合作与共同进步;对于全班共性的问题,我们将采取全员激励的方式,激发学生的集体荣誉感和责任感。

个别教育,作为我们云导育的重要组成部分,充分体现了对学生个体差异的尊重。我们根据学生的不同特点和需求,提供个性化的教育方案,旨在激发学生的学习兴趣,同时也拉近师生之间的距离,营造出更加和谐、相互尊重的教育环境。这种个性化教育的方式,是我们尊重学生、尊重生命的理念的集中体现。

个性需求,私人定制。在深入了解学生的情况后,我们发现部分学生的问题涉及个人隐私,因此我们的教师需要"随时待命",为他们提供个性化的支持。例如,对于因直系亲属感染新冠病毒而被隔离的学生,我们的导师会定期与他们进行心理沟通,并分享有益于康复和缓解焦虑的资讯;当学生在亲子沟通上遇到困难时,导师会迅速进行视频家访,充当家庭与学生之间的桥梁,协助解决问题;面对有严重心理障碍的学生,导师不仅会耐心倾听他们的诉求,还会为他们提供专业的心理咨询渠道;针对沉迷于电子产品的学生,导师将联合家长进行定时监督,要求学生按时提交作业并反馈电子产品使用时间表。通过这种方式,我们希望能够逐步减少学生的电子产品使用时间,并通过奖励机制激励他们。这些个性化的关怀与辅导,旨在深入学生的内心世界,让他们感受到温暖与支持,从而携手前行,共同走出迷茫。

群体任务,共同推进。尽管并非所有学生均需要个别关注,但无可否认,每个孩子都需要感受到爱的温暖与支持。因此,教师们采取了群体任务驱动的策略,以深入了解学生在家中的实时动态。在实施这一策略时,教师们充分利用了微信群这一高效且便捷的工具。他们在群内发布了多样化的任务,如记录一日三餐并分享美食照片、分享家务心得、做一件孝顺父母的事并采访父母感受、共同阅读一本好书、每日运动打卡、才艺展示以及诗歌朗诵等。这些任务不仅具有相互可见、相互督促的特点,而且相较于传统的作业形式,更富有趣味性、益智性和轻松性,从而有效提升了学生的参与感和体验感。此外,部分教师还倾向于使用可视化的腾讯会议工具进行群体任务。例如,他们组织每晚固定的健身操互动、线上共同观看电影并实时分享感想等。针对部分学生做作业不自觉的问题,教师们还利用晚上的时间进行线上监督,以减轻家长的负担。这些充满正能量和健康的群体任务不仅充实了学生的居家生活,还拉近了师生之间的关系,为教学相长创造了有利条件。

针对集体问题,我们采取全员激励的策略。在前期摸排和导育的过程中,导师们发现许多孩子在疫情期间居家生活出现了焦虑、抑郁等情绪问题,这些问题主要来源于学习、生活和亲子沟通等方面。为了帮助孩子们有效宣泄内心情绪,学校心理咨询室特别设立了"舒心邮箱",鼓励孩子们通过写邮件的方式表达负面情绪,同时,老师们也会及时给予心灵疏导。此外,学校还定期举办心理系列讲座,如《疫情下的手机管理》《爸爸妈妈你听我说》《复学返校你准备好了吗?》等,帮助学生规避情绪风险。同时,我们还通过年级组、班级层面和导师个人层面定期召开线上家长会、读书会、导师见面会等活动,与家长保持密切沟通,共同助力孩子平稳度过这段特殊时期。

3. 线上云成长

经过线上家校沟通与导育工作的深入推进,我们欣慰地观察到同学们对云导育模式的积极接纳与喜爱。通过班主任的反馈以及导师与学生们屏对屏的交流，学生们普遍能够深切感受到导师的亲切与关怀，导师的及时引导与沟通有效拉近了与学生及家长的心理距离。部分同学分享了在居家期间学会制作奶茶的经历，并期待开学时能让导师品尝其手艺；还有同学向导师推荐了益智小游戏及近期阅读的书籍；更有同学在导师创建的线上群组中展示才艺与日常生活点滴。此外，不少同学选择向导师倾诉内心的困惑，并在导师的悉心指导下获得成长的力量。同学们普遍认为，"舒心邮箱"是一项贴心的服务，通过电子邮件的方式，既维护了个人隐私，又有效解决了心中的疑惑。这些形式多样的生活分享、智慧交流及快乐传递，显著缓解了疫情期间同学们可能产生的紧张与迷茫情绪。作为导师，我们也从中看到了学生们的成长与进步，倍感欣慰与骄傲。

家校双方密切合作，共同监督，助力孩子在成长过程中培养责任感。在当今世界，电子产品和网络媒介等多元化信息来源对孩子产生着巨大诱惑。若缺乏有效的管教和引导，孩子可能会迷失方向。因此，家校双方共同承担起监督职责，确保孩子明确自身责任与身份，在云导育的辅导下，提高学习质量和自觉性，从而健康、全面地发展。

按需导育用心呵护，让孩子在关爱中成长。根据每位学生的具体需求提供精准的教育指导，是教育者的责任。我们要用心关注每一个孩子的成长，因为每个孩子都有其独特的成长环境和需求。我们不能采取一刀切的教育方式，而应该深入了解每个孩子的实际情况，用心用情去引导他们，这样才能达到更好的教育效果。同时，孩子们也能感受到老师们的真诚和关爱，他们也会用同样的方式回馈给我们。只有内心充满爱的孩子，才能健康成长，这是他们健康成长的土壤。

创新活动努力激发，让孩子在自信中成长。导师通过明确的任务驱动，引导孩子积极向前，同时以鼓励和肯定的方式，表彰他们的努力和成就。为了给孩子提供更多的展示平台，我们创建了多样化的线上活动，如利用天天跳绳软件进行的线上PK赛，以及群内推举的线上才艺达人等。这些活动不仅让孩子感受到了新鲜感，更重要的是，他们在参与中逐渐培养了自信，增长了实际能力。这种富有成效的线上导育模式，将继续为孩子的全面发展提供有力支持。

从个别访谈、群体交流到经常沟通，当我们坦然面对问题并巧妙运用网络媒介时，原本的障碍或可转化为教育学生的积极手段。导师的指导方式不再局限于"一对一"的形式，而是逐步拓展至个体对群体的指导，进而延伸至个体对整体的引导。这种差异化的指导策略不仅更为细致，而且更具效果和益处。我们力求通过"云端"关怀的形式，促进学生的内心成长，让师生、同学、家校之间的互动更加流畅，状态和情感得以流动，心灵得以沟通。

在导育过程中，我们始终恪守"尊重差异、重视起点、关注过程、寻求发展"的原则。导师运用智慧，凭借沟通与经验，洞察学生的内心世界和情感状态，确保个别教育在线上环境中得以充分实施。然而，与线下面对面的导育方式相比，线上导育无法实时观察学生的言行举止和动态变化，因此难以准确判断其心理和情绪状态。此外，线上导育所获取的信息和了解学生的情况也不如线下真实全面。部分特殊学生因空间限制无法获得专业的指导，而个别家长的失联也给导育工作带来一定的困难。

鉴于此，我们将对排摸量表进行改进，提高导育的频次，优化"云"访流程，并构建一个交流平台，以便老师们分享更多具有借鉴和参考价值的导育方法。这些措施将使线上导育更加生动、直观和灵活。即便在恢复线下学习生活的情况下，线上家访和导育仍将是我们与学生建立联系的新途径。

四、校园特色导育活动

随着学生导育逐渐融入教师教育的日常实践,在家访、沟通对话、书面交流及个性化指导等导育环节的实施过程中,我们坚守正确的教育理念,同时积极寻求创新导育方法,确保导育工作的实效性。同时,学校也在不断探索符合自身特色的新路径,以进一步推动导育工作的深入发展。

1. "校长杯"羽毛球、乒乓球比赛

校长对体育运动怀有深厚的热忱,并具备卓越的体育能力。在学校运动会的动员大会上,他鼓励同学们向他发起挑战,以此作为拉近师生距离、激发学生潜能的契机。子曰:"三人行,必有我师焉。"这既表明学生在某些方面未必逊于老师,也强调了学生潜能的调动与成长的重要性。无论是学生间的相互促进,还是师生间的共同成长,都是我们所追求的目标。为此,我校特别策划了浦江三中体育节暨全员导师之"校长杯"挑战赛活动。通过学生向校长或其指定的"代言人"发起运动项目挑战,我们期望传递全员运动的理念,激发学生参与体育运动的热情,培养他们顽强拼搏的精神,并助力他们健康快乐地成长,同时塑造他们无畏、顽强、自信的人格特质。

第一届"校长杯"的挑战项目确定为羽毛球与乒乓球两项,活动口号定为"羽乒飞舞,等你挑战,向前冲"。本次活动分为初报名与入围赛两个阶段。初报名阶段,由各班级自行组织,遴选出羽毛球和乒乓球技艺最为精湛的同学各一名。随后进入入围赛阶段,所有羽毛球与乒乓球选手需集中在体育馆,通过年级组内的抽签方式进行两两对决,最终胜者将获得入围资格。最终是挑战赛阶段,将由校长亲自出马,与入围的十二名羽毛球选手和两名乒乓球选手展开激烈角逐。选手们深感紧张与新奇,与校长一较高下乃前所未有之经历,无疑为他们带来了一次独特而宝贵的体验。此外,身为班级与年级组之代表,他们肩负着重大的责任感与使命感,这促使他们自我锤炼、持续精进。在比赛前夕,无论是操场之上还是楼道之间,均可见他们刻苦训练的身影。同时,围观的同学们亦情绪高涨,他们对此次较量充满期待,心中既有对胜负的好奇,亦欲一睹师生真实实力的较量。

经过此次活动,学生们深受震撼与启发,众多班主任也反馈,在学生的周记中,满是对"校长杯"赛事的深刻体会。部分学生惊叹于校长卓越的运动才能,也有学生认为此次活动颇具创意与趣味性,能有机会与校长同台竞技,对他们而言是前所未有的体验。更有同学表示,希望在未来的日子里,能再次与校长一较高下。对于参赛的小选手们而言,尽管未能在此次挑战中取得胜利,但他们收获了与校长对战的宝贵经历,对提升球技充满了强烈的渴望,并深刻感受到了学校对体育活动的支持与重视。

2. "校长杯"纵跳摸高赛

本次篮球挑战赛的核心项目是"纵跳摸高",即参赛者在起跳后所能触及的最高点,通常以篮板为基准进行衡量。本次活动的宣传口号为"身轻如燕,触碰蓝天",旨在激励选手们发挥出色的跳跃能力,挑战自我极限。经过校长的慎重考虑,选定体育组的王老师作为本次挑战赛的代言人,以体现活动的专业性和权威性。

篮球节中的这一创新项目自公布以来,便引起了学生的广泛关注与浓厚兴趣。自报名阶段开始,便呈现出异常火爆的态势。在正式比赛过程中,参赛同学迅速投入,全力以赴,奋力跃起,展现出非凡的竞技精神。观赛同学则在现场热情呐喊,为参赛者加油助威,情绪高涨,或紧张或激动或遗憾或惊喜,充分感受到了比赛的紧张与刺激。面对挑战,参赛者们毫不畏惧,一个接一个地展现出自己的实力与技巧,努力摆脱困难,挑战自我极限。值得一提的是,本次挑战的对象是老师,这使得学生们更加渴望挑战成功,以证明自己的实力。当王老师以优异成绩完成挑战时,现场气氛达到了高潮。无论是参赛选手还是观赛选手,都纷纷发出欢呼声,掌声此起彼伏,为老师的出色表现喝彩。这不仅展现了老师在课堂外的风采,更体现了师生间共同拼搏、努力超越的精神,为同学们树立了良好的榜样。经过短暂的投入,我们在激烈的竞技中,以道具板为舞台,用五彩的青春绘制出绚烂的篇章。在比赛的过程中,我们挥洒汗水,展现出拼搏的精神。在这充满活力的青春时光里,我们勇于挑战自我,跃向新的高度,追寻着心中美好的梦想。最终,有两位同学成功完成了"纵跳摸高"的挑战,他们的成功不仅彰显了自信,也证明了在竞技场上,只要敢于挑战,就一定能够收获成长与自信。

经过精心组织和筹备,全员导师之"羽毛球、乒乓球"比赛以及"纵跳摸高"对抗赛在三中校园内圆满落幕。这两项赛事的顺利举行,不仅为三中师生提供了展示体育才能的平台,更成为促进师生交流、增进情感的重要契机。在紧张激烈的比赛中,师生们展现了积极向上的精神风貌,共同营造了和谐民主的校园氛围。此次活动的成功举办,对于三中推进全员导师制工作起到了积极的推动作用。通过同场竞技、交流互动,师生们更加深入地了解了彼此,增进了相互之间的友谊和感情。这种以体育交流为纽带的互动方式,有助于构建和谐师生关系,为学生的健康成长提供有力保障。

全员导师制的核心是制定个性化的导育规划,以适应每位学生的独特性。这一制度要求导师灵活适应学生需求,调整导育策略。导师需关心学生学业成绩与心理健康,引导学生参与导育,激发主观能动性。为确保全员导师制有效实施,学校精心设计了教师培训、精准导育、线上导育和主题式特色导育等环节。无论云端还是线下,无论个体还是群体,我们都避免空洞说教和枯燥知识传授,采用符合学生快乐成长的方式,助力培养独立、自信、勇敢的品质和面对困难的勇气。同时,注重培养学生的合作意识和能力,促进良好合作关系的建立。全员导师制建立在尊重学生个性的基础上,真诚地关注每个学生的潜能开发和个性发展。导师通过深入了解学生、实施多样化教学、提供丰富多彩的活动等方式,真正让每位学生的个性特长得到充分发挥,从而培养他们的健全人格。

一位教育学家曾说:"每一个学生就是一个教育特区,教育的成功在于跟不同的特区相处,实施个别差异教育。"身为教育工作者,我们必须深入理解每个学生,依据其独特的特质,量身打造教育方案,以满足其个性化的学习需求,进而提升其综合素质,实现教育公平。同时,我们更应借助"全员导师"这一创新模式,让每位教师都肩负起德育的责任,与班主任紧密合作,共同为学生的成长导航,实施个别教育,塑造学生健全的人格,确保每一位三中的学子都能在健康、快乐的环境中茁壮成长,培养健全人格,实现全面发展,让梦想在这片沃土上扬帆起航。

后 记

在平凡的教学生涯中,我坚守于上海乡村教育,在三尺讲台默默耕耘三十余载,精心呵护学生成长。在此期间,我致力于培养一代又一代的学子,不断实现自我成长和提升。在这漫长的教育生涯中,我得到了诸多领导、专家以及同仁的宝贵指导和无私帮助,让我在教育之路上不断取得丰硕的成果。我深刻理解教育事业的崇高使命和社会责任,愿意继续在教育领域深耕细作,为学生的全面发展和社会的进步贡献自己的绵薄之力。

"四自"教育,作为浦江三中健全学生人格教育的四大关键点,源于向小成书记、校长的远见卓识,旨在实现"让每一个三中学子健康快乐成长"的办学愿景。在学校党支部、校长室的指导下,学工部和德育研究室进行了长期、系统的实践探索。我们认为"自律""自信""自立""自强"这四大关键点,是一个循序渐进、螺旋上升的德育实践过程,贯穿学生从六年级至九年级的成长历程。为更好地推进这一策略,我们不断优化、调整和完善,并结合"五育融合""立德树人"等教育理念,提出了"四自推进,五育并举"的建班育人策略,为促进学生健全人格教育的深入发展提供了坚实支撑。

在推进"四自"教育、健全学生人格教育的进程中,全体教师积极投入实践,形成了一系列行之有效的教育方法,并取得了令人鼓舞的教育成果。每位教师都应牢记"立德树人"根本任务,贯彻党的教育方针,为培养德智体美劳全面发展、人格健全的社会主义建设者和接班人而共同努力。这不仅是一项教育任务,更是每位教师的责任担当,健全学生的人格教育需要全体教师的积极参与和实践,共同奉献智慧和心血。

我校始终坚守以学生为中心的教育理念,致力于培养学生的创新思维、实践能力和综合素质。我们高度关注学生的个性特点和发展需求,并以此为核心,推动他们实现全面而均衡的发展。浦江三中的办学愿景是"让三中每一个孩子健康快乐成长",我们致力于深入挖掘和精心培养学生的潜能,塑造他们成为自律、自信、自立、自强的个体。我们坚信,每一位学生都具有独特的才能和潜力,我们将全力以赴地引导和支持他们,助力他们茁壮成长,最终成为社会的栋梁之材。

三中学子,自六年级进校至九年级毕业,这初中四年是其成长的关键时期。在此期间,无论身处学校与家庭的温馨环境,抑或投入社会的广阔天地,"四自"教育均成为其学习与生活的核心要素。每逢双休日及寒暑假,三中学子均通过各种活动锤炼"自律""自信""自立""自强"之品格,以助力人格之全面发展。

在书稿的整理过程中,我在概念理解与实践操作层面面临了诸多困难与挑战,进程时而迟缓,甚或一度陷入停滞。然而,非常幸运的是,向小成书记、校长始终给予我坚定的支持与帮助,并举全校之力予以全方位的保障,他们的支持与指导成为我持续前行的强大动力,鼓舞我坚定不移地推进"四自"教育实践,并致力于书稿的撰写与修订工作。全校师生齐心协力,共同为这一目标的实现付出努力。在此,我要衷心感谢向小成书记、校长以及师生们的支持与帮助,正是这股力量,使我能够坚持不懈,不断前行。

在书稿的撰写与修订过程中,由于个人认知及能力的局限,我遭遇了一些难以逾越的难题,导致进度受阻。幸运的是,在关键时刻,众多领导与专家向我伸出了援手,他们不仅给予了我巨大的精神鼓励与实际支持,更毫不吝啬地分享了他们的智慧与知识,为我提供了宝贵的建议与引导。特别是上海市教育科学研究院杨四耕老师与德育专家何康老师,他们的精准指导与深刻启发极大地拓宽了我们的思维视野,将"四自推进,五育并举"的理念升华至"健全人格教育"的新境界与新层次。他们的支持与指导对于书稿的最终完成起到了至关重要的作用。在此,我衷心地向他们表示最深的感谢。

在书稿的整个撰写过程中,浦江三中的尹积洋、蒋惠芳、张华清、周佳懿、张晋慧等老师投入了大量的时间和精力,他们仔细查阅了相关文献,精心整理了所需材料,并认真撰写了有关的书稿内容。在字句的选择上,他们反复推敲,不断进行修改和完善。正是有了他们的支持和协助,"四自"教育实践以及书稿的整理和撰写工作才能得以高效完成。在此,我谨向他们表示由衷的感谢和崇高的敬意,他们的无私奉献和卓越贡献对我们的成果起到了至关重要的作用。

值此书稿完成之际,谨向一直以来给予我们无私帮助和倾情付出的各位领导、专家及同仁表示衷心的感谢!正是你们的鼎力支持与卓越贡献,使得这份学术成果得以顺利问世。感谢所有为此付出辛勤努力的人们,是你们的共同拼搏,让这部书稿得以呈现于世。

上海市闵行区浦江第三中学　瞿新忠

2024 年 6 月 10 日

"品质课程"阅读书目

学校整体课程规划 18 问
学校整体课程规划的七个关键
学校整体课程规划

课程治理现代化丛书

阳光阅读的校本设计与特色创建
CIM 课程：创客教育的要素设计与实践探索
高品质学校课程体系
个性化学校课程体系
家校共育的 20 个实践模式
进阶式生涯教育
跨学科学习创意设计
美术特色课程设计与实施
体育，让儿童嗨起来：悦动体育课程的设计与实施
小剧场学校：激活戏剧课程的育人价值
小课题探究：激活学习方式
小切口课程设计：劳动教育的创意实施

新质课程文化丛书

实践性学习的七重逻辑
面向每一个生命的课程
多模态学科实践
大规模因材施教的课程模式
为未来而学：未来课程的校本建构与深度实施
面向每一个学习者的课程设计
可感的学习经历：习性教育课程体系探索
单元课程要素统整与深度实施
具身学习与课程育人
把学生放在心上：学校课程变革之道

课程治理新范式丛书

以学生为中心的教育治理
实践型学科课程设计与实施
共享式课程治理：集团化办学的课程治理方略
高具身性课程实施：路径、策略与方法

📖 特色学校聚焦丛书

让个性自然发荣滋长:"引发教育"的理论寻源与实践探索
面向每一个生命的教育
让每一个生命澄澈明亮:"小水滴"课程的旨趣与创意
新劳动教育:时代意蕴与实践创新
自信教育与个性生长
好学校的精神特质
教育,让个性舒展:"有氧教育"的模样与姿态
唤醒教育:触发生命的感动
生命的颜色与教育的意蕴

📖 特色课程建设丛书

幼儿园特色课程的框架与实施
课程是鲜活的:"大视野课程"的旨趣与活性
指向核心素养培育的学校课程图谱
让儿童生活在美的世界里:幼儿园全景美育的课程探索
核心素养与学习需求:学校课程建设导引
儿童自然探索课程
幼儿园视觉艺术创意活动设计与实施
连续性课程:特色课程发展的实践探索

📖 课堂教学新样态丛书

课堂,与美最近的距离:基于学科核心素养的课堂教学变革
协同教学:意蕴与智慧
决胜课堂28招
一百个孩子,一百个世界:基于差异的教学变革
课堂如诗:"雅美课堂"的姿态
在教室里眺望世界:基于BYOD的教学方式变革
课堂教学的资源设计与方式变革
境脉教学的实践范式与创意设计
任务驱动与学科实践
课堂教学的智慧属性与意义增值:"灵动课堂"的六个关键词

📖 "一校一策"课程体系建设丛书

课程坐标及其应用:教师专业视角